セレクション社会心理学—28

紛争と葛藤の心理学

人はなぜ争い、
どう和解するのか

大渕憲一 著

サイエンス社

「セレクション社会心理学」の刊行にあたって

近年、以前にも増して人々の関心が人間の「心」へ向かっているように思えます。「心」の理解を目指す学問領域はいくつかありますが、その一つ社会心理学においては、とくに人間関係・対人関係の問題を中心にして刺激的な研究が行われ、着実にその歩みを進めています。

従来から、これらの研究を広く総合的に紹介する優れた本は出版されてきましたが、個々のトピックについてさらに理解を深めようとしたときに適切にその道案内をしてくれるシリーズはありませんでした。こうした状況を考慮し、『セレクション社会心理学』は、社会心理学やその関連領域が扱ってきた問題の中から私たちが日々の生活の中で出会う興味深い側面をセレクトし、気鋭の研究者が最新の知見に基づいて紹介することを目指して企画されました。道案内をつとめるのは、それぞれの領域の研究をリードしてきた先生方です。これまでの研究成果をわかりやすいかたちで概観し、人間の「心」について考える手がかりを与えてくれることでしょう。

自ら社会心理学の研究を志す学生の皆さんだけでなく、自己理解を深めようとしている一般の方々にとっても大いに役立つシリーズになるものと確信しています。

編集委員　安藤清志　松井　豊

はじめに

社会的葛藤とは、人々の間の対立のことです。それは夫婦喧嘩から民族紛争にまで及びます。人々の間に価値観の相違や利害の不一致がある以上、社会的葛藤は不可避です。私たちの社会生活は、公的レベルから私的レベルまで社会的葛藤に満ちていると言って過言ではありません。対立が激化し、問題がこじれると人間関係が崩壊し、時には暴力事件に発展することもあります。葛藤はまたストレスとなり、個人の精神衛生を脅かします。うつ病、自殺、偏見、差別、離婚、暴力、紛争など多くの社会病理に葛藤が関与しています。

それゆえ、葛藤に適切に対処し、これを円満に解決することは精神衛生上も社会適応の上からも重要な課題です。個人にとっても集団にとっても、葛藤解決は円滑な社会生活を送るために必須なスキルです。欧米では、葛藤解決を指南する一般向けの啓蒙書がたくさん出版されています。日本では、葛藤解決と銘打った書籍は少ないのですが、その代わり、人間関係の悩みに応えようとする啓蒙書が多数あります。内容を見ると、そのほとんどにおいて、賢い葛藤解決の方法が取り上げられています。
どのような葛藤解決が良いのかについては、実ははっきりしています。それは、対話によって、当事者たちが互いに満足できる解決策を探ることです。このことは誰でも知っています。それなのに、人々は、なぜ書物を読んで、それを改めて学ぼうとするのでしょうか。それは、理想的な葛藤解決策が分かっても、それを実践することが難しいからです。

誰もが葛藤問題で悩んだことがあります。現実に多くの社会病理が発生していることは葛藤解決の難しさを表しています。重要なことは、葛藤解決を困難にする心理的障壁が私たちの側にあることを認識することです。葛藤解決を妨げる心理的障壁とはいったい何なのでしょうか。また、これを回避し、軽減するにはどのようにしたら良いのでしょうか。こうした問題を明らかにし、人々の心の中に葛藤解決に向かう勇気と姿勢を構築する必要がありますが、これが本書の目指す目標です。

しかし、本書は、葛藤解決の単なる指南書ではありません。学術的根拠を示しながら心理的障壁の正体を明らかにし、また、これを打ち破る方策を、やはり学術的知見に基づいて検討していきます。葛藤問題はあまりに身近でありふれたことであったために、体系的研究はおろそかにされてきたきらいがあります。我が国では、経験知に基づく指南書はたくさん出版されており、そこに書かれていることは間違ってはいないのですが、学術的基盤は弱く、この点での質の向上が求められています。

本書の執筆は、サイエンス社「セレクション社会心理学」編集委員の安藤清志先生・松井　豊先生と同社の清水匡太氏より依頼されたものです。特に、清水氏には原稿を丁寧にお読みいただき、貴重なアドバイスをいただきました。この場をお借りして感謝申し上げます。

平成二六年一一月一〇日

大渕　憲一

目　次

目　次

1●社会的葛藤と紛争の社会心理学

私たちは日々、さまざまな葛藤に直面しながら生きています。その葛藤とはどのようなもので、これまでにどのような研究がなされてきたのでしょうか。本章では、社会的葛藤の基本的性質と葛藤解決の基本原理について述べ、そこから葛藤研究において取り組むべき課題を明らかにしたいと思います。

●社会的葛藤と紛争

社会的葛藤とは人と人の間、あるいは集団と集団の間で起こる対立のことです。葛藤の中には、意見の相違から建設的な対話が促されるといった有益なものがある一方で、利害の不一致が憎しみを醸造し、暴力事件に発展するといった有害なものもあります。

社会適応と葛藤

私たちが個人としてあるいは集団として経験する困難な問題の多くが葛藤に関連しています。近年の社会問題として、子ども社会ではいじめが、大人社会ではうつ病が注目されています。いじめは多数の者が一人の者に対してさまざまな嫌がらせを行うことですが、それが被害者の願望や期待に反する行為であることは明らかなので、典型的な社会的葛藤でしょう。うつ症状の有無は、個人の精神的健康や社会適応の指標とされていますが、これにも社会的葛藤が関与していることが少なくありません。仕事や学業がうまくいかないなど個人的悩みによってうつ状態に陥る人もいますが、上司、教師、あるいは友達とうまくいかないといった対人的理由からうつ的になる人も少なくないと思われます。うつ病と親和性の高い引きこもりは、ほとんどの場合、人間関係の不調が背景にあると言っていいでしょう。

職場、学校、家庭、あるいは近隣で、他の人とうまくいかないことがあって、嫌な思いをしたことは誰でもあるし、それが深刻だったり、長期化した結果、心身の健康を損なったという経験をする人もいます。それゆえ、社会的葛藤は私たちの心身の健康に深刻な影響を与える問題です。

人をいじめたり、人と争ったりすることはもちろん良くないことですが、一方で、社会的葛藤が不可避なものである事実も直視する必要があります。日本人の間では「和をもって貴し」という伝統的価値観が強く、人と対立することは基本的に良くないという考え方が強くあります。しかし、人間は一人ひとり考え方や感じ方が違うので、意見の相違や利害の不一致が起こることは、むしろ自然のことと思われます。それを表に出すかどうかは別にして、相違や対立は人付き合いにおいて人々が日常経験する避けられない出来事です。もしもある人が、人との対立を徹底的に避けようとしたら、自分の望みを断念し、何事も人の言いなりになり、どんな理不尽な要求にも従うといった行動を続けざるをえません。こちらのほうがはるかに不健全でストレスの大きな生活になることでしょう。

それゆえ、社会的葛藤は単に避けるべきものではなく、適切に解決すべきものです。適切な葛藤解決は、後の章で述べるように、人間関係の悪化を食い止めるだけでなく、親密さや信頼感を増進するなど、社会的に有益な効果も期待できます。また、当然ながら、恐れや不安が解消されるので個人の精神衛生も回復されます。したがって、葛藤対処スキルは、実は個人の精神健康と社会適応にとってきわめて重要なものです。

葛藤解決の支援

新しい仕事につくとき、たいていの人は職務内容、給与、労働時間などに注目して職場を選びます。一方、仕事を辞めることになる理由の中でもっとも多いものは何かといえば、仕事内容や給与ではなく、人間関係なのです。

上司や同僚とうまくいかないといった社会的不適応が職場を続けられない理由の最大のものです。

最近行われた調査からもこのことをうかがい知ることができます。人材サービス会社が退職した人を対象にその理由を調査していますが（エン・ジャパン株式会社 二〇一三）、これによると、彼らが会社に伝えた退職理由でもっとも多かったのは家庭の事情（三二％）でしたが、実はそれは建て前であって、本当の理由で一番多かったのは人間関係（二六％）だったのです。

毎日長い時間を過ごす職場で周りの人たちとうまくいかないという状態は非常に辛いものです。学校でも家庭でも同じことですが、不適応の原因は、多くの場合、社会的葛藤です。葛藤の中には、たとえば、相手が頑固な上司で、聞く耳を持たないといった場合のように、個人の努力だけでは問題解決が困難なケースもあるでしょう。そうした場合には、葛藤解決を支援する人が必要ですが、残念ながら、そうした分野の専門家というものは、少なくとも我が国には存在しません。職場や学校では、社会不適応の改善を支援するカウンセラーが配置されるようになりましたが、彼らの専門は臨床心理学で、個人の精神面の改善をはかるには有効な支援技術を持っている人たちですが、社会的葛藤解決といった対人的側面の改善に関しては、知識面でも技術面でも十分とはいえません。こうした意味で、社会的葛藤の解決を支援する専門家の養成が今後の社会的課題であろうと思われます。

我が国が抱える集団間葛藤

社会的葛藤は、個人対個人の間だけではなく集団間にも起こり、一般にはこちらのほうが深刻です。たとえば、我が国は、現在、近隣諸国との間で深刻な外交問題を抱えています。中国との間では尖閣諸島の領有をめぐって互いに非難の応酬が行われていますが、中国の船舶や航空機によって繰り返される領海・領空侵犯は武力衝突に発展する危険性すらはらんでいます。こうした国同士の対立関係を反映して、互いの国民の間にも敵対心が強まっています。

言論NPOという団体が日本と中国の両国民を対象に、二〇〇五年から毎年、世論調査を行っていますが（言論NPO 二〇一三）、この結果を見ると、二〇〇五年、中国人に悪印象を持つ日本人の割合は四〇％弱にすぎなかったのですが、二〇一三年には九〇・一％に増えました。一方、中国で日本人に悪印象を持つ人の割合は六〇％から九二・八％にやはり増加しました。現在、両国民の九割以上が互いに相手国民に対して悪感情を持っていますが、これは異常な事態と言わざるをえません。国民感情の悪化は経済協力、学術交流、文化交流、旅行など市民的交流のあらゆる分野に悪影響を与えます。互いの政府は早急にその改善に努力すべきなのですが、現時点では、そうした動きはあまりみられていません。

日本はかつて、こうした近隣諸国との対立を武力によって解決しようとして戦争を起こし、他の国々に多大な被害を及ぼしただけでなく、原爆投下を招くなど、自らの国土と国民を存亡の危機に直面させたこともありました。これなど、集団としての葛藤解決の完全な失敗例でしょう。集団間の葛藤は、このように深刻な紛争を招く恐れがあることから、その解決には一層の慎重さと賢明さが必要です。集団としての社会適応にとっても、葛藤解決が重要であることはこのことからも明らかです。

●社会的葛藤と紛争の社会心理学

私が葛藤研究を始めた一九八〇年代と比較すると、日本の社会心理学においては、近年、葛藤・紛争というテーマは研究者の間でかなり普及し、直接・間接にこの問題を扱った研究が明らかに増えてきています。多分、そこには社会環境側にいくつかの理由があります。

葛藤研究への関心の高まり
——9・11同時多発テロの影響

世界的な視野で見れば、何といっても二〇〇一年九月一一日、アメリカで起こった同時多発テロと、それに続くアフガニスタンやイラクでの武力紛争の影響が大きいと思われます。それは乗客を乗せた航空機による複数の施設に対する同時自爆攻撃という、誰もが予想しえなかったテロ事件であり、これによって崩壊したニューヨーク世界貿易センタービルの映像が世界中に配信されたこともあり、この事件は世界中の人々に大きな衝撃を与えました。また、このテロの背景に、泥沼化した中東のパレスチナ紛争があることについても、改めて、世界中の人たちの関心が向けられました。

この事件の後、各国の人々はテロの脅威におびえることとなったのですが、日本も例外ではありませんでした。航空機だけでなく、新幹線や地下鉄などの交通機関でも警戒態勢がとられ、それは、とても外国のテロリストが来るようには思われない地方の人気のない駅やバスターミナルにまで及んだのです。日本の場合は、一九九五年三月に起こったオウム真理教信徒による地下鉄サリン事件の余波が残っていたときだったので、やや過剰な反応になったのかもしれません。いずれにしろ、日本人にとっても9・11は、これを機にテロの脅威というものを肌で感じるようになった事件でした。

この事件のあと、欧米の社会心理学者の間では戦争、民族紛争、テロを扱った研究が顕著に増え、出版物も増加しています。私たちが二〇一二年に翻訳出版したバル-タルたちの編著『紛争と平和構築の社会心理学――集団間の葛藤とその解決』もそうしたものの一つです。

日本の社会心理学では、テロや戦争を直接に扱った研究はほとんどありませんが、こうした紛争の背後にある心理過程を取り上げた研究は増えています。それは集団ステレオタイプ、偏見、集団同一化などの集団間認知、他集団に対する敵意や恐怖、あるいは自集団に対する誇りや愛着などの集団間感情などで、これら社会心理学的変数を実験や調査などの手法によって実証的に検討しようとする試みが数多くみられるようになってきました。

我が国での葛藤研究の背景

社会的葛藤・紛争に関連した日本での社会現象といえば、その一つとして、暴力犯罪の増加があげられます。ちょうど世紀が移る前後、日本では暴力犯罪が顕著に増加し（法務総合研究所 二〇〇七）、そのころ、日本人の間では顕著に犯罪不安が高まりました。とくに、下校時に子どもが犯罪に巻き込まれる、コンビニ強盗によってアルバイト店員が殺害される、歩行者天国で無差別に人を襲う通り魔事件など、人々のごく身近なところで犯罪が起こるようになったことは、一般市民の犯罪不安を強く喚起するものでした。一九九〇年代まで、日本は世界でもっとも犯罪が少ない安全な国であると言われ、日本人もそう自負してきたのでしたが、世紀の変わり目はこの「安全神話」が揺らいだ時期でもありました。

その後一〇年くらいが経ち、幸いなことに日本の犯罪発生率は減少傾向にありますが、しかし国民の間にいったん高まった犯罪不安は今も鎮まってはいません。それは、犯罪の量的変化というよりも質的変化に対する人々の反応だからです。近年、児童虐待やＤＶといった家族間の暴力、あるいは、ストーカー事件など親密な人間関係の中で起こる暴力が注目されていますが、これらは、誰もが被害者あるいは加害者になりうるものとして、とりわけ人々の強い不安を喚起するものと思われます。

葛藤・紛争の研究に間接的に影響を与えた近年の日本の社会現象としては、九〇年代のバブル経済の崩壊とそれに続く景気低迷期に生じた社会構造の変化をあげることができます。「リストラ」「フリーター」「ワーキングプア」「格差」といった言葉がマスコミでしきりに使われるようになりましたが、これらは社会変化がもたらしたネガティブな現象を表すタームです。

小泉首相主導のもとで行われた構造改革の中で、日本企業の多くは終身雇用と年功性を機軸とする旧来の家族主義経営から、非正規雇用の拡大と成果主義の方向にシフトしました。また、規制緩和と自由競争の拡大の中で生じた格差は、国民の総中流意識を打ち壊しましたが、同時に、政治と社会のあり方に対する国民の関心を引き戻すのに貢献したことも事実です。こうした中で、組織経営と社会的責任、個人と集団の関係などに対する人々の関心が高まり、それは日本における社会的公正や組織内葛藤に対する研究を刺激するここととなりました。

最後に、社会制度の面でも社会的葛藤・紛争に関連した大きな変化が我が国で進展しつつあります。その一つは二〇〇九年から始まった裁判員制度です。これは刑事裁判に一般市民が裁判官とともに評議に参加して刑事判断を行うというものです。司法制度発足の当初から一般市民が裁判に参加するやり方をとってきたアメリカでは、以前から、正義と法、あるいは罪と罰に関して一般市民がどのような信念や価値観を持っているか、あるいは人々が犯罪と犯罪者の認定、責任判断をどのように行うかなど、刑事裁判に関連した心理学的諸問題について実証研究が広く行われてきました。そうした研究を通して社会心理学の重要な理論もいくつか生みだされてきました。

裁判員制度は日本における司法制度改革の一環として刑事裁判に導入されたものですが、これとともに、民事の分野では法曹実務家（弁護士、裁判官）の増加と裁判外紛争処理（ADR）の拡張が進められています。これらは、自由競争と規制緩和によって予想される紛争の増加に対処するための施策ですが、とくにADRの普及は、一般市民にとって公的紛争処理がより身近なものとなり、それは、裁判員制度とともに社会的葛藤・紛争の心理学という分野をさらに新しく展開させる契機になるものと見込まれます。日本において、裁判員制度やADRの社会心理学的研究は緒についたばかりですが、今後、我が国における葛藤研究の重要な一分野として活性化していくことは間違いないと思われます。

社会的葛藤と紛争は、社会学、人類学、法律学、政治学など、他の社会科学分野では中心的な研究テーマでしたが、社会心理学では近年まで必ずしもそうではありませんでした。社会心理学分野の葛藤研究を振り返ると、そのルーツを五つの研究領域に求めることができます。

葛藤研究のルーツ

第一はゲーム理論で、これは軍事戦略研究として開発された技法とモデルをもとに、対立状況での意志決定に関する研究方法として発展したものです。主たる従属変数は協力か競争かという反応選択肢ですが、これは葛藤研究では協調か対決かという解決方略に対応します。ゲーム研究では、その意志決定を規定する動機づけ変数と合理的選択のメカニズムが検討され、単純化された構図の中で葛藤状態に置かれた人の行動予測が試みられてきました。

第二のルーツは、産業組織における葛藤研究です。これはとくに応用志向の強い研究で、とくに、交渉と組織内葛藤解決が主要なテーマでした。前者については、効率的かつ生産的な合意形成のプロセスと要因が検討され、今日では地域紛争などを含む広範囲の社会問題に応用が試みられています（ゲルファンドとブレット 二〇〇四）。葛藤解決研究は、組織経営とくに人事管理を担う実務家の関心に応える形で発展したものですが、その中で生まれた二重関心モデルなど多くの理論は、他の分野の葛藤研究にも応用されてきました。

葛藤研究の第三のルーツはコミュニケーション研究です。これは、社会的交流という文脈の中で伝達の機能を果たす言語・非言語的行為を研究する学問分野ですが、言語だけでなく、メディア、文化、社会、歴史などを含む学際的領域としてとくにアメリカで大きな発展を遂げました。葛藤研究としては、言語反応を中心に葛藤対処行動の詳細な分析が行われ、社会心理学における対人葛藤研究にも大きな影響を与えてきました（オーツェルとティン-トゥーメイ 二〇〇六）。

第四のルーツは攻撃性の研究分野です。攻撃行動に対する見方はいくつかありますが、その一つは社会的葛藤に対する敵対反応であるというものです。コミュニケーションの研究者たちが葛藤時の社会的相互作用の分析に主眼をおいたのに対して、攻撃研究者たちは、攻撃行動を生み出す認知、情動、動機づけといった個人内のプロセスの解明に力を注ぎ、実験的方法を用いて理論モデルを構築してきました（大渕 二〇一一）。

葛藤研究の最後のルーツは、偏見や差別など、集団認知や集団間関係に関する研究です。これは社会心理学発祥時から中心テーマとなってきたものですが、近年に至っても新しい理論やモデルが提起され、欧米の社会心理学ではもっとも活発な研究分野の一つといえます（たとえば、クリスプとヒューストン 二〇一四）。

社会心理学における社会的葛藤・紛争研究は、こうしたいくつかのルーツから発展した研究に加え、前項で述べたような現実社会からの刺激を受けて、その研究の射程はますます広がってきています。本書では、そのすべてとはいきませんが、この分野における近年の重要な展開を概観し、今後の研究の進展に資することを一つの目的としています。

社会的葛藤・紛争の心理学の位置づけ

葛藤・紛争の社会心理学は、上の五つのルーツを始め、多くの社会科学分野と密接に関連しながら研究が進められてきました。では、この研究分野は、社会科学全体の中ではどのような位置づけにあるのでしょうか。

諸学問分野を基礎から応用にいたる尺度上に配置するとすれば、葛藤・紛争の社会心理学は、基礎と応用という二水準のちょうど中間に位置するものです。他の社会科学分野には、民族紛争、政治的交渉、裁判と紛争、労使紛争、環境紛争など現実の葛藤・紛争問題を扱い、その解決策を探るという実践的課題を持つ研究が数多くみられます。これらに比べると、社会心理学における葛藤・紛争研究の多くは、それほど現場に密着したものではなく、また、きわめて実践的なものというわけでもありません。葛藤・紛争という社会現象の一般的なメカニズムの解明を目指すという意味で、基礎的性格が強いといえます。しかし一方、社会心理学の中には、心理・社会過程のさらに基礎的問題を研究している分野もあります。それは、社会的認知、社会的動機づけ、社会的感情、自己、社会的相互作用などで、これらはテキストの章立てともなるような社会心理学の基礎的研究テーマです。これらと比べると、社会的葛藤・紛争の研究はやや応用的な色彩が強いと感じられるでしょう。

このように、葛藤・紛争の社会心理学は基礎と応用の中間的な位置にあります（大渕二〇〇八）。こうした位置づけは、葛藤・紛争の社会心理学が社会科学の中で果たすべき役割を表しています。葛藤研究者は、認知や動機づけに関する社会心理学の基礎的理論や知見を取り入れながら、葛藤と紛争の理解を試みます。その際、研究者たちは、導入する理論や概念を現実の葛藤・紛争の理解に役立つようにアレンジし、紛争解決という実践的期待にも応えられるよう、研究を組み立てます。つまり、葛藤・紛争の社会心理学者たちは、意識的にあるいは無意識的に、紛争解決に関する基礎的知識と実践的知恵を結びつけようと試みているのです。言い方を変えると、紛争解決の社会心理学は、心理学の基礎的な知見や理論を紛争解決という枠組みの中で再体系化し、それをより応用的な紛争解決の研究領域に伝達する役割を担っているといえます。基礎と応用の中間に位置し、その両水準を有意義に結びつけること、これが葛藤と紛争の社会心理学に課せられた学問的使命なのです。

●社会的葛藤の分類

社会的葛藤とは、個人間あるいは集団間に、またある場合には個人と集団の間に対立が生じている状態のことです。葛藤の基本的性質を理解する上では、そのタイプ分けを見るのが有益なので、ここでは葛藤の分類について述べたいと思います。

原因による分類
——利害葛藤、認知葛藤、規範葛藤

社会生活において人々が抱く意見、期待、願望は多少なりとも異なるもので、自然に一致するということのほうが稀でしょう。トーマス（一九九二）は社会的葛藤を原因別に、利害葛藤、認知葛藤、規範葛藤の三タイプに分けています（表1）。

利害葛藤とは、当事者間の願望が異なる状態のことを指します。願望とは「給与を上げてほしい」とか「家事を手伝ってほしい」とか、あるいは「地域活動の負担を減らしてほしい」など個人的利害に基づくものが大半です。しかし願望の中には、「子どもにもっと

表１　社会的葛藤の原因によるタイプ分け（トーマス，1992より）

葛藤タイプ	原　　因	例
利害葛藤	目標（願望，期待，要求など）の相違	家事の分担をめぐる夫婦喧嘩 給与の引き上げをめぐる労使紛争 領土をめぐる国家間の対立
認知葛藤	判断（意見，見解など）の相違	学説をめぐる学者間の論争 営業方針をめぐる社内の対立 歴史的事件の解釈をめぐる国家間の対立
規範葛藤	行動基準（道徳，正義，倫理など）の相違	ゴミ出しをめぐる近隣トラブル 違法かどうかをめぐる裁判紛争 戦争責任をめぐる民族間の対立

勉強をしてほしい」と親が願ったり、「部下がもっと営業に力を入れてほしい」と上司が期待する場合のように、役割に基づくものもあります。いずれにしろ、利害葛藤ではこうした願望が当事者間で対立しています。妻が夫に「家事をもっと手伝ってほしい」と要求し、しかし夫は「これ以上増やしたくない」と思っていると、夫婦の間にはこの問題をめぐる葛藤が生じます。それは、一方の人が自分の願望を実現しようと行動を起こすと、それが他方の願望を脅かすという状態です。

　認知葛藤とは意見や認識の不一致を指します。何が正しいのか、何が真実なのかなどについて、当事者たちの考えが異なる状態のことです。マスコミで報道される事件、あるいは身近に起こる出来事について人々はさまざまな場所で話題にします。その際、居合わせた人々の間で、出来事の原因や影響について見解が異なるということはよくあります。こうした雑談での意見の相違は、「そういう考えもあるか」といったことで済み、多くの場合、深刻な葛藤とはなりません。一方、職場の会議での意見の相違は、「そういう考えもあるか」では済まされません。不一致の解消を目指して、さらなる議論が行われます。その過程において双方が激しく自己主張して相手を非難することがあると、葛藤という特徴が強く表れることになります。

規範葛藤とは個々人の価値観や行動基準の違いによって生じる対立のことです。人々は、こうした状況ではこう振る舞うべきであるという内的基準を持ち、これに従って自他の行動の良否を評価します。これが異なっていると、お互いの行動を批判し合うことになりますが、これが規範葛藤です。規範とは倫理や道徳、公正や正義、マナーやエチケットといった一般的なものから、職業、地位、階級など特定集団に固有の慣習的価値まで広範囲のものを含みます。親子間の規範葛藤は、子どもが思春期に入ったころから頻発するようになります。親の側は、子どもの友達付き合いを掌握し、必要な場合には介入するのが親の役割であると信じていますが、子どもの側はそれをプライバシーの侵害とみなして反発します。こうした葛藤は、子どもが思春期に入るころから多くの家庭でみられるようになります。

単なる意見の相違、すなわち、認知葛藤と思われるものの背後に、個々人が持っているより本質的な違い（規範葛藤）が含まれていることもあります。「人間は、（家族は、会社とは）こうあるべきだ」といった個人の信条を反映する価値観や行動基準は持続的なもので、また、当人自身の自尊心とも深く結びついています。これが否定されることは、当人のプライドを傷つけます。それゆえ、規範葛藤は一般に認知葛藤よりも深刻で、また、解決困難となります。

表1には、これら三タイプの社会的葛藤の原因とその例をあげています。しかし、多くの葛藤は複数の性質を併せ持っています。たとえば、家事の分担をめぐる夫婦間葛藤においては、主たる争点は利害ですが、同時に、「夫も家事を平等に分担すべきである」と考える妻の価値観と「家事は主に妻がするものである」という夫の価値観の違いがその背後にある場合が少なくありません。規範葛藤の典型例は裁判で、そこでは誰に責任があるかといった正義の問題が論じられます。しかし、裁判結果はしばしば刑罰あるいは罰金などの個人的利害に影響を与えることから、利害葛藤という面もあります。また、裁判の審理では、事実の認定をめぐって双方の解釈の違いが争点となることも多いので、それは認知葛藤という面も併せ持っています。このように、多くの葛藤は複数のタイプの性質を併せ

持つのですが、どの面が強いかによってタイプ分けをすることが可能です。

対立認知による分類
――顕在的葛藤と潜在的葛藤

人々が口論し合っているとか、互いを非難し合っている状態は明らかに葛藤状態でしょう。しかし、表面的には平穏で対立が存在しないように見えながら、現状に対して関係者の一部が不満を持っているということもあり、これも葛藤と呼ぶことができます。当事者が双方ともに対立があることを認識している状態は顕在的葛藤と呼ばれます。たとえば、話し合いの席で、ある人の発言に対して他の人が公然と反対意見を表明するということがあると、両者は互いに意見対立があることを認識することになります。これに対して、潜在的葛藤とは、たとえば、ある人の発言に対して別の人が心の中で反対だと思っていながら黙っているような状態です。こうした状態では、相手は意見の対立があることに気づかないので、葛藤は表面化しません。しかし、両者の間に認知あるいは規範の不一致が存在することから、これも葛藤状態とみなすことができます。

日常生活においては潜在的葛藤のほうが多いと思われます。家庭において、学校においても、あるいは職場において、心の中だけで反発したり不満を持ったりすることがよくあります。それを口に出したり、態度や表情で表現しない限り、相手はそれに気づかないので、潜在的葛藤は多くの場合一方的なものです。しかし、相手もうすうす「不満なんじゃないかな」と感じながらも、それをあえて確認しようとはしない状況もあります。こうした状況は、双方ともに対立の存在を感知してはいるが、それを公然と認めたわけではないので、やはり潜在的葛藤といえます。

潜在的葛藤は、いつか表面化して顕在的葛藤となることもありますが、長期にわたって潜伏したままのこともあります。そうした場合、抑制された不満は相手に対する態度や行動に影響を与えるので、別の葛藤の間接的原因となることがあります。潜在的葛藤は表面化しないがゆえにむしろ解決が困難ともいえます。とくに、人間関係に対する悪影響は無視できません。

社会的状況による分類
——対人葛藤、集団間葛藤、組織内葛藤

社会的葛藤には、それが起こる社会的関係の文脈に焦点を当てることによって、対人葛藤、集団間葛藤、組織内葛藤の三タイプに分けることが可能です。対人葛藤とは個人間に起こるものであって、夫婦間、親子間、友人間、同僚間、近隣間に起こる対立や確執を指します。対人葛藤は人間関係の中で発生するので、関係の質やこれまでの経緯などを抜きには理解できません。また、葛藤は、その人間関係の何か重要な点に関して不都合が生

じていることを暗示しています。その意味で、対人葛藤は人間関係の必然的側面であるとともに、その関係の本質を反映するものです。

集団間葛藤とは国家間、地域間、企業間、あるいは企業内の部署間など、集団と集団の間に起こる対立のことです。外交交渉や企業交渉の場面のように、直接対決しているのは個人と個人であっても、彼らはそれぞれ国や企業などを代表しています。集団間葛藤には対人葛藤にはない特殊な要因があります。それは、集団アイデンティティ、集団同一化、集団意思決定など集団過程に根差す心理要因です。これらは総じて葛藤を激化させるはたらきをするもので、それゆえ、集団間葛藤は対人葛藤に比べて深刻な結果に至りやすく、また解決困難となる傾向があります（バル－タル 二〇一一／二〇一二）。

最後に組織内葛藤ですが、葛藤が組織内で起こる場合には、単なる対人葛藤とは異なる性質を持つようになります。企業など組織化された集団内で発生する葛藤は、役割期待、地位関係、組織文化など組織特有の要因が関与して、葛藤過程に特別な様相が生じます。社会的葛藤研究の中でもっとも数が多いのは組織内葛藤です。それは、実践的な意義が高いから、言い換えれば、需要があるからです。組織内葛藤は、社会心理学だけでなく、組織心理学、経営心理学などにおいても中心的テーマの一つです。職場での葛藤は、社員個人の適応や精神衛生に影響を与えるだけでなく、企業の生産性にも関わることから、社員だけでなく管理者からも大きな関心を持たれているのがその理由です。企業研修などに葛藤解決が取り入れられていることからも、その関心の高さがうかがわれます。

●社会的葛藤の解決

社会的葛藤は不可避なもので、日常の社会生活において誰もが経験するものです。それゆえ、これを適切に解決することは私たちの社会適応と精神的健康を維持する上できわめて重要です。前節で述べたように、職場になじめないとか、学校に行きたくないなどの不適応、また、憂うつであるとか悩みが晴れないといった精神的不調の原因の多くに、他の人たちとの不調和や葛藤が関与しています。社会的にも個人的にも健康な人というのは、この点からすれば、葛藤解決の上手な人であるといえます。

本書の目的――葛藤の心理と葛藤解決

では、適切な葛藤解決とはどのようなものでしょうか。これを明らかにすることこそが本書の第一の目的です。実は、葛藤解決というのは失敗することのほうが多く、実際、多くの人がうまくいかなかったという経験を持っています。それは、人間心理の中に葛藤解決を妨害するものが含まれているからです。葛藤はしばしば暗礁に乗り上げ、あるいはエスカレートし、また時には長期化して関係者を悩ませます。葛藤解決を阻む最大の要因は実は自分自身の中にあります。この点を明らかにすることが本書の第二の目的です。

しかし、葛藤解決のためには何が必要であるか、また、これを阻んでいるのか何かを明らかにするためには、理想的な葛藤解決とはどのようなものかを、まず知る必要があります。その理想を念頭に置き、これに到達するために必要な条件、あるいはこれを妨げている要因を一つひとつ明らかにすることが社会的葛藤に適切に対処する上で重要なことです。

葛藤解決の有益な効果
――組織内葛藤を例に

社会的葛藤は誰にとっても不愉快な出来事です。人との対立は、それ自体、私たちを憂うつにさせます。しかし、長期的視点で見ると、社会的葛藤には有益な点もあります。もちろん、それは適切に解決された場合のことですが、上手に解決された葛藤というものは、当事者個人にも、また人間関係にもさまざまの有益な結果をもたらします。これを、組織内葛藤を例に説明してみたいと思います。それらの多くは、組織外の対人葛藤や集団間葛藤にも生じうるものです。

組織研究に携わっている人たちは、葛藤は組織機能を左右する試練であると見なし、これについて精力的に研究を行ってきました。彼らの研究は葛藤の適切な解決が組織に対し

表２　組織内葛藤の建設的効果

【認知水準】
相互理解
創造性，柔軟な思考
【感情水準】
不快感減少，満足感
【態度水準】
組織コミットメント
意思決定への参加意識
【行動水準】
職務意欲
【組織的水準】
イノベーション，生産性向上

て生産的変化をもたらしうることを見出してきましたが、ここではそれらを認知、感情、態度、行動、組織の水準に分けて見ていきます（表２）。

認知水準の効果というのは、社員のものの見方や感じ方のポジティブな変化を表します。対立や意見の不一致を通して社員どうしが互いの考え方の違いを認識し合うということがあります。本音で議論し合うことで、「あの人はそんな考え方をする人なのか」とか「あの人はそんなふうに感じていたのか」など、他の人たちのこれまで気づかなかった面を認識するようになります。これによって社員どうしの相互理解が深まり（パットナム　一九九四）、今まで以上にスムーズに会話をしたり、共同作業ができるようになったりといった効果が考えられます。また、人の意見を聞いて、社員たちが仕事や職務に対して新しい見方をするようになるということがあります。活発な討論は創造的で柔軟な思考を促すので、仕事に役立つ新しいアイデアや発想が生まれることもあります（ボーンスタインとエレヴ 一九九四）。

感情水準の効果としては、まず、適切に解決された葛藤では、当事者に感情宥和が起こることがあげられます。葛藤が適切に解決された後では、関係者の間で不快感が減少するだけでなく、チームに対する愛着や会社自体に対する親和感情も強まるという研究結果があります（ルービンたち 一九九四）。

態度水準での有益な効果としては、葛藤解決作業を通して上司や同僚に対する親密感が増し、組織に対する一体感が醸造されることがあげられます。関係者たちの組織に対する信頼感（組織コミットメント）が強められ、会社に愛着を抱き、社員であることを誇りに思う気持ちが生じます（大渕 二〇〇七）。自由な意見交換自体が社員の組織に対する帰属意識を強めると主張する研究者もいます（リンドとタイラー 一九八八／一九九五）。上司からの指示に一方的に従っているだけでなく、仕事の進め方などに関して自分の意見を述べた際、たとえそれが採用されなくても、上司にきちんと聞いてもらえたということがあると、その社員は組織の意思決定に自分も参画できたという充実感を持ち、社員意識が強められるということがあります。

行動水準での効果は社員の労働意欲の向上です。葛藤が適切に解決され、人間関係がスムーズになると、社員たちの仕事もはかどります。また、上で述べたような理由で、社員の組織に対する信頼感や所属意識が強まると、会社に貢献しようという気持ちが生まれ、職務に対する動機づけも高まります（デ・クレマーとタイラー 二〇〇五）。

最後に組織水準ですが、関係者の心理と行動に対するこうしたポジティブな影響が葛藤解決から生まれるなら、組織のイノベーションが促進され、集団生産性の向上がもたらされるなど組織水準での効果もあるとされています（チョスヴォルド 一九九七）。

社会的葛藤の建設的解決

社会的葛藤とは利害や意見が異なる事態なので、双方が自分の側の主張をするだけでは解決には至りません。何としても解決しなければならないというわけではない軽い葛藤もたくさんあります。重要な問題でなければ、反論を自制したり、表面上同意するといった消極的な葛藤解決もよく行われます。しかし、些細なことでも意見の相違が頻繁になると、付き合いがおっくうになり、人間関係が疎遠になるということもあるので、些細な葛藤だからといって無視することはできません。

時に当事者双方にとって大きな影響を与える葛藤の場合、夫婦、家族、恋人といった親密な関係、あるいは職場の人間関係のように、互いの利益とコストが相互依存している関係においては、葛藤解決は重要な社会的課題です。社会的葛藤を放置すると、少なくともどちらかは精神的なストレスを受け続け、あるいは金銭的・労務的な負担を強いられることになります。それは相手に対する不満や不信を強め、時には暴力や関係の崩壊といった深刻な事態を招きます。

社会的葛藤はストレスなので、当事者はその事態を解消したいとして思って、さまざまな方略をとります。その詳しい分析は別の箇所に譲りますが、ここでは理想的な解決方法について述べます。夫婦喧嘩であれ国家間の紛争であれ理想的解決方法は同じで、話し合いによって対立を解消することです。対話がなぜ有効かというと、当事者双方が満足し、少なくとも相対的に不満の小さな解決策を見出すにはこれしかないからです。図1の右端に示していますが、満足できる解決策とは、多くの場合、「統合的合意」あるいは「納得ずくの妥協」です。

統合的合意とは双方の要求を同時に満たす解決策です。労働者側が賃上げを求めているが、会社が景気の先行きを心配してこれを拒否しているといった労使交渉を例に考えてみ

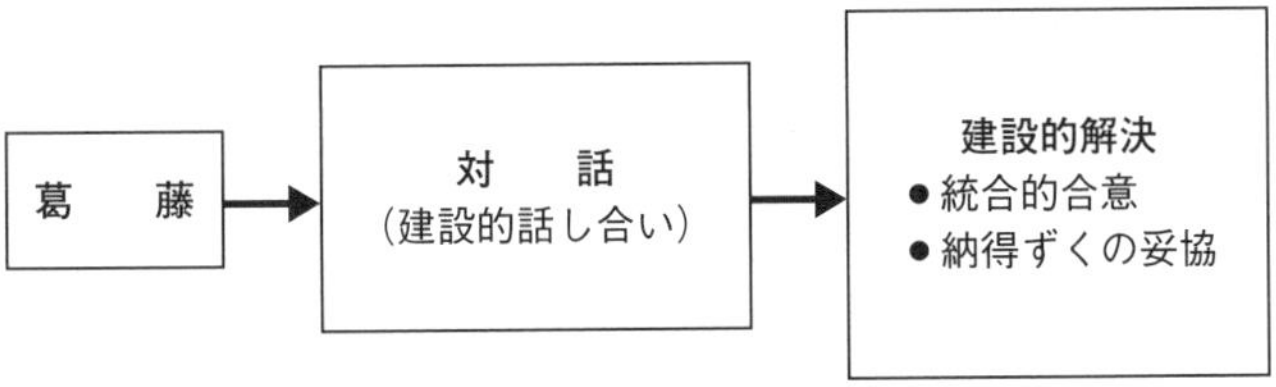

●相手の立場や要求に関する情報収集。
●提案に対する相手の反応の観察。
●協力して，解決策を練り上げる。

図１　建設的葛藤解決と対話の機能

ましょう。会社側が強引に従業員の要求を抑え込めば、従業員の間に不満が強まり、それは他のさまざまな形で、たとえば、サボタージュなどによって会社に不利益をもたらす可能性があります。一つの解決策としては、給与はそのままにする代わりに休日を増やすとか、二カ月後のボーナス査定において、業績が悪化しない限り、基本給を上げる約束をするなど交換条件を提示するやり方があります。対立している争点（賃上げ）だけに目を奪われると解決策が見えないことが多いのですが、他の利益を交換条件として提示したりすることによって、ある面では損をするが他の面では得をするといった相殺によって、互いに満足できる解決策を得ることができます。

一方、納得ずくの妥協とは、相手の事情をよく知ることによって、「それならやむをえない」と得心して要求を引っ込める、あるいは譲歩するというものです。次のような例がこれにあたります。

●妻から家事の分担を増やすよう要求された夫は、当初、反発したものの、よく話を聞いてみると、仕事をしながらの育児・家事と、妻が大きな負担を担っていたことに気づきました。夫は自分も協力すべきだったと感じて、妻の要求を全部というわけにはいかなかったが、一部の負担増の受け入れを承諾しました。妻も夫の理解が得られたことに満足して、当初の要求を引き下げたので、互いに妥協することで円満な決着となりました。

双方が満足、少なくとも強い不満を持たずに葛藤を解決することができれば、前の節で述べたような有益な副産物もついてきます。この例の夫婦の場合も、腹を割って話し合った結果、以前よりも相手に対する理解が増し、信頼感と夫婦の絆も強まったものと思われます。

こうした建設的葛藤解決に対話は必須です。そのはたらきは、①相手の立場や要求内容について情報を得ること、②交渉の中で提案される事項に対する相手の反応を知り、そこから合意の範囲を推測すること、③統合的な合意を目指して互いに協力して解決策を練り上げること、などです。要求の背後にある自分の側の事情や気持ちを率直に表現すれば、それらの情報は、統合的合意や納得ずくの妥協案を生み出すための有益な材料となります。それゆえ、社会的葛藤の建設的解決にとって対話は必須な手続きです。

●社会的葛藤研究の課題——本書のメイン・テーマ

適切な葛藤解決のために対話が必要であることは誰もが知っています。対人葛藤で困っているとき人に相談すれば、たいてい、「相手とじっくり話し合いなさい」とアドバイスするでしょう。しかし、現実にはそれがなかなかできません。自分が葛藤当事者となった出来事を思い出すなら、それが容易ではなかったことに思い当たるでしょう。そういうとき私たちは、その気持ちをよく「面倒だ」とか「気が重い」と表現します。このことは葛藤状態にある相手と対話することが、大きな心理的負担を伴うものであることを示しています。その負担とは何でしょうか。この中には、さまざまの心理が含まれていますが、これこそが葛藤解決を妨げる心理的要因なのです。

また、話し合いを始めることができたとしても、必ずしも統合的合意に至るとは限りません。双方が主張を曲げず、平行線のまま話し合いが終わってしまったり、感情的になって相手を攻撃し、むしろ対立がエスカレートしてしまうこともあります。これでは、せっかく話し合いによって葛藤解決を図ろうとしたのに、むしろ逆効果になってしまいます。

実は、葛藤当事者が話し合いを躊躇する理由がここにあります。話し合いをするのはいいが、その場で相手から非難されて嫌な思いをするのではないか、対立が顕著になって、むしろ葛藤が激化してしまうのではないかと恐れているのです。つまりは、話し合いをうまく進める自信がないことが、対話に尻込みさせる理由の一つなのです。

では、話し合い上手にさせるトレーニングをすればよいかというと、確かにそれは有効な葛藤解決スキルの一つなのですが、それだけでは不十分です。葛藤当事者は、しばしば事態を正確に認識していません。客観的には小さな問題をひどく深刻な対立のように感じて、不合理な不安に囚われていることがよくあります。また、相手の事情や願望を歪んでとらえ、歩み寄りの余地がないように思い込んでいることもあります。葛藤当事者は、さまざまな種類の認知の歪みによって、葛藤状況と葛藤相手について、そしてさらに自分自身についても正確な認識ができない状態に置かれます。こうした認知の歪みは、社会的葛藤によって発生する負の感情（怒り、恐怖、不安、嫌悪など）によっていっそう拡大されます。また、当人が持つ性格、価値観、信条などもそうした歪みを助長します。こうした心理的問題をクリアせず、コミュニケーションのスキルだけに焦点を当てても、葛藤解決を促進することはできません。

ここに至って、社会的葛藤研究の一つの課題が明確になります。葛藤当事者は、しばしば不合理な心理に囚われ、非建設的対処（話し合いを避けるなど）を選択してしまうことがあります。この不合理な心理の正体とその原因を明らかにし、また、これを解消し改善する方途を探ることが社会的葛藤研究の課題であり、そしてそれが本書の中心テーマでもあります。つまりは、適切な葛藤解決を妨げる当事者の心理を解明し、その改善を促す方法を探ることです。

2・社会的葛藤解決の心理的障壁
――認知のバイアス

社会的葛藤を解決したいとは誰もが思うことですが、実際には、交渉が暗礁に乗り上げたり、対立がむしろエスカレートしてしまうことも少なくありません。社会心理学者たちは、売買や労使交渉などを想定した実験的場面で、参加者たちに実際に交渉をさせ、その行動と経過を観察してきました。トンプソンとレベック（一九九六）が三二個のこうした交渉実験の結果を再検討した（メタ分析）ところ、これらは延べ五〇〇〇人以上の人たちが参加したものでしたが、双方ともに不満な結果に終わった交渉が全体の二〇％に及んでいました。つまり、実験では、五回に一回の割合で、葛藤がどちらの当事者も好まない結果になってしまうことがわかりました（トンプソンたち 二〇〇六）。実際の社会的葛藤では交渉や話し合いにすら至らないことも少なくないので、このデータからすると、適切な葛藤解決ができないケースはかなりの割合にのぼりそうです。

うまくいかない原因については、当事者たちがかたくなで妥協しないからだとか、面子や自己利益にこだわるからだといった見方が一般的です。しかし、なぜ、当事者たちがそうしたことにこだわってしまうかといえば、そこには彼らをそうした態度や行動に向かわせる心理的要因があるからです。たとえば、上記の分析を行ったトンプソンたちは、交渉を不調に終わらせる主な原因として固定資源知覚という認知の歪みをあげています。これは、自分たちの利害が完全に対立していて、勝つか負けるかしかないと思い込むことです。傍から見ればけっしてそうではなく、互いに譲り合う余地があるにもかかわらず、葛藤当事者はそう思い込んでしまうことが多いとトンプソンたちは指摘しています。それ以外にも、葛藤当事者の見方や考え方を制約し、柔軟で建設的な思考を妨害するさまざまの認知要因があります。

葛藤に対して人がどう反応するか、人間の行動を規定する心理過程には多くの複雑な要因が含まれています。それは、認知（分析、推論、評価、判断、意思決定）、感情（情動、気分、感情、心情）、動機づけ（意欲、願望、欲求）といったものです。本章では、そのうち認知について見ていきたいと思います。

●葛藤時の認知機能

物理的事象ではなく人間が関与する事象の知覚を社会的認知と呼びます。そこでは、他の人が何を考え、何を感じ、どう行動しようとしているのかに関する情報分析、すなわち、人の心に関する情報分析が含まれています。しかし、その情報の多くは、直接には手にすることができないものです。物体なら目で見て色や形を確認して、触って固さを確かめることができます。人についても、姿かたちは目で見られます。しかし、人の心はそうはいきません。私たちはそれを、彼らの言動から推測しなければなりません。このために、私たちが人の心を理解しようとすると、私たちはしばしば主観的にならざるをえず、その結果、その認知には誤りや歪みが入り込むことが起こります。

対人認知の主観性に加えて、人間の情報処理システムが本来持つある特性も認知バイアスの源になっています。人間の情報処理にはコンピュータと違って、ショート・サーキット（飛躍）やヒューリスティック（簡便法）が頻繁にみられます。これは認知資源を節約するためです。こうした簡便な処理法は多くの場合は機能的ですが、葛藤状況ではしばしばリスクのある危険な判断を招くことがあります。

人々が他の人の心を読み誤ったり誤解することが多いことは日常経験からも明らかです。とくに社会的葛藤状況には、正確な社会的認知を妨げる条件がたくさん揃っています。そのような状況では互いに警戒し合っているので、率直なコミュニケーションができません。自分の損得にとらわれていると、自分に都合の良い見方をしたり、反対に疑心暗鬼に囚われて、事態を悲観的に見すぎたりします。また、感情的になってしまうことによって、合理的な思考が妨げられます。こうしたさまざまの妨害条件によって、認知の不正確さや歪みが起こります。

【ストレス下の認知機能】

社会的葛藤は、当事者たちに不安、恐怖、怒りなどの負の感情を喚起します。それは、自己利益、あるいは時には身体の安全に対する脅威までも含んだ不快な状況なので、典型的なストレス状況といえます。こうした状況での個人の認知判断は、葛藤という社会的状況の特殊性によっても影響を受けますが、これを考察する前に、ストレスが認知機能に与える一般的影響を見てみようと思います。

認知判断への影響

ストレスが認知機能に与える影響は、心理学においては基礎、応用の両分野にまたがって広範囲に研究が行われてきたので、膨大な知見の蓄積があります。それらの研究知見をまとめた評論論文として、比較的最近のものにスタール（二〇〇四）によるものがありますが、これはアメリカ航空宇宙局へのレポートとしてまとめられたもので、人間の注意、記憶、知覚運動反応、判断と意思決定などに対するストレス効果が検討されています。そのすべてが葛藤当事者に関連しますが、とりわけ重要なのは判断と意思決定です。

このレポートによると、ストレス下では、第一に、判断や意思決定に柔軟性が失われます。以下に述べるようないくつかの原因でそうなるものと思われますが、一度に多くの選択肢を思い浮かべ、それらを精査するということができなくなります。このため、最初に思いついた判断や選択肢で作業を終わらせるとか、以前に使った方法に固執するといったことが起こりやすくなります。

覚醒の高揚

ストレス下では恐れや不安の感情が高まりますが、身体面では緊張や興奮という状態になります。これは覚醒と呼ばれていますが、そのレベルは私たちの認知機能に大きな影響を与えます。退屈で眠かったりすると、つまり低覚醒レベルの状態では、頭のはたらきが鈍り、認知機能は低下します。目が覚めて意識がはっきりしてくると、分析力や判断力も高まります。しかし、たとえば、結婚式でスピーチするときのように、緊張がすぎると逆に判断力が低下し、頭が真っ白になって、考えてきたことが思い出せないといった状態になったりします。つまり、覚醒レベルが低すぎるときも高すぎるときも認知機能は制約され、中間の適度な覚醒水準において、私たちの認知機能は最大限のパフォーマンスを発揮するといえます。こうした心理現象はヤーキーズ－ドットソンの原理と呼ばれ、覚醒水準と認知機能の関係は逆U字関係になることが知られています。

心的資源の消耗

心的資源論は、人間の精神活動が一定量のエネルギーによって支えられるという考え方で、心理学のいろいろな分野に登場します。精神分析学の創始者フロイトがリビドーという概念を提起しましたが、心的資源はもっと一般的なもので、すべての精神活動の活力源と考えられています。この資源量には限りがあるので、ある活動に消費されると別の活動のための資源が不足して、活動水準が低下してしまいます。たとえば、葛藤によって負の感情が強く喚起されると、これに心的資源が使用されてしまい、このため、認知活動に回すべき資源が不足して、その活動が制限されるということが起こると考えられます。

葛藤解決に必要な認知的作業は判断と意思決定ですが、この背後では、もっと基礎的な情報処理機能がはたらいています。それは、注意、知覚、記憶などと呼ばれる機能ですが、これらも葛藤によって影響を受けます。まず、ストレスは注意の幅を狭めるので、当事者は一つのことに気をとられ、他のいろいろなことに目を向けるということが難しくなります。たとえば、家庭内に悩みごとがあると、それに注意を奪われ、仕事がおろそかになるといったことが起こります。

心の基礎システムへの影響

情報について精緻な分析を行うには作動記憶（working memory）というものを使います。コンピュータに例えるなら、主記憶装置（RAM）にあたり、これが小さいと精緻な処理や複数作業の同時処理などが難しくなります。人間の場合も同様で、作動記憶が小さいと作業の速度や質が低下しますが、強いストレス下では多くの人がそうした状態に置かれます。それはちょうど、テレビを見ながら仕事をするようなものです。単純な作業なら支障はないでしょうが、複雑で集中力を要するような作業は「ながら仕事」には向きません。作動記憶が劣化するということは、長期記憶への移行も制約されるので、経験したことや作業したことを後から思い出そうとしても、よく覚えていないといったことが起こります。その意味で、ストレスは、判断と意思決定だけでなく、個人の心的作業全般に停滞を招きます。

感情の影響

ストレスには不快感情が伴いますが、それらは覚醒レベルを上昇させるだけではなく、感情の質自体も認知機能に影響を与えることが知られています。後の章で詳しく述べますが、不快感情は快感情（楽しい、うれしいなど）と比べて、精緻でシステマティックな処理を促進すると言われています。つまり、それほど激しいものでなければ、不安や恐れは情報処理活動を活性化し、正確な処理を促すと考えられます。一方、快感情は情報処理の精度を低下させますが、反面、創造的で柔軟な発想を促し、問題解決に有益なアイデアを生み出すことに貢献します。葛藤時には一般に不快感情が優勢になるので、精緻ではあるが閉鎖的な思考を促し、創造的な解決策を構想するには向かない心的状態になりやすいといえます。

また、ストークスとカイト（二〇〇一）は、感情が一定の反応傾向を活性化し、それが認知活動の妨害を招くと主張しています。たとえば、怒りは攻撃的反応傾向を活性化し、恐れは逃避的反応傾向を活性化します。その結果、これらの反応傾向と調和しない作業、たとえば、知的な分析や判断とは干渉を起こして、これを妨害するということが起こります。実際、この例にあるように、感情が人の考えをある方向に誘導して不適切な判断に導くことは私たちの日常経験でもあるような気がします。

【社会的葛藤固有の影響】

ストレスやこれに伴う感情によって認知機能が阻害されることを述べてきましたが、社会的葛藤の場合には、それ以外にも認知機能を歪める心理要因が存在します。それは、ストレスの一般的影響とは別種のものです。

社会的葛藤に固有の心理要因とは願望や懸念です。葛藤は利害や意見の不一致から生じるので、多くの場合、当事者の心の中には、葛藤によって妨害された期待や願望が強まります。その一つは自尊心維持動機です。反対意見を言われると、プライドが傷つけられたと感じて、必要以上に自己主張する人がいます。また、些細な問題であるにも関わらず、当事者たちは「勝ち負け」にこだわり、意地を張りあうということもよくあります。これらはすべて、プライドや面子に関する願望が喚起されたことによるものです。

自尊心維持動機が強まると、当事者は自分の主張や要求は公正で正当なものであると思う気持ちが強まり、これと対照的に、相手の立場は不当であるという考えが強まります。

これは、後に述べますが、公正バイアスと呼ばれる認知の歪みです。双方ともにこのような心理状態で話し合いをするなら、歩み寄りや妥協が生まれる可能性は低く、その葛藤解決が困難になることは容易に予想できます。

このように、葛藤時には、喚起された願望や懸念によって当事者の認知判断が歪められることがよく起こり、それによって葛藤解決が妨害されます。したがって、社会的葛藤時にはストレスによる認知システムの全般的劣化に加えて、葛藤に伴う動機要因の影響によるバイアスが発生し、両者が相乗的にはたらく可能性があります。

●葛藤相手に関する認知の偏り

社会的葛藤に限らず、人付き合いの中で起こる出来事にどう対処するかを決める上で重要な認知作業の一つは、その原因を推定することです。たとえば、いつもは頼みを聞いてくれる相手から思いがけず拒否されたときなど、「なぜなんだろう」「どうして嫌がったんだろう」と考えてしまいますが、このように、人の行動の原因を考える作業を原因帰属と呼んでいます。どのような原因や理由を推定するかは、この事態に対する私たちの対処に影響を与えます。「たまたま体調が悪かったんだろう」と原因帰属したときと、「自分に対して何か不満を持っているのではないか」と原因帰属したときとでは、相手に対する対応が変わってきます。

人の行動の原因を考えるということは、その人の心がどのような状態かを推測することです。人の心は直接には見えないので、その推測にはどうしても見る側の主観が入ります。そこに歪みや誤りが入る余地があります。

【行為者・観察者バイアス】

原因帰属のために個人が行う推論過程は、利用可能な情報、相手に対する先行知識、先入観などよって影響されます。こうした中で、情報が少ないときに多くの人が陥る認知的バイアスがあります。それは行為者・観察者バイアスです。

人の行動の原因帰属は、大まかには、人の側の原因を重視するか、状況側の原因を重視するかに分かれます。人の側というのはその人の願望、態度、感情、性格などで、たとえば、「自分の依頼を断ったのは、その人の側に敵意や反発心があるからだ」などと推測することで、これを内的帰属と言います。状況側とは、その行為を引き出す作用をした外部の条件のことで、たとえば、「たまたま多忙で、いらいらしていたのだろう」とか「こちらの頼み方が悪かったのだろう」と、その人が置かれている状況の性質（多忙）や他の人の言動がその原因であるとみなすことで、これを外的帰属と呼んでいます。

この観点から見た場合、私たちが他の人の行動を原因帰属する際、内的帰属をしがちであるという現象が一般にみられます。これは基本的帰属錯誤と呼ばれるものですが、人の行為を見たとき、単純に、それが行為者の内的性質を反映したものだと解釈しやすい傾向のことです。たとえば、自動車を運転しているとき、脇をすごいスピードで追い抜いていく車を見ると、「なんて乱暴な運転手なんだ」と思いますが、このとき私たちは、暗黙のうちに、「あの人はいつもあんな乱暴な運転をする人なんだ」と内的帰属をする傾向があります。実際には、たまたま急病人を乗せて病院に向かって急いでいたのかもしれないし、重大な会議に遅れそうで焦っていたのかもしれません。しかし私たち観察者には行為者のそうした事情に関する情報がないので、もっとも単純な推論、すなわち、内的帰属に向かうと考えられます。

一方、行為者自身に自分の行為の原因を説明させると、こちらは、状況要因を重視して外的帰属をする傾向があるので、同じ行為についても、行為者自身と観察者では原因帰属がずれることがよくあります。行為者自身は外的帰属を、観察者は内的帰属をというのが一般的傾向で、このずれのことを行為者・観察者バイアスと呼んでいます。そして、社会的葛藤の場合には、この認知バイアスがしばしば葛藤をエスカレートさせる原因となります。

行為者は自分が置かれている状況について観察者よりも詳しい情報を持っているせいで、自分の行為を状況要因に帰属する傾向があります。他の人に不利益をもたらすような対立行動をとったとしても、当人は「これにはやむにやまれぬ事情がある」と状況要因を強調して、「自分がしたくてしているわけではない」と内的要因を否定しようとします。一方、相手は、その対立行動が行為者自身の利己的動機や敵対的感情によるものではないかと疑い（内的帰属）、警戒心を強めます。葛藤場面では、この例のように、その契機となった行為について行為者と観察者（対立相手）の間で異なる原因帰属が行われ、それが葛藤解決の障害となることがあります（オールレッド 二〇〇六／二〇〇九）。利己的動機からの対立行動であろうと解釈して相手が攻撃的になったとしたら、状況要因のせいであると思っている行為者は、攻撃を受けたことを不当であると感じて反発するでしょう。このように、双方が異なる原因帰属をすることによって敵対的相互作用が生まれ、その結果、葛藤がエスカレートするということが起こります。

【現実の紛争事例に見る行為者・観察者バイアス】

英国の西に位置するアイルランドは長い間英国の支配を受けてきましたが、英国国教がプロテスタントであるのに対して、アイルランド人の多くはカトリックであることもあり、英国からの独立運動を続けてきました。二〇世紀初頭、長い紛争の果てに英国は独立を承認しましたが、それで問題が解決したわけではありませんでした。プロテスタントが多く住むアイルランド北部（図2の網かけの部分）は英国連邦に残ることを主張し、今度はアイルランド人の間で内戦が始まりました。住民保護という名目で英国軍が北アイルランドに進駐して、この地域を再び武力制圧しましたが、これに反発するアイルランド共和国軍（IRA）は英国各地でテロ活動を活発化させました。現在はそうした武力紛争が鎮静化し、政治的解決が模索されてはいますが、現在も時折テロ行為が発生します。

ハンターたち（一九九一）は、北アイルランドのカトリックとプロテスタントの学生にプロテスタント教徒とカトリック教徒が暴力を振るっている映像を見せ、登場人物がなぜそのような行動をしたと思うか、その理由を考えさせました。結果はきわめて対照的で、どちらの学生集団も自集団の暴力行為については「それは、被害を受けたことに対する報復である」とか「敵の襲撃に対する恐れからの防衛行動である」などの外的帰属をしましたが、他集団の行った暴力に対しては「精神異常である」とか「血に飢えている連中である」など、その内的属性に帰属をしました。

対立する者に邪悪な性質（攻撃的、自己中心的など）を付与することは、相手に対する

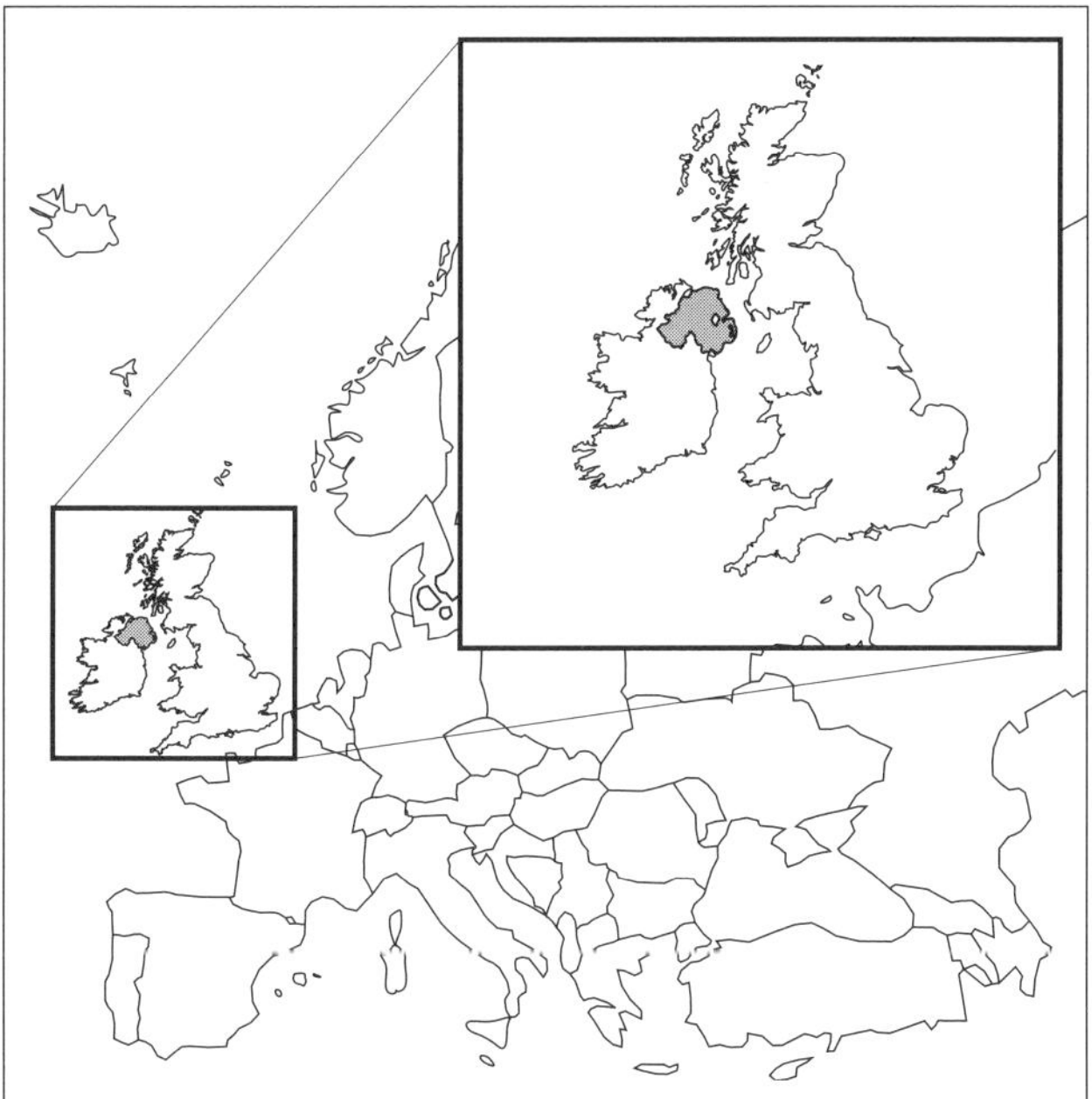

図2　北アイルランド

憎悪や恐怖感を喚起し、また、妥協や協力など建設的方略は通じないという悲観的認知を生み出すので、結果として対決姿勢が強められます。この研究例が示すように、同じ行為に対して自分（自集団）と他者（他集団）に対して異なる帰属を行うことは、対決的認知、対決的感情、そして対決的行動を促し、葛藤をエスカレートさせる危険があります。

●葛藤相手の行動に関する評価の歪み

葛藤解決に関わる認知判断の第二のタイプは評価です。これは、相手の行為や発言を正当で正しいと思うか、それとも不当で間違っていると思うかです。評価の目は自分自身にも向けられます。自分の考えのほうが正しく、相手が間違っていると思えば（たいていの葛藤当事者はそう思います）、主張は勢いを増し、相手に対する攻撃も激しくなります。しかし、こうした評価にも歪みや誤りがつきもので、これが葛藤解決を妨害することがよくあります。

【公正バイアス】

社会的葛藤の発生と解決の両方に関わるキーワードの一つが公正（fairness, justice）

です。葛藤の発生に公正が関わるというのは、葛藤時には、当事者の少なくとも一方が「自分は不公平に扱われている」と思っていることが多いからです。たとえば、夫に家事負担増を求める妻は、現状が自分にとって不公平であると感じています。また、待遇改善を会社に要求する従業員組合は、現在の待遇が自分たちの仕事あるいは同業他社と比較して不公平であるという気持ちを持っています。つまり、不公正感は葛藤を発生させる重要な心理的要因です。

一方、公正は葛藤解決の段階においても、これを主導する原理の一つです。葛藤に巻き込まれた当事者たちは自分の損得にしか関心がないと思われていますが、研究によると、こうした素朴な自己利益説に反して、葛藤当事者たちは公正さにも関心があり、公正さを求めて葛藤解決に取り組むことが明らかにされています。たとえば、自己利益を損なって（自分の家事負担）でも妻の要求に応じようと思った夫は、それが公平なやり方であると判断したからでしょう。労使交渉において、従業員はできるだけ高い給与がほしいし、経営者側はできるだけ人件費を抑えたいと思います。しかし、業種ごと、職種ごとに給与相場といったものがあり、それが一種の基準となって、双方ともにその付近で自己利益との折り合いをつけようとします。従業員たちは、同じ仕事をしている同業他社の人たちと同じくらいの待遇であれば「まあ、公平か」と感じるでしょうし、経営者側もこれを基準に、他社もそうなのだからこの程度の経費増は仕方がないとして受け入れることになるでしょう。

社会的葛藤経験と公正バイアス

> 公正は紛争解決の原理なので、当事者たちがこれに従うなら葛藤解決は容易となるはずです。しかし、現実はそう簡単ではありません。それは、何が公正であるかは主観的判断だからです。私たちは、日本の大学生たちに自分が経験した社会的葛藤を想起させ、自分の目指した目標、解決のためにとった行動（方略）などについて、それがどれくらい公正なものだと思うかを評定させました（大渕たち 一九九五）。同時に、葛藤相手の目標と方略についても公正評価をさせました。公正評価では、「第三者から見たら、あなた（あるいは、相手）の目標（あるいは、方略）は、どれくらい合理的でしたか?」とか、「第三者から見たら、あなた（あるいは、相手）の目標（あるいは、方略）はどれくらい公平なものでしたか?」といった質問項目を用いました。

結果は、図3にある通り、参加者たちは目標、方略のいずれに関しても、相手よりも自分のほうが公正であるとみなしていました。これが公正バイアスと呼ばれるものです。この公正評価に用いられた項目では「第三者から見たら」と聞いていたのですが、参加者た

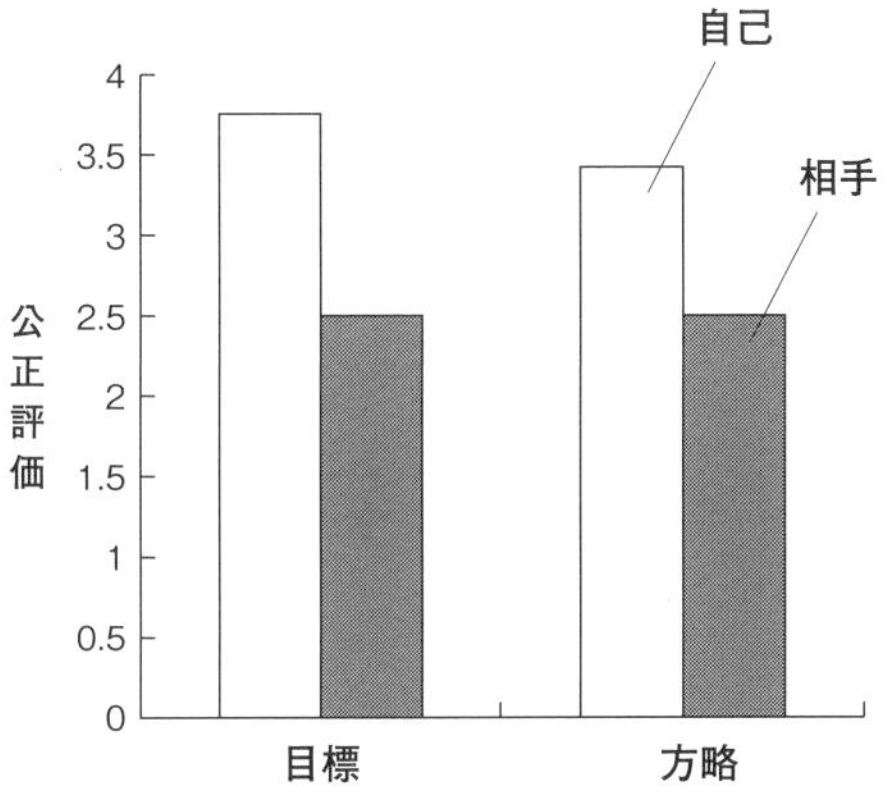

図3　自己と相手の目標と方略の公正評価（大渕たち，1995）

ちは、客観的に見ても相手より自分のほうが公正であると信じていたことになります。後で取り上げますが、実際に両者ともに公正であるという状態もありえないわけではありません。しかし、この図に示されているように、葛藤当事者たちは「自分も相手も等しく公正である」と思っているわけではなく、「相手よりも自分のほうが公正である」と信じています。この研究結果は、葛藤当事者たちが、一般に、相手よりも自分の言い分や行動のほうが正しいと信じる傾向、すなわち、公正バイアスを持っていることを示しています。

この分野の第一人者であるトンプソ

ンたち（二〇〇六）は、人は一般に公正であることを望みますが、彼らの公正判断はしばしば自分に有利なように歪められており、しかし、そのことを自覚しないがために、人々は自説に固執して、葛藤解決を困難にしている、と述べています。

交渉と公正バイアス

さて、トンプソン自身の研究ですが（トンプソンとローウェンスタイン　一九九二）、賃金をめぐって労働組合と会社側が紛争状態にあるとした上で、アメリカの大学院生たちに労働組合の役員か会社経営者かどちらかの役割を与え、それぞれの立場で交渉を行わせました。会社の業績、過去の交渉経過などに関する資料を与えた上で、適正賃金について合意するまで交渉を続けさせました。この実験では、交渉に入る前に「もしも中立的第三者が公正な賃金を決めるとしたら、いくらになると思うか」と質問したところ、組合側は経営者側よりも高い値が第三者からみて公正な賃金であろうと主張しました。この結果は私たちの研究結果（図3）と一致したもので、組合側は自分たちの高い賃金要求が公正であり、一方、経営者側は自分たちの低い賃金回答が公正であると信じていたことを意味しています。トンプソンたちは、教育委員会と教師集団間の賃金交渉も分析していますが、結果は同じでした。

集団間葛藤と公正バイアス

集団間葛藤を背景に行われた研究でも公正バイアスがみられます。サンドたち（一九八九）はアメリカの高校生と大学生に、当時のソ連とアメリカが行った同じ行為を評価させました。それは、クジラを外海に逃がすために流氷に穴を開けるという平和的な行為と、原子力潜水艦から成る新艦隊を創設するという敵対的な行為でした。いずれの行為についても、アメリカの学生たちは、それがアメリカ政府の行為であると伝えられた場合には、それを正義に叶った正しい行為であると評価したのに対して、ソ連によるものであると説明された場合には、それは不当な行為で、ロシア人の自己中心的で敵対的な動機によるものであると否定的な解釈をしました。このように、同じ行為に対しても自集団と他集団では異なる評価をする傾向が時々みられますが、これはダブル・スタンダードと呼ばれる現象です（バル‐タルとハルペリン 二〇一一／二〇一二）。

公正動機と文化差

自分の側の条件を肯定的に評価するというのが公正バイアスですが、それは評価に先立つ情報処理の段階ですでにはたらいているという指摘もあります。この分野の代表的研究者であるローウェンスタインたちが行った実験ですが（バブコックとローウェンスタイン 一九九七）、それは自動車とバイクの衝突事故でバイク運転手がけがをしたという事故について補償金交渉をするものでした。アメリカの大学生たちに、まずは事故の詳細を説明し、その後、自動車側かバイク側かに彼らを分けて交渉させる場合と、先にどちらの立場になるかを指示してから事故の説明を聞かせるという場合を比較すると、後者のほうが交渉に要する時間が長くかかりました。ローウェンスタインたちは、自分の立場が決まってから事故の詳細を聞くと、公正でありたいという願望によって状況を自益的に歪めて認知するので、双方ともが自分の側が正当であると強く信じ、その結果、交渉が難航したのであろうと解釈しています。実際、あらかじめバイク運転手の立場をとった人は交渉においてより多くの補償金を要求し、一方、あらかじめ自動車運転手の立場をとった人は、より少ない補償金が適切であると判断していました。この研究結果は、公正バイアスが公正でありたいとする願望に基づくものであり、それが情報処理を歪め、葛藤事態の認知そのものを変容させる可能性を示唆しています。

公正バイアスの背後に公正動機があることは文化比較研究からも示唆されています。西欧の個人主義者に比べると東アジアの集団主義者の間ではこのバイアスの影響は小さいとされます（ゲルファンドたち 二〇〇二）。たとえば、同じ交渉をさせても、日本人よりもアメリカ人のほうで決裂することが多くみられますが、それはアメリカ人の公正バイアスが強いせいだと解釈されています。このことは、日本人よりもアメリカ人のほうが公正でありたいという願望（公正動機）が強いためと考えられます。

公正バイアスの影響

当事者双方が、どちらも自分の主張が正当であると信じていると、なかなか妥協しようとしません。ローウェンスタインたちの実験が示すように、交渉が長引いたり、暗礁に乗り上げるということになりがちです。公正バイアスに支配された当事者たちが、なぜ容易に妥協しようとしないかといえば、それは自己利益を損なうだけではなく、正義に反すると感じられるからです。相手の威力に負けてしぶしぶ妥協したとしても、公正バイアスを持つ敗者は、その結果を不当と見なして心からは承服せず、憤懣を抱き続けることになりがちで、それが新たな葛藤の火種となることもあります。したがって、公正バイアスは、当面の葛藤解決を妨げるだけでなく、当事者間のその後の関係にも悪影響を与える可能性があります。

しかし、当事者たちが公正関心を持っているということは、葛藤解決にとって希望となるものでもあります。公正バイアスを修正し、両者の公正観を一致させることができれば、双方が満足できるような解決策を見出すことが可能となるからです。これについては別の箇所で検討しますが、いずれにしろ、公正バイアスの修正こそが、建設的葛藤解決の鍵であるといえます。

公正バイアスの原因

公正バイアスの原因はいくつかありますが、その一つは、公正がそもそも一義的ではないことがあげられます。交渉実験でよく取り上げられますが、働く人の賃金はどれくらいが公正かに関して絶対的な正答といったものはないと思われます。日本の昨今の大卒者の初任給は平均二〇万円くらいですが、これは果たして公正な給与なのでしょうか。また、公正でないとしたら、一体いくらなら公正なのでしょうか。多分、人によって答えは違ってくるでしょう。公正研究者によると、公正を判断する基準（公正基準）は複数あり、ある基準から見て公正とされる状態も他の基準から見ると不公正とされることがあります（タイラーたち 一九九七／二〇〇〇）。

公正基準が複数あることから、葛藤当事者は自分にとって都合の良い基準を採用することができます。たとえば、賃金をめぐる労使紛争において、組合側が同業他社を基準に自分たちの給与が低いと主張したとしても、経営者側は、自社の収益が少ないのだから、それに合わせて給与も下げるべきだと主張することができます。それぞれ根拠としてあげるものが異なっており、また、それぞれの根拠からすると、どちらの主張もそれなりに公正であるということになります。

公正バイアスの第二の原因は、上と関連しますが、当事者が葛藤に関わるさまざまの情報の中で自分に都合のよい情報に選択的に注意を向けることがあげられます（選択的注意)。トンプソンたち(一九九二)の行ったある実験において、交渉の後、参加者たちに交渉の中で出てきた情報を想起するよう求めたところ、彼らは自分の立場に有利な情報をより多く想起する傾向がみられました。記憶されやすい情報というのは、注意を惹き、強い関心が向けられたものであることから、この結果は、葛藤当事者が自分に有利な情報に対して選択的に注意を向け、それを自分の公正判断の根拠として用いていたことを示唆しています。

第三の原因として、もともと人間が公正でありたいという願望を持っていることがあげられます(タイラーたち 一九九七/二〇〇〇)。主観的に歪められたものであるとはいえ、人々は自分の要求や行動が公正なものであると信じたいと思っています。たとえ自分の要求が通って交渉に勝利したとしても、「それは不公正だ」と人から言われれば、良い気持ちはしないでしょう。一方、自分の望みが叶い、なおかつ公正なものだと認められれば喜びは倍加します。また、要求が認められない場合、それが公正な解決策であると納得するなら諦めもつくでしょうが、不当なやり方だと感じるなら強い不満が残ることでしょう。葛藤解決においては、自己利益の実現とともに公正の回復と実現もまた当事者たちの重要な関心事です。自分の要求ややり方が公正なものであってほしいという願望があるからこそ、公正バイアスといった心理現象も起こると考えられます。

第四に、素朴な現実主義（naïve realism）という認知傾向もあげられます。人々は、自分たちの知覚と判断を他の人たちのものよりも客観的で調和のとれたものであるとみなす傾向があります（ロスとウォード 一九九五）。人々は、自分たちの意見こそが真に客観的かつ合理的であり、これに同意しない人は非合理的で無知な人だとみなします。それは、紛争状況においては、敵対者のほうが偏った考えを持っていると思い込むことにつながります。ケネディとプロニン（二〇〇八）は、人々が葛藤相手の主張を偏向していると知覚し、協調よりは対決的方略をとることによって、紛争行動が激化することを実験的に示しています。

【反発的低評価】

反発的低評価とは、葛藤相手が行ったというだけで相手の提案や譲歩を低く評価する傾向のことです。この概念はスティリンジャーたち（一九九〇、未公刊論文、ロスとウォード（一九九五）に引用）が米ソの核軍縮案を材料に行った研究の中で提案されたものです。

政治的対立に関する研究

スティリンジャーたちの研究参加者はアメリカ・カリフォルニア州のパルアルト市の住民でしたが、研究者たちは住

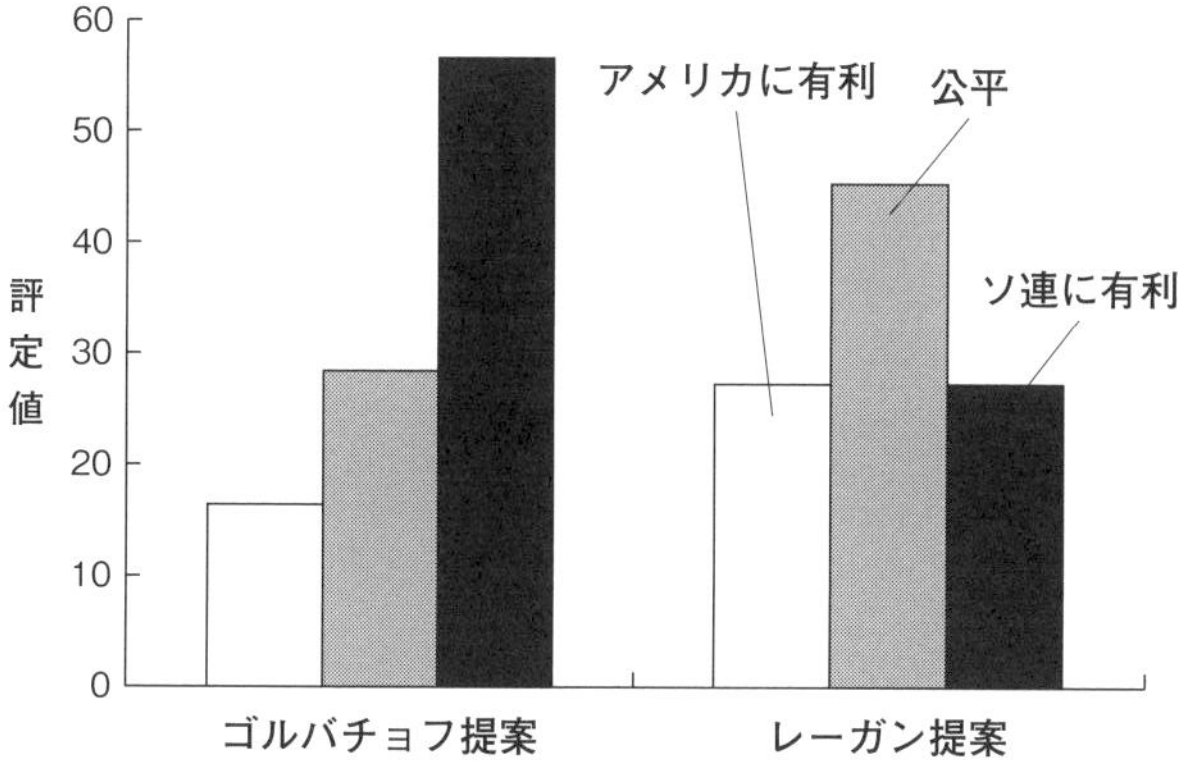

図4　米ソの指導者の核軍縮提案に対するアメリカ市民の評価
（スティリンジャーたち，1990）

民たちに街頭で接触して調査票への回答を求めました。そこには核軍縮案が示されていましたが、半分の調査票には、これはソ連のゴルバチョフ大統領が提案したものだと書かれ、残りの調査票では、アメリカのレーガン大統領が提案したものであると説明されていました。これに対する評価は図4の通りで、参加者たちは対立相手が提案したものは自分たちには不利で不公正なものであると非好意的に評価したのに対し、自集団のリーダーが提案したものは公平であると好意的な評価をしました。

この研究は、対立関係にある他集

団から提案されたというだけで、人々がそれを否定的に評価する傾向があることを示しています。

アメリカ国内の政治的対立を題材にした研究ですが、マンローたち（二〇〇二）は、クリントンとドールが争ったアメリカ大統領選挙を題材に、それぞれの主張を支持者たちに示して反発的低評価を見出しています。参加者に示されたものは実は同じ内容の主張だったのですが、クリントン支持者はそれがクリントンの主張したことだと言われると好意的に評価し、ドールが言ったことだと説明されると非好意的に評価し、ドール支持者はこれと正反対の反応をしました。

パレスチナ紛争に関する研究

もっと最近では、パレスチナ紛争を舞台にした関連研究がいくつかみられます。それは、中東パレスチナの地をめぐるユダヤ人とパレスチナ人の間の民族紛争のことで、第二次大戦後の国連総会においてこの地にユダヤ人国家を樹立するという提案が可決されたことに端を発します。紀元前、パレスチナの地にあったとされるイスラエル王国を再建するというのが世界中に散らばったユダヤ民族の悲願（シオニズム）でしたが、この国連決議によってそれが叶うことになりました。しかし、この地に住んでいたアラブ系パレスチナ民族は強制的にこの地を追われることになることから、世界中から同情の声も上がりました。周辺のアラブ諸国の反対を無視して、一九四八年、イスラエルが建国されると、それら周辺諸国との間で戦争（中東戦争）が始まりました。米英の支援を受けたイスラエルは圧倒的に優位な軍事力によって戦争に勝利し、むしろ国土を拡張しました。一九八〇年に至り、戦争は終結しましたが、パレスチナ民族の抵抗運動（インティファーダ）は依然として続いています。

ヘラドスツヴァイト（一九七九）は、イスラエル、エジプト、レバノンの指導者層の人たちにインタビューをして、お互いの和平提案について意見を聞きました。どの国の指導者たちも、敵国側の提案に対しては、たとえ客観的には建設的で穏健な提案であっても、そのようには評価せず、強い疑惑を抱いていました。また、回答者たちは、その提案によって生じうる将来の利益とコストについて相反する見方をしていました。自分たちの側が提案したものは両陣営にとって利益となる統合的なものだが、相手側の提案はゼロサム、つまり、相手だけが得をして、その分こちらは損をするものだとみなしていたのです。このように、現実の紛争当事者たちを対象にした研究でも反発的低評価が顕著にみられます。

こうした集団間葛藤では、典型的に、敵に対する非好意的なステレオタイプが形成されます。敵方の提案に対しては、単に自分たちに有利に事を運ぼうとしていると見るだけではなく、敵意すら帰属します。こうした歪んだ見方は、敵対している集団間の交渉を困難にしますが、その一つの表れが反発的低評価です。これが紛争当事者間の和平交渉を妨げる心理的障壁であることに関しては事例に事欠きません。一九七九年、エジプトはそれまでのイスラエル敵視政策を転換して平和条約を締結しましたが、その二年前、イスラエルに招かれたエジプトのサダト大統領が行った演説でも心理的障壁のことがふれられています。

「しかし、まだ別の壁がある。それは私たちの心の壁である。疑惑、拒絶、恐怖、裏切りを生み出し、また、あらゆる出来事や言動に対して歪められた、着色された解釈を生み出す。今日の訪問を通して、私は皆さんに、誠実さと真摯さをもって互いに手を携え、一緒にこの壁を破壊しようではないかということを訴えたい。」

しかし、こう訴えたサダト自身は他のアラブ勢力から裏切り者呼ばわりされ、イスラム過激派によって一九八一年に暗殺されてしまったのです。

イスラエル現地での研究

紛争当事者であるイスラエルとパレスチナ民族の間でも何度か鎮静化の動きはありました。たとえば一九九三年、アメリカのクリントン大統領の仲介によってノルウェーのオスロで開かれた会合で、イスラエルのラビン首相とパレスチナ解放機構（PLO）のアラファト議長は和平案に調印しました。その骨子は、①イスラエルを国家として、PLOをパレスチナの自治政府として相互に承認する、②中東紛争の占領地域からイスラエル軍は撤退し、五年にわたって自治政府の自治を認め、その間に今後の対処を協議する、というものでした。

マオズたち（二〇〇二）は、この和平案を題材に、現地人を対象に実験的研究を行いました。参加者はイスラエルの大学で学ぶユダヤ人学生とアラブ人学生でした。上記の和平合意案の起草者をパレスチナ交渉団かイスラエル交渉団と書き換えたバージョンを作り、両民族の参加者たちに配付しました。また、事前の態度測定によって、ユダヤ人はタカ派とハト派に分けられていました。タカ派とは、占領地へのユダヤ人入植を進め、これをすべてイスラエル国土とするなど、パレスチナへの一切の妥協を拒否すべしと主張する人たち、一方、ハト派とは占領地をパレスチナに返還するなどパレスチナ側との妥協を進め、両者の和平を達成すべきとする立場の人たちです。

図5はアラブ人学生、図6はユダヤ人ハト派の評価結果ですが、両者はほぼ対照的です。つまり、アラブ人はパレスチナ側からの提案は公平だがイスラエル側からの提案はイスラエルに有利で不公平なものであると評価したが、ユダヤ人ハト派の評価はちょうどこれと正反対でした。つまり、ここには典型的な反発的低評価がみられました。一方、イスラエル人タカ派の評価はこれらとは顕著に異なるものでした（図7）。彼らはイスラエル側か

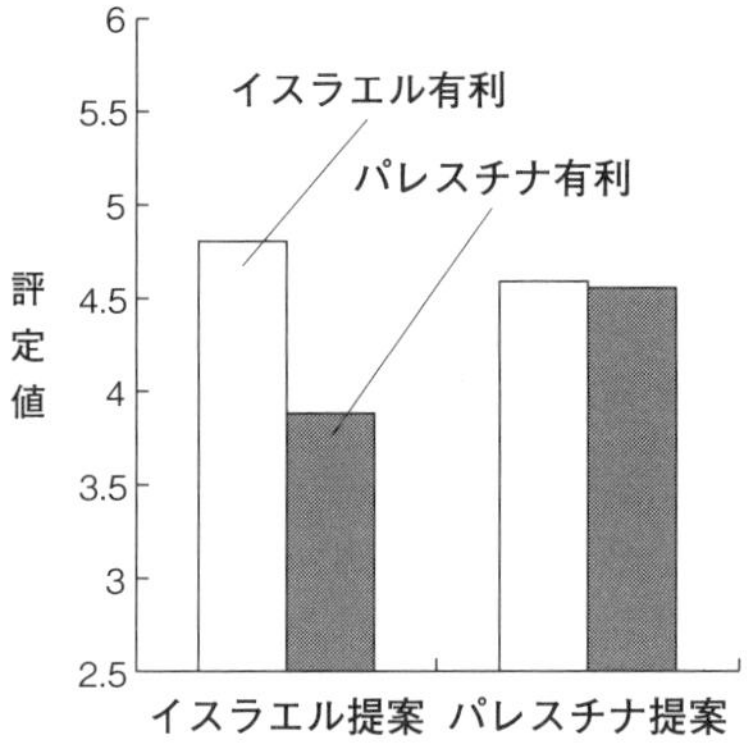

図5　アラブ人学生の評価（マオズたち，2002）

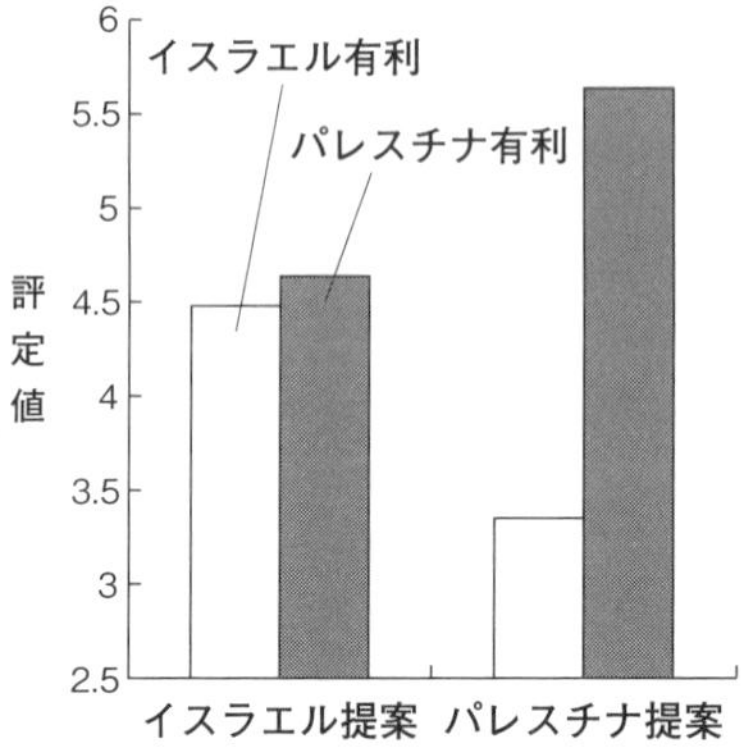

図6　ユダヤ人ハト派の評価（マオズたち，2002）

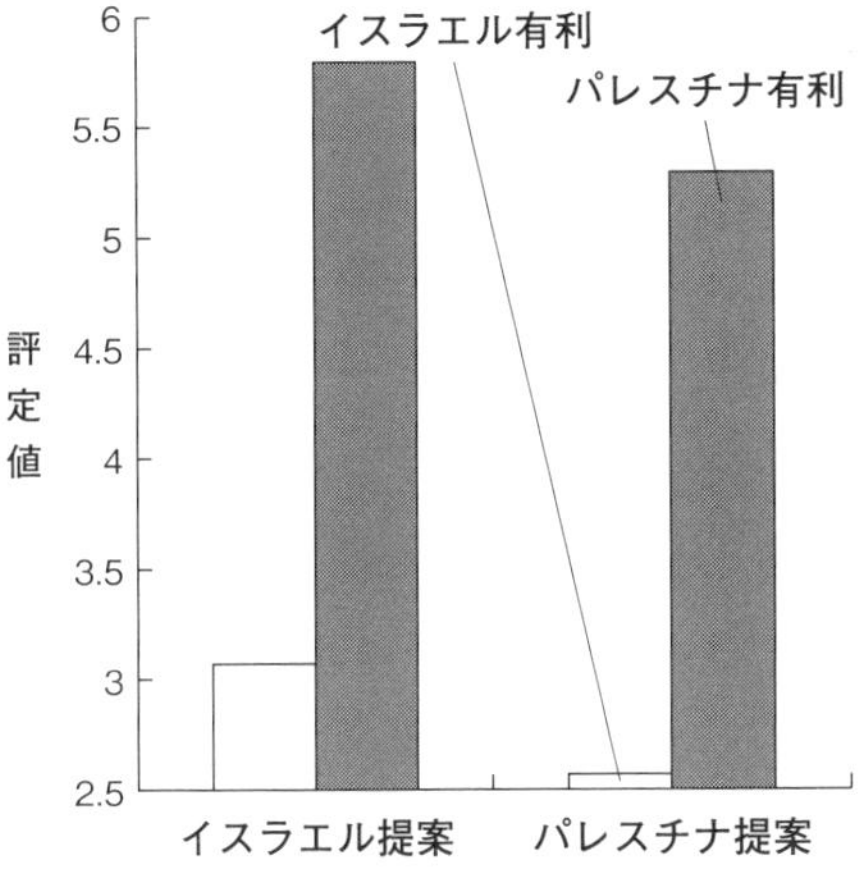

図7　ユダヤ人タカ派の評価（マオズたち，2002）

らの提案に対しても、パレスチナ側からの提案に対しても、いずれもパレスチナ人にとって有利なものであるとみていました。タカ派はどんな和平案にも反対なので、それがこのような極端な反応になったものと思われます。

タカ派の反応は、一見、反発的低評価の普遍性に疑問を投げかけるものですが、そうではないと思われます。イスラエル集団内にもタカ派とハト派という亀裂があり、両者は対立関係にあります。和平案はタカ派から見るとハト派の提案にあたるので、これに対して非常にネガティブな評価をしたものと解釈することができます。つまり、これも一種の反発的低評価とみなすことができます。

心理メカニズム

反発的低評価の心理メカニズムについてはいくつかの見方がありま す。第一はハイダー（一九五八）のバランス理論を応用したもので、嫌いな相手に関わるものはみな否定的にみるという傾向です。公正バイアスなどによって相手は不当な人物だと思っていると、その人の言動もみな信用ならないと思えてくるといったことがあげられます。反対に、好意を持っている人の提案は無条件に良しとする傾向もあると考えられます。

第二もこれに関連するものですが、対立相手については偏った動機推論をするというものです。対立相手は自己利益にしか関心がなく、自分が得するように行動するはずだから、相手が提案したものはこちらには不利なものに決まっていると頭から思い込むことです。第三のメカニズムは「人の芝生は青く見える」現象で、葛藤に限らず、人は目の前にある、すぐ手に入るものの価値を低く評価するという一般的傾向です。もっと良いものがあるのではないかという気持ちから、目の前の選択肢を最善とはみなさないというものです。

これらの中で、現実の紛争を研究している人たちは、二番目の考え方、すなわち、対立相手に対する歪んだ動機推論をもっとも重視しています。

【敵意バイアス】

これまで見てきた認知のバイアスは、葛藤状態に置かれた人たちの誰もが陥りやすい一般性のあるものでしたが、特定の人たちが抱きやすい認知の歪みもあります。中でもとくに葛藤解決を困難にするものが敵意バイアスです。これは、相手が悪意や敵意を持っていると知覚する傾向で、パラノイド傾向と呼ばれることもあります。

葛藤に遭遇した人がもっとも関心を持つのは、相手の気持ちです。「相手は、なぜこんなことをするのか」、あるいは「相手は、何を期待しているのか」といったことが気になりますが、これらは相手の意図や動機に関心を向けることです。

人の行動を理解するとは、実は、その意図や動機を知ることです。暴力事件の報道を聞いて、多くの人が「なぜ、あんなことをするんだろう」という疑問に駆られます。その人たちの疑問も行為の意図や動機に向けられたものです。こうした報道ではよく「金銭か、怨恨か」などと言われますが、これらが暴力犯罪の代表的な動機なのでしょう。

葛藤状況では人々は互いに相手に対して対立的な行動をとっていますが、その意図や動機にはどんなものが考えられるでしょうか。「自分の利益を守りたい」（自己利益）、「自分が正しいことを主張したい」（自己主張）、「自分の力が上であることを認めさせたい」（支配、優越）などがよくみられる動機ですが、そのほかに「相手を打ち負かしたい」とか

「相手を苦しめたい」といった敵意動機もあります。敵意動機があると対立行動は執拗にまた激しくなります。

葛藤当事者が一番気になるのは、相手が自分に敵意を持っているかどうかです。敵意を持っていないと判断すれば、話し合いを呼びかけ、互いに妥協できる点を探ることが可能になります。しかし、敵意をもたれていると思うとそれが困難です。相手が自分を苦しめようと意図していると思うと、誰でも強い恐怖を感じ、自分を守ろうという気持ちが強まります。その結果、こちらも敵対姿勢を強めるので、相互に攻撃し合い、葛藤はエスカレートすることになりがちです。

しかし、時には相手の気持ちを読み誤って、敵意がないのにあるかのように思い込んでしまうことがあります。人の気持ちは直接には見えないので、その人の言動、過去の付き合いなどから推測するしかありません。見る側の主観性も入ります。そうした条件の下で、誤って人の敵意を過剰に知覚する敵意バイアスというものが生じます。

敵意バイアスと攻撃反応

敵意バイアスはドッジによって長年研究されてきました。

彼の代表的研究は小学生を対象とした実験です（ドッジ 一九八〇）。子どもが一人でジグソー・パズルに取り組んでいました。完成間近の状態

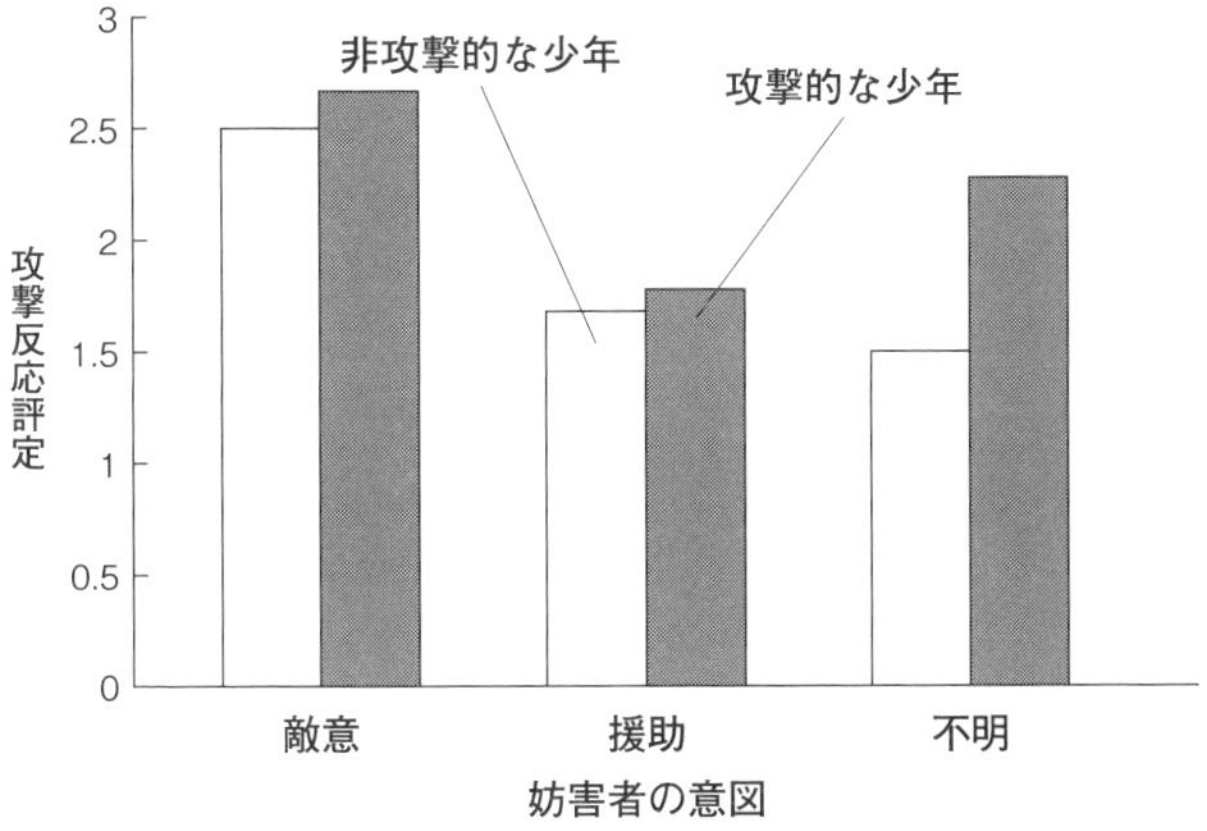

図8　意図知覚の違いによる子どもの攻撃反応（ドッジ，1980）

になったとき、別の子どもが近づいてきてテーブルをひっくり返してしまいました。このとき、ある条件では加害者は「めちゃくちゃにしてやろう」と言いながら、また、別の条件では「手伝ってやろう」と言ってパズルに触りました。第三の条件では加害者は何も発言しませんでした。このあと、それぞれの条件において被害にあった子どもがどんな言動をするかを記録して、そこに含まれる攻撃反応量を測定しました。

この実験には、教師やクラスメートから攻撃的とされた子どもとそうでない子どもが参加していましたが、図8の結果を見ると、加害者が敵意を示したときにはどちらのタイプの子どもも攻撃反応を増加させました。このことは、相手に明確な敵意がある場合には、誰もが攻撃的に反応することを示しています。一方、攻撃的な子どもとそうでない子どもの違いがもっとも大きかったのは加害者の意図が不明な状況でした。この図にみられるように、加害者の意図が不明な条件において攻撃的な子どもは非攻撃的な子どもよりも顕著に攻撃反応を強めました。この結果をドッジは、曖昧な状況において攻撃的な子どもは相手に敵意があると知覚したせいであろうと解釈しました。つまり、周りから攻撃的と評された子どもたちは、普段から人付き合いにおいて他の人の言動に敵意を知覚しやすく、それが彼らを攻撃的にしていたと考えられます。

その後の研究を通してドッジは、攻撃的な人が葛藤場面において相手の敵意を知覚しやすいだけでなく、解決策として攻撃的方略を優先的に発想し、それが有効な方略であると評価し、その結果、これを実行することを見出しました（ドッジ 二〇一一）。彼の研究は、敵意バイアスが葛藤の解決を妨げるだけでなく、対立を激化させるものであることを示唆しています。

●葛藤状況の認知の歪み

当事者の認知には、葛藤相手に関する知覚の歪みにだけではなく、葛藤状況そのものの見方にも特有の偏りを生じさせるものがあり、その多くも葛藤解決を妨害する役割を果たします。

【対立の過大視】

ロビンソンたち（一九九五）は、ニューヨーク市クイーンズ地区にあるハワード・ビーチというところで、一人の黒人青年が白人グループに追いかけられ、道路に飛び出して車に轢かれ、死亡したという事件をとりあげて、次のような分析をしています。この事件に対するメディアのコメントを収集して、保守派とリベラル派に分けました。リベラル派のコメントとしては、「白人たちはわざと彼を追い詰めて道路に飛び出すよう仕向けた」といったもの、保守派のコメントは「彼はその夜コカインを摂取していた」といったものです。この研究の参加者は大学生たちですが、尺度を使って彼ら自身を保守派、リベラル派、中間派に分けた上で、彼らにこの事件の記事とコメントを読ませました。

大学生たちには「これらのコメントを真実と思うかどうか」という質問とともに、「保守派の大学生とリベラル派の大学生がこれらを読んだらどう思うか」とも聞きました。その結果、リベラル派の学生は黒人に有利なコメントを肯定的に評価していましたが、保守派の学生たちはリベラル派の学生たちがもっと偏った評価をするだろうと推測しました。保守派の学生の評価に対するリベラル派の学生の推測も同様でした。つまり、学生たちは、自分と対立する立場の学生の反応を実際以上に強く推測する傾向がありました。言い換えると、その問題に対する見解の相違が、実際以上に大きいと知覚する傾向があったのです。

この研究結果は、対立状態にある人たちが対立を実際以上に大きく知覚する、つまり過大視する傾向があることを示唆しています。興味深いことに、中間派の学生たちにも、他のグループの評価をそれぞれ実際以上に極端な方向に歪めて推測する傾向がみられました。これらの結果を受けてロビンソンたちは、違いが大きいと思い込むと、「話し合いの余地はない」「話し合いをしても無駄だ」と感じることから、当事者たちは葛藤解決に対して悲観的になるであろうと推論しています。

対立の過大視は集団間葛藤においてもみられます。保守派とリベラル派も集団間葛藤のようなものですが、たとえば、パレスチナ紛争のように暴力を含む紛争状態にある集団などではそれが顕著に観察されます。どちらのグループの人たちも、互いの価値観、信念、思想的立場が水と油のように相容れないものと不一致を誇張して知覚し、しかも、それが各集団内で等質であると見なす傾向があります。実際には、どちらの集団にも内部でさまざまな意見があるのですが、あたかも一枚岩であるかのようにまとまっていると思い込むのです。こうした対立の過大視は、それによって不一致状態を固定化させ、紛争を長期化させる心理的要因であるとともに、その解決を阻む心理的障壁ともなります。

こうしたバイアスを是正するには両者のコミュニケーションが不可欠ですが、直接話し合ったからといって必ずしも事態が好転するとは限りません。バイアスのかかった見方で相手の話を聞くと、これまで述べたように、歪められて知覚され解釈されるからです。葛藤解決の実務家の間では、対立が長期化している人たち、あるいは集団間では、中立的第三者がコミュニケーションを仲介する必要があると感じています。これはもちろん大切なことですが、ロビンソンたちの研究が示唆するように、中立的な人たちも同じバイアスを持ち、対立を実際以上に大きく知覚する傾向があるので、この点は注意が必要でしょう。

【固定資源知覚】

葛藤では、給与、家事負担など、ある特定の問題に関して意見や要求が対立していることが一般的です。しかし、解決にあたっては、給与と労働時間、家事負担と夫婦の理解など、別の面を加味することによって当初の争点に関する対立の度合いを和らげることができます。ところが、葛藤状態に陥った当事者はしばしば対立しているまさにその争点にのみ心を奪われ、その尺度上（給与の額、家事の負担量など）でしか考えることができないということがあります。つまり、その尺度上でどちらがどれくらい取るかしか葛藤の行方はないように思い込むことがあります。これが固定資源知覚（fixed-pie perception）です。

固定資源知覚とその影響

これは、一定量の資源を奪い合うのが葛藤であるという視野の狭い見方です（ベィザーマン 一九八三）。「一定量のパイを分ける」のだから、相手の取り分が増えれば、それだけ自分の取り分は小さくなるという見方を表しています。

実際には争点そのものが初めから複数なのに、当事者たちは争点がただ一つで、自分たちの利害は完全に対立していると思い込んでいる場合もあります。トンプソンとヘイスティ（一九九〇）はアメリカの大学生をペアにして自動車売買の交渉を行わせました。売り手（セールスマン）と買い手（顧客）の役割を与えた上で、税金、分割払いの利子、保証期間、納車時期の四種類の争点を掲げて交渉をさせました。交渉前に相手の要求を予想させたところ、参加者たちの三分の二（六八％）は、実際にはそうではなかったのに、自分が重視する争点を相手も重視していると思い込んでいました。つまり、固定資源知覚がみられたのです。

しかし、交渉を続けていくうちにこのバイアスは弱まっていきました。話し合いが行われる中で相手の要求がより明瞭に分かるようになり、正しく争点の違いを認識することができるようになったせいと思われます。実際、互いの争点の違いを正確に知覚した参加者ペアほど統合的合意に至る割合が高かったのですが、逆に言うと、固定資源知覚にとらわれ、これを修正できない人たちには統合的合意が難しかったということになります。それゆえ、トンプソンたちの研究は、このバイアスが建設的葛藤解決を妨害する認知要因であることを示しています。

固定資源知覚を強く持っている人は、勝ち負けの葛藤スキーマに従って交渉を行おうとするので、相手の事情や要求内容に十分注意を払うことなく、自己主張に終始するということになりがちです。この認知バイアスは交渉によって変化するものですが、同時に、それが交渉のやり方と行方に影響を与えるものでもあるといえます。

固定資源知覚の原因

なぜ、葛藤当事者が固定資源知覚に陥るのか、その理由について福野たち（一九九八）は個人の競争と達成を重視する文化的規範の影響をあげています。日本を含む先進諸国では、学業であれ、スポーツであれ、あるいはビジネスであれ、多くの活動分野において個人の達成に価値を置き、これを称賛し、これを導く競争を奨励する文化を持っています。親や教師は、人と仲良くして成果を分け合うこととともに、子どもたちには競争に勝ち、人よりも優れた成績をあげることを推奨し、これを達成した子どもを称賛します。競争においては、人々は勝者と敗者に分かれます。精一杯努力して希望の学校に入学しても、友人がもっと上位ランクの学校に合格したのを知ると、それとの比較で自分の成果は色あせて見えます。こうした競争心や勝ち負けへの関心は葛藤場面にも持ち込まれ、一層強く刺激されて、固定資源知覚を促すものと思われます。

このバイアスの別の原因は、福野たち（一九九八）によると、精神的な余裕のなさです。人との対立は、たいてい、思いがけない形で突発します。葛藤は不安、恐れ、怒り、それに緊張といった強い感情を発生させるので、冷静さを保つことはしばしば困難です。第1章で述べたように、こうした高覚醒状態では個人の認知機能は制限され、十分に合理的な判断ができないことがあります。情報処理が制限されると、複雑で高度な認知作業が困難になり、当事者は多角的に情報分析することができず、こうしたことも争点を単純化する傾向を強めます。このように、葛藤場面には固定資源知覚を生み出しやすい条件が数多く存在すると考えられます。

3・認知バイアスの背後にあるもの

前章では、葛藤解決を妨げる心理的障壁として認知バイアスを取り上げ、それらの性質や原因について述べました。その際も述べましたが、こうしたバイアスは葛藤時にのみ特異的に発生するものではありません。それらは人間の情報処理の特性に根ざしたものなので、葛藤だけではなく、私たちの社会生活の中に広く見出されるものです。本章では、葛藤時の認知バイアスの背後にあるより基本的な心理過程について述べてみようと思います。

●人間の認知特性――歪曲同化

葛藤的相互作用の中で、賢明な当事者ならば自分の立場に拘泥せず、相手や状況に関する情報を集め、これをもとに合理的で建設的な解決策を模索すると思われます。しかし、当事者がいかに中立的な姿勢で情報収集に努力したとしても、それが成果をあげないこともあります。その理由の一つは、情報収集において、本人も気づかないうちにその情報が歪められて受け止められるということがあるからです。それは歪曲同化（biased assimilation）と呼ばれる現象です。

歪曲同化とは、集団間紛争の研究者であるフィッシャーによると、自分の信念に一致した情報を不一致な情報よりも肯定的に評価する傾向のことです（フィッシャーたち 二〇〇八）。このバイアスは、自分たちの初期の判断がたとえ間違ったものであっても、これを修正することに対する抵抗としてはたらくため、葛藤解決には妨害となります。

人間はもともと自分の考えに一貫性を持たせたいという願望を持っているので、葛藤状況ではなくても自分の判断や選択を変えることには抵抗する傾向があります。たとえば、集団意思決定の研究によると、集団討議の結論は、実は、個々のメンバーが抱く事前意見から大体予測できると言われています（亀田と村田 二〇〇〇）。つまり、せっかく集団で話し合いをしても、実際には、参加者たちの気持ちを大きく変えることはできないことが多いのです。集団討議の場では、参加者に対して事前には知らなかった新しい情報が提供されます。しかし、その新しい情報は参加者の意見を変える力を持つことはあまりないのですが、それはなぜなのでしょうか。

【古典的研究】

ロードたち（一九七九）はアメリカの大学生を対象に、死刑制度に対する賛否の態度を測定した上で、その犯罪抑止効果を検討した二つの研究例を示しました。そのうち、一方は「効果あり」という結果、他方は「効果なし」という結果を示していました。また、これらの研究では異なる方法が用いられていました。一つは前後比較法で、「死刑制度を導入した一四州のうち一一州において翌年の殺人事件発生率が下がった（あるいは上がった）」というもの、他方は隣接州比較法で、「死刑制度を持つ州と持たない州の隣接するものどうし一〇組を比較したところ、八組において死刑制度を持つ州のほうが殺人事件の発生率が低かった（あるいは高かった）」というものでした。学生たちには、効果の有無と研究方法を互い違いに組み合わせてこれらの研究を提示し、その上で、用いられた研究方法が適切だったかどうかを評価させました。図9の結果を見ると、死刑制度を支持していた学生たちは、抑止効果があるとする研究でとられた方法を適切であると評価し、抑止効果がないとする研究で用いられた方法は不適切であると評価しました。死刑制度を支持しない学生たちの反応はこれとちょうど対照的で、いずれも、自分たちの意見に一致する結果を出した研究を適切と評価していました。

この研究では、前後二回、学生たちの死刑制度に対する態度を測定して、その変化を調

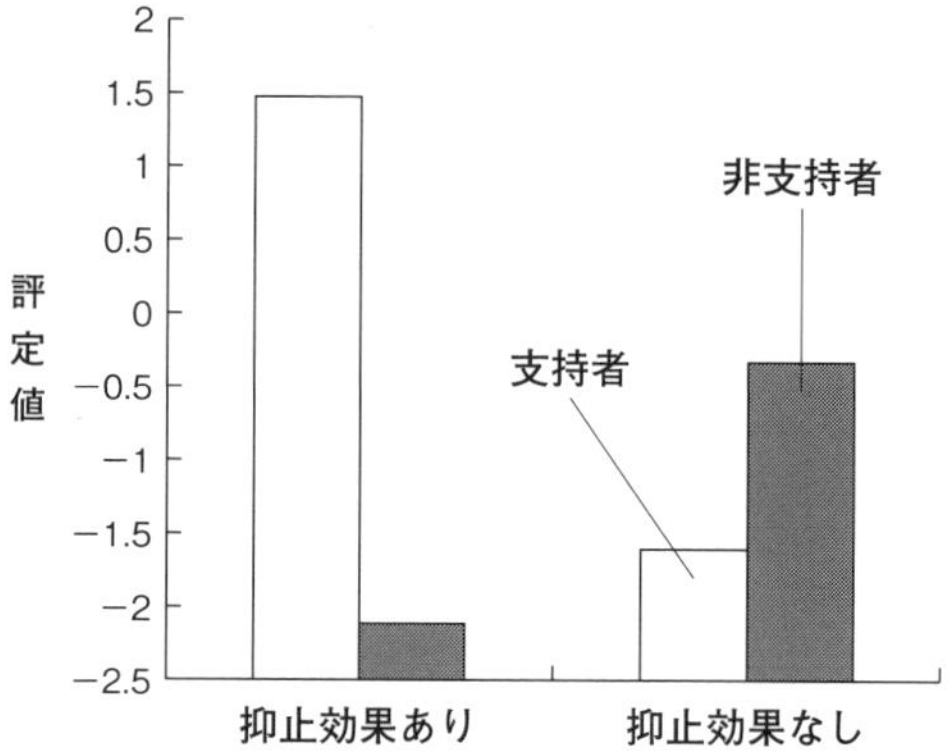

図9　研究方法の適切さ評価（ロードたち，1997）

べていますが、支持派も非支持派もともに、研究例を見たあとのほうが自分たちの立場をより強めていました。このことは、自己信念に一致する情報と矛盾する情報を与えられると、人々はそのうち一致する情報だけを重視するので、この偏った受け止め方（歪曲同化）のせいで、どのような情報が提供されても、結果としては彼らの初期立場をより強める（態度極化）ことにしかならないということを示唆しています。

【歪曲同化の心理メカニズム】

この現象についてロードたちは背後に次のような心理機構があると述べています。自分の信念と不一致な証拠は徹底的に検証され、弱点があら探しされるので、その価値は割り引かれ、当初の信念を変更させるようなパワーを失ってしまいますが、一方、自分の信念と一致する証拠は、詳細に吟味されることなく採用されて、信念を補強する材料として利用されます。歪曲同化は、死刑制度だけでなく、原発問題、健康問題、環境問題、政治的事件などさまざまの事例に関して見出されてきました。

不一致情報が精緻に吟味されるという背景には、自説の正しさを証明したいとする願望があります。後で取り上げますが、私たちにとって自分の意見や信念というものは自分そのものの一部です。人前で意見や信念を表明するときによく分かりますが、それが批判されると自分自身が批判を受けたように感じて自尊心が傷つきます。私たちが公的な場で自説を守ろうとしてやっきになるのは、自分の自尊心を守るためといっても過言ではありません。心の中で密かに抱いている私的な意見や信念も同様です。自説と相容れない考えや証拠は、それゆえ、自尊心脅威を引き起こすものです。

前章では、自分とは違う立場の人が提案したというだけで反対をするという反発的低評価の現象を述べました。これも類似の現象ですが、そこには、敵がこちらに有利な提案をするはずがないという、対立者の動機に関する歪んだ推論が含まれていました。これに対して、歪曲同化は、提案者との間に対立があるかどうかにかかわらず、自分の信念と不整合な情報は否定的に評価するという現象で、葛藤以外の場面でも生じうる、より一般的な現象といえます。

しかし、葛藤状態にある対立相手の主張や提案は、当然ですが、多くの場合、自分の主張や期待とは相容れないものです。それゆえ、葛藤場面は、対立関係にあるということから生じる反発的低評価に加えて、もっと一般的な歪曲同化もはたらきやすい状況であるといえます。

●認知の枠組み――葛藤スキーマ

同じ問題でも違った角度から見ると別の様相が見えてくるということがよくあります。葛藤状況も同様で、ある角度からは解決不能と見えるけれども、別の角度から見るとそうでないといったことがあります。問題をどの角度から見るかはその問題に対する理解の仕方に影響を与え、その結果、対処の仕方を制限したり、逆に柔軟にしたりします。本節では、葛藤に関する認知の枠組みについて述べてみます。

【フレーミング——枠組み作り】

フレーム（frame）とは問題をどの角度から見るかということです。これは、葛藤に限らず、私たちが何か意思決定をする際にはたらく重要な認知機構です。たとえばパソコンを買うとき、価格、処理能力、使い勝手、携帯性など考慮すべき要因はたくさんあります。どんな買い物であれ、多くの人は複数の要因を考慮した上でどの商品を買うかを決めます。その際、どの要因を重視するかによって私たちの意思決定は左右されます。これがフレーミング（枠組み作り）です。価格というフレームから見ればおのずと候補が絞られます。一方、携帯性という観点からフレーミングをするなら別の商品が有力候補として浮上するでしょう。フレーミングは選択肢の幅を狭め、意思決定を一定方向に絞るはたらきをします。

葛藤状況に関わる代表的なフレーミングは正のフレーミングと負のフレーミングです（福野と大渕　一九九八）。前者は、葛藤解決にあたって自分が得られる利益に注目するもの、後者はコストや損失に注目する見方です。

カーネマンたち（一九七九）のプロスペクト理論によると、損失の大きさのほうが利益の大きさよりも人間の行動に強い影響を与えます。たとえば「一〇〇円賭けてやってみないか」とコイン投げに誘われたら、やってみようかと思う人は多いかもしれませんが、

「一〇〇万円賭けないか」と言われたらほとんどの人が尻込みするでしょう。どちらも勝つ確率は同じで期待値も同じなのに、なぜ後者では多くの人が尻込みするのでしょうか。それは、人々が勝った場合の利益の大きさよりも、負けた場合の損失の大きさを重視するからです。一〇〇万円儲かるチャンスがあるということよりも一〇〇万円損する恐れがあるというほうが人々の行動に影響を与えます。これはリスク回避と呼ばれる人間の一般的傾向で、このため葛藤場面においても、損失回避の負のフレーミングは利益追求の正のフレーミングよりも優勢になりがちです。

負のフレーミングが強まると当事者は消極的・防衛的になり、自己利益を守ることを最優先にした方略選択をしがちです。たとえば、妻が夫に対して食後の片づけとゴミ出しを要求し、夫は「両方は無理だが、ゴミ出しだけなら」と提案したとします。妻がこれを聞いて、「二つの要求のうち一つしか叶えられない」と逸失利益に注目した負のフレーミングで解釈すると、この夫の提案を拒否する可能性が高くなります。しかし、「これまでやってもらわなかったものを、一つでも担当してもらえるなら」と解釈し、獲得利益に注目した正のフレーミングをとるなら、これを受け入れる可能性は高まると考えられます。

一般に、葛藤解決において損失の観点からだけ問題を構成すると、態度が硬化し合意が難しくなります。正のフレーミングは楽観的で柔軟な思考を促すので、統合的解決に向かう可能性が高まります。葛藤時には誰でも負のフレーミングを抱きやすいことから、これをいかに弱め、正のフレーミングに転換させることができるかが建設的解決に向かう鍵となります。

【葛藤スキーマ】

これも葛藤状況をどのように理解するかを規定するものです。二つの国の高官たちが集まった会合の様子がテレビで報道されるとき、アナウンサーがこれを「対決の場」と表現するか「話し合いの場」と表現するかでは視聴者に与える印象が大きく異なります。会合の場で高官たちがどのような言動をとるのか、視聴者の予測も違ってきます。このことを示す研究例もあります。バーンハムたち（二〇〇〇）は実験参加者に分配ゲームをさせる際、実験者が相手を「対戦者」と呼んだときに比べて「パートナー」と呼んだときには協力行動が増えることを見出しました。

葛藤は対立場面ですが、同時に、相手の出方によってこちらの利得が変化するという意味で、相互依存の状況です。そうした状況の中で、対立的な面に注意を向けるか相互依存的な面に注意を向けるかによって、当事者の対応は違っています。会合をアナウンサーがどう描写するか、ゲームの相手を実験者がどう紹介するかで当事者の心構え（メンタルセット）が違ってくるからです。それは、状況の見方を規定し、対応の仕方を方向づけます。

メンタルセットの中で葛藤状況に関するものは葛藤スキーマと呼ばれます。これは、葛藤とはどのような人間関係で、どのような行動が適切かなどを含むひとまとまりの認識です（バルータルたち 一九八九）。私たちの心の中には場面ごとにこうしたスキーマが蓄えられています。初対面の人との挨拶、目上の人にものを尋ねるときの言い方、ホテルにチェックインするときのやりとり等々です。そうした場面に遭遇すると私たちの心の中には既成のスキーマが活性化され、それがどう行動すべきかを示す台本となり、また相手の反応に対する予測を生みだします。

葛藤スキーマには対決的と協力的があります。対決的葛藤スキーマでは、当事者どうしは敵であり、葛藤とは一方だけが勝利を得るゼロサム・ゲームとみなされます。それゆえこのスキーマのもとでは、競争や対決だけが葛藤に対する適切な対応とみなされます。一方、協力的葛藤スキーマでは、当事者たちはパートナーであり、目の前の状況は、両者が満足できるような解決策を追究する協力の場とみなされます。このスキーマでは、建設的な話し合いが適切な対応策とされます（ゴレクとフェデリコ 二〇〇四）。

これら二つのスキーマのどちらが強く喚起されるかは状況の手がかりによって影響されます。それは相手をどう呼ぶかによって葛藤への対応が影響を受けたというバーンハムたちの実験結果などに示唆されています。類似の研究結果がウッツ（二〇〇四）によって報告されています。

葛藤スキーマを喚起する状況要因

この実験の参加者たちはオランダの大学生たちで、紀行文を読んで代名詞に○をつけるよう指示されました。紀行文は三種類あり、文章は同じでしたが代名詞が変えられており、「私」「私たち」「彼」のいずれかが使われていました。その後で分配ゲームをさせたところ、「私たち」という代名詞の使われた文章を読んだ人たちの中に、協力的反応をする人が多くみられました。

ゴレク・ドゥ・ザヴァラたち（二〇〇八）は、これとは違った手続きで状況的手がかりの効果を調べています。彼らはポーランドの大学生たちに、パソコン画面に提示された文字列が意味のある単語かどうか素早く判断するよう求めました。一部の参加者に提示された文字列は「攻撃」「暴力」「争い」などの対決語を多数含んでいましたが、他の参加者が読んだ文字列には「対話」「信頼」「合意」など協調語が多数含まれていました。その直後、質問紙を使って葛藤反応を測定したところ、対決語を読んだ参加者のほうに多くの対決的反応がみられました。

もっと現実的な状況を取り上げた研究がケイたち（二〇〇四）によって行われています。彼らはアメリカの大学生たちに交渉ゲームをさせましたが、その部屋の中にビジネスマンがよく使うブリーフケースを置いておきました。それがない部屋で交渉した人たちよりもブリーフケースを見た人たちは交渉においてより強硬に自己主張するようになりました。ケイたちは、ブリーフケースが交渉者たちの中にある物質主義的価値観を活性化し、それが交渉に際して競争心を強めたと解釈しています。物質主義的価値観とは経済的利益と物質的豊かさを重視する価値観なので、対決的葛藤スキーマを伴うと考えられます。この研究は、葛藤場面に存在する事物や環境刺激もまた、葛藤スキーマの活性化にある役割を果たすことを示唆しています。

こうした実験的現象を現実場面に置き換えてみると、夫婦間葛藤が起こる直前にたまたま見たテレビ番組や読んだ新聞記事などによって、対決的あるいは協力的スキーマが喚起され、それが葛藤反応に影響を与えるということでしょう。こうした現象は心理学ではプライミングと呼ばれています。それは、ある経験（テレビ番組や新聞記事）がその後の経験（夫婦間葛藤）に対する見方や反応に影響を与えるという現象です。

どのタイプのスキーマが喚起されるかは当事者の性格によっても異なります。攻撃的な人は葛藤状況に遭遇すると、相手を責めたり、強く自己主張するなど対決的な反応選択肢を優先的に心に思い浮かべ、そうした選択肢が良い結果を導くだろうと肯定的な評価をしますが（ドッジたち 二〇〇六）、このことは、彼らにおいて対決的スキーマが活性化されやすいことを示しています。

プライミングなど状況手がかりの効果が個人の性格によって異なることも見出されています。上で紹介したゴレク・ドゥ・ザヴァラたちの研究では、認知的完結欲求という個人特性の影響も検討されており、プイミングによって対決的反応が増えたのは認知的完結欲求の強い人たちだけでした。これについて、詳しくは次節で述べます。

葛藤スキーマの非意識的活性化

上で紹介したウッツおよびゴレク・ドゥ・ザヴァラたちの実験に参加した人たちは、プライミングの手続きの中で「協力」や「対決」を暗示する単語を読みました。しかし、参加者たちはプライミングによって自分が協力的あるいは対決的な姿勢を強めるよう誘導されていたことに気づいていませんでした。つまり、こうしたプライミングの作用は非意識的です。実験で用いられたプライミング刺激自体（単語）は意識可能な様態で提示されたものでしたが、その影響は非意識的だったのです。

実験室内にブリーフケースが置かれたケイたちの実験の場合はどうでしょう。参加者たちはブリーフケースを目にしたでしょうが、実験後に聞いても覚えていない人もいたかもしれません。それだけ印象は弱く、それを目にしたことが自分のその後の行動に影響を与えたとは気づかなかったでしょう。それゆえ、この場合もその影響は非意識的といえます。ケイたちが解釈したように、参加者の中で物質主義的価値観が強まったとしても、当人はそうした自分の気持ちの変化を自覚していません。それでも、行動への影響は生じました。

このことは二つのことを意味しています。第一に、葛藤に遭遇した人は、相手の思惑や自分がとるべき方略などについて考えますが、当人が意識しているのは葛藤時に喚起されたさまざまの心理のうちの一部にすぎません。後からじっくり考えると意識化できるものもありますが、葛藤時の心理の中には、少なくともそのときには十分自覚されていないものがあります。つまり、私たちが葛藤に遭遇してある意思決定をするとき、その背後にはたらいている心理の一部は非自覚的、非意識的です。葛藤スキーマはそうした心理の一つですが、当人はそれが自分の中で強まっているということを十分に自覚しないままに、それに誘導されて意思決定してしまうということがあります。

第二に、葛藤時の心理に対しては外部からあるいは内部からさまざまの要因が影響を与えますが、上記のいくつかのプライミング実験が示すように、その影響の中にも当人が意識できないものが含まれています。葛藤スキーマ自体が非意識的であることもあれば、それが状況刺激によって活性化させられたことにも気づかないということがありえます。葛藤反応の生成過程には、それゆえ、当人が意識できない側面があるということになりますが、しかしこれは葛藤反応だけのことではなく、私たちの行動のすべてにそうした面があるといえます。

●認知欲求と自尊心欲求

傍から見ていると、社会的葛藤の当事者というものは単純な問題を複雑にしようとしているように見えることがありますが、実は逆で、彼らは状況を過度に単純化しようとする傾向があります。

【単純化傾向】

メモリーの小さなパソコンでは複雑な作業が困難なように、私たち人間にとっても、複雑な作業では精神的負荷が大きくなります。複雑な作業は「面倒」と感じられることからも、負担が大きいことが分かりますが、人間にはそうした負担の大きな作業を避けたいという気持ちがあります。これが単純化傾向です。

葛藤のように感情が高揚しやすい場面では、認知処理のキャパシティが制限されるので、一層単純化への欲求が強まります。相手の置かれている立場を理解しようとか、両者に利益となるような統合的解決策を探るといった複雑な認知作業は放棄され、「自分は正しく、相手は不当だ」といった単純な図式が好まれるようになります。

葛藤に限らず、社会的状況を正しく理解するには多面的な見方が不可欠です。世の中にある深刻な社会的問題の多く、たとえば、偏見と差別、いじめ、集団間憎悪などはすべて認知的複雑さの欠如から生じています。こうした問題を正しく理解し、それを解決する方策を探るには複眼的な見方が必要なのですが、これは人々の精神活動に大きな負担を与えるために忌避されることが少なくありません。こうした病理現象が容易になくならないことは、人々の単純化傾向がいかに頑固なものであるかを示唆しています。

社会問題を報道するテレビなどのマスコミもまた単純な図式を好み、それを大衆に提示して人々の単純化傾向を助長します。何か問題が起こると、善玉と悪玉、被害者と加害者に色分けし、単純な図式の中でセンセーショナルな報道をしようとします。ジャーナリストたちに言わせれば「視聴者の嗜好に合わせて、そうした報道の仕方をとっている」「複雑な話をしても聞いてもらえない」と言うでしょう。ジャーナリズムの姿勢としてそれでよいかどうかは別にして、確かにそういう面も否定できません。私たちの心は、すべての可能な情報をつぶさに吟味できるコンピュータのようなものではありません。むしろ、状況の中の一つか二つの目立った手がかりに焦点を当て、それに基づいて全体の判断をしようとする傾向があります。このため、努力を怠るなら、私たちは容易に単純化傾向に流されてしまうのです。

【認知的完結性欲求】

単純化傾向と関連しますが、私たちには自分の生きる環境について曖昧さのない明快な認識をもちたいという願望もあります。それは認知的完結性欲求（NFC：Need for Closure）と呼ばれるものです。

仕事場でのことですが、部下の報告に曖昧なところがあると、いらいらして、どなりつけたくなる人がいるでしょう。近ごろ、全国的に電車が遅れることが多いのですが、何時に目的地に着けるか見当がつかないような状態に置かれると多くの人は不安になります。このように、曖昧で不確実な状態に置かれると多くの人は落ち着きません。明瞭で安定した認識を持ちたいという願望は誰にでもあり、それが認知的完結性欲求です（ウェブスターとクルグランスキー 一九九四）。

この欲求には個人差があり、これが強い人は、どんな事態に対しても単純明快な見方をしようとする傾向があります。曖昧さを減少させるために、彼らは目立つ情報に飛びつき、これと矛盾する情報は無視して一面的な見方をしてしまうのです。また、権威者の言うことに疑問を持たず無条件に従ったり、イデオロギー、道徳規範、宗教的教養などに固執し、他を受け入れない頑なな態度をとることもあります（ヒューたち 二〇〇七）。マイノリティや異民族に対する偏見や差別の強い人には、認知的完結性欲求の強い人が多いとされますが、それは、彼らが「嫌なものにも良い点はある」といった多面的な認識の仕方にストレスを感じ、「嫌いなものは何もかも悪い」といった単純明快な見方を好むからと考えられます（デ・ドリューたち 二〇〇〇、クルグランスキーたち 二〇〇〇）。

認知的完結性欲求は、葛藤場面におかれた当事者の認知と行動にも影響を与えます。前節ではゴレク・ドゥ・ザヴァラたちの実験を紹介しました。彼らはプライミングという実験手法で参加者に葛藤スキーマを活性化し、その結果、参加者の対決反応を誘発しましたが、実はこれは、認知的完結性欲求の強い人だけにみられた現象でした（図10）。この欲求が弱い人たちではプライミングを受けても対決反応は増えませんでした。このことは、認知的完結性欲求が強い人は対決的葛藤スキーマが活性化されやすいことを示しています。

彼らは、秩序、安定、予測可能性を強く求める人たちで、要するに、曖昧さや複雑さを

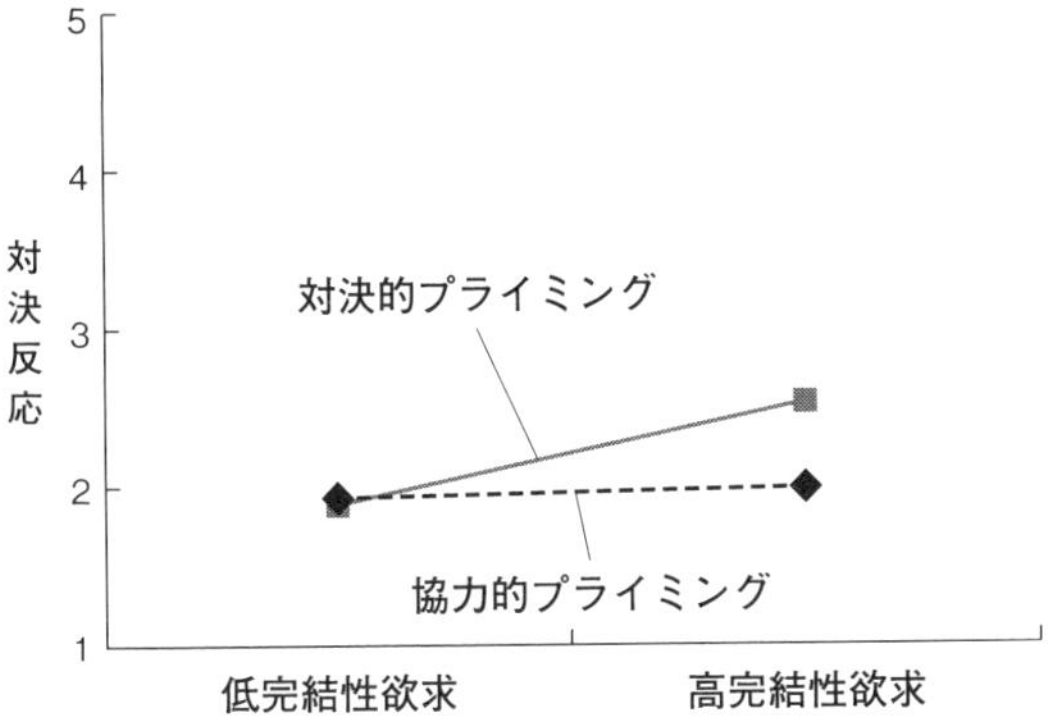

図 10　葛藤スキーマのプライミングと完結性欲求
（ゴレク・ドゥ・ザヴァラたち，2008）

嫌い、単純明快さを好む人たちです。彼らは葛藤状況に対しても「敵か味方か」「勝つか負けるか」『善か悪か」といった単純な構図でこれを理解しようとします。これは対決スキーマそのものです。彼らはこのタイプのスキーマを習慣的に使用しているので、攻撃的な人が攻撃的反応選択肢を優先的に思い浮かべるように、葛藤状況では対決スキーマが喚起されやすいものと考えられます。

【自尊心欲求】

社会的葛藤が長期化したりエスカレートする原因の一つは、客観的には合意可能な選択肢があるのに、当事者がそれを認識することを妨げる心理的障壁があるからです。それらの中で、多分もっとも本質的なものの一つがここで取り上げる自尊心欲求です。

これは「自分は価値ある人間だ」とか「自分には良い点がある」ことを信じたいという個人の願望です。自尊心維持とか自尊心高揚の欲求は心理学ではさまざまの問題に関連して頻繁に言及され、私たちの基本的欲求の一つとみなされています。しかし、「プライドが高い」というのは日本人の間では非好意的人物評です。これは自尊心のネガティブな面を強調したものです。日本人の中には、「誰でも自尊心欲求を持っている」と言われると、「自分はそうではない」と言う人がいるかもしれませんが、しかし、それは誤解です。

人が自分のことを悪く言っているのを耳にすると、誰でも傷ついたり、腹が立ったりします。自分のことではなく、たとえば、日本の国について誰かが悪口を言っているのを聞くだけでも不愉快になります。自分自身あるいは自分に関わりのあることを悪く言われると不愉快になるのは、自尊心が傷つくからで、このことは、自尊心欲求が私たちの中にあることを示しています。また、人から褒められたら誰でもうれしいし、日本人選手が国際試合で活躍すると誇らしく思います。それらは私たちの自尊心を高めてくれる出来事で、うれしいということは、それを歓迎する気持ちが私たちの側にあることを意味しています。それは、言うまでもなく自尊心欲求です。

欧米人は日本人と違って自尊心欲求の表現がオープンなので、自分の優れた点を積極的にアピールします。謙譲の美徳を重視する日本人は、少なくとも人前では自尊心欲求をあからさまには示しません。その違いが自尊心に対する日本人のネガティブな見方の理由です。しかし、心の中にそれがある点では日本人も変わりません（山口たち 二〇〇七）。

社会的葛藤における所有自己

社会的葛藤など人との対立場面は、とりわけ自尊心が脅威を受けやすい事態です。自分自身だけではなく、自分に関連のある事柄が自尊心欲求の対象になると上で述べました。そうした対象の中には、国や会社や家族だけでなく、自分の意見、自分の主張、自分の立場、自分の要求なども入ります。とくに、意見や要求を公にしたときには、それは自分自身の一部となります。他の人が自分の意見と相容れない発言をしても、自分の意見を公にしていない場合にはあまり自尊心は傷つきません。相手がこちらの気持ちに気づかないでそうした発言をしたということが分かっていれば、強い不快感を持つこともありませんし、自尊心が強い脅威を受けるということもありません。

しかし、ひとたび人前で意見を表明した後では心理状況が異なってきます。公にした意見が批判されると、多くの人は平静でいられなくなります。強い憤りを感じたり、屈辱感を感じます。つまり自尊心が傷つけられますが、これはどうしてでしょうか。

この問題を取り上げたデ・ドリューたち（二〇〇五）は、この心理を次のように説明しています。表明された意見は自己関連の事象となり、拡張された自己の一部となります。これは、家族や国に対して私たちが抱く同一感と同じものです。ですから、これが攻撃されると自分自身が攻撃されたと同じように感じ、自尊心に対する脅威を感じるのです。

またデ・ドリューたちは、自己と同一視されたものは、内集団バイアス（身内びいき）によって、より好ましく見えてくると言います。私たちは自分自身の価値を高めたいという自尊心高揚欲求を持っていますが、このため、自己関連のものはより好ましいと思い込もうとします。したがって、表明することによって自分の意見はいっそう魅力と秀逸さを増し、私たちはそれが正当なものであるという確信を強めます。それゆえ、これに対する批判は不当なものであると感じて、いっそう反発することになるのです。

デ・ドリューたちはこうした人間の心情を所有自己（possessive self）と呼びました。これは葛藤状況だけでみられるわけではありません。私たちが所有するすべてのものが自尊心の対象となります。私たちが身に着ける洋服は、自分自身のセンスや社会的地位などを表すものです。私たちが持つ小物も、そのすべてが自己の何かを表すものとして所有自己の範囲に含まれます。所有自己の意識は、とくに、所有物が人目にさらされるときに強まります。私たちの自尊心には、「人からどう思われようと、私にとってはこれが大切」といった自足的な面もありますが、他の多く面では、人からの評価に強く影響されます。能力について密かに自負してはいても、他の人たちから公に認められるなら誇りや満足感は倍加されるでしょう。反対に、人から認められなかったときの落胆や不満もその分大きくなります。人が自分の意見とは異なる態度を示しても、密かに抱いている意見の場合には自尊心に響かないのに、いったん意見を表明した後では大きな脅威になるのは、こうした理由からです。

デ・ドリューたち（二〇〇五、研究一）の研究例を見てみましょう。オランダの大学生をあらかじめ二つのグループに分け、「経済発展と環境保護の調和」に関する二つの意見AとBを紹介し、一方のグループの学生にはランダムにAかBのどちらかの意見に基づいて作文を書くよう指示しました。別のグループの学生には、他の学生との論争において、やはりランダムにAかBどちらかの立場で主張するようにと指示しました。また、両グループの学生は、擁護するよう指示された意見を「もしも誰かほしいという人に売るとしたら、値段をいくらにするか」と聞かれました。

図11が結果ですが、学生たちは、擁護するようにと指示された意見のほうに高い値段を付けたことから、自己に関連するものは良いもので価値が高いと見なす傾向、つまり身内

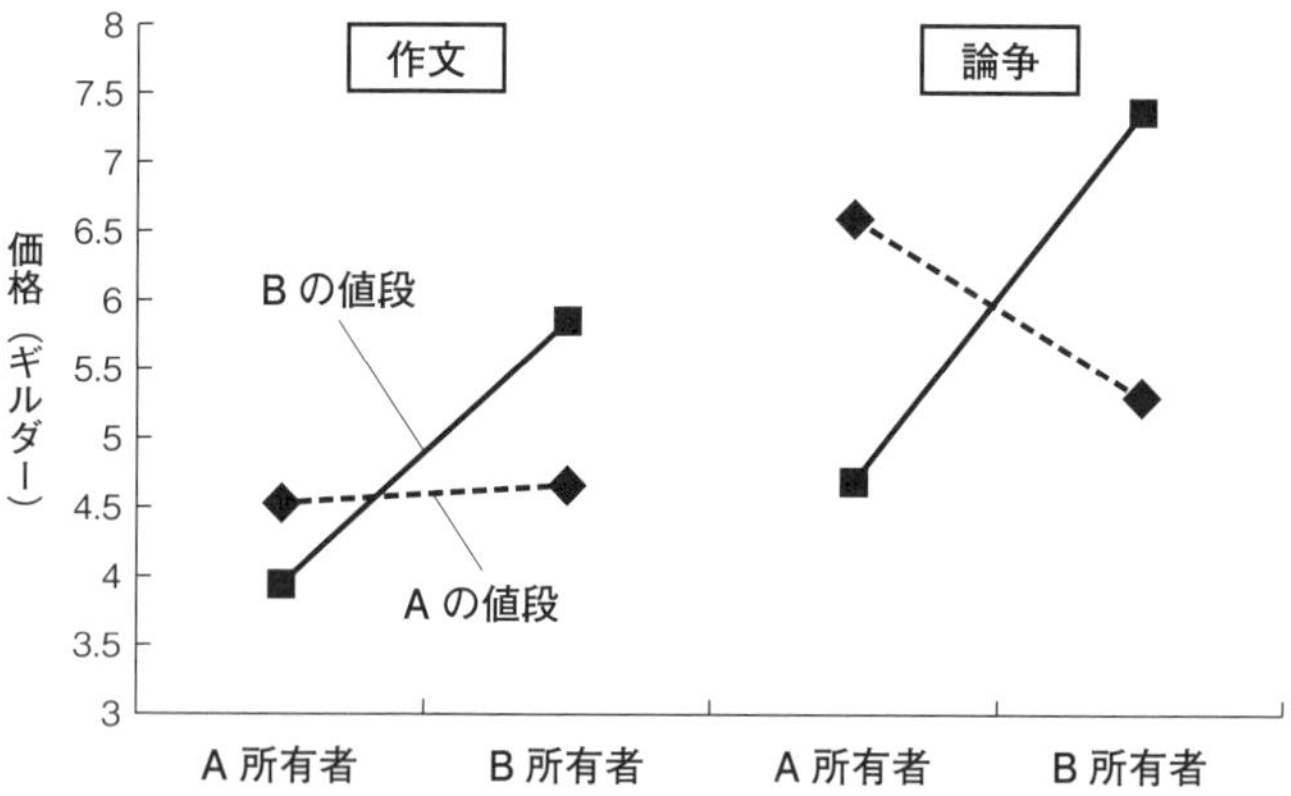

図11　葛藤と所有自己（デ・ドリューたち，2005）

びいきがあることが確認されました。

さらに、この図が示すように、単に作文を書いた学生たちよりも論争において主張を行うことになっていた学生たちのほうが、自分の意見の価値を高く見積もる傾向が顕著でした。このことは、上で述べたように、公にされた意見に対して自我関与がいっそう強まることを示唆しています。

所有自己の影響

所有自己の概念は、人々が自分の意見や立場を自分自身と同一視し、それを自己の一部とみなして自尊心欲求の対象とするということを意味するものです。こうした心理は、葛藤解決に対してどのような影響があるでしょうか。

デ・ドリューたちの研究が示すように、もしも所有自己によって人々が自分の意見や立場をより価値がある、つまり正当であると感じるようになるとすれば、人からこれに対して反対されたり批判されると、それを不当なものと感じて強く反発することが考えられます。デ・ドリューたちの別の実験（二〇〇五、研究三）はこの予測を検証しようとしたものです。

彼らは、やはりオランダの大学生たちにランダムに意見AかBの立場をとるように指示した後で、論争相手が意見Aに対して加えたコメントを学生たちに示しました。学生の一部には支持的コメント（「この意見は優れている」）を示し、他の学生たちは批判的コメント（「馬鹿みたいな意見だ」）を示しました。その後、学生たちには、この論争相手に対して送るメッセージを九個の選択肢から選ぶよう指示しましたが、その中には三個の対決的コメントが含まれていました（「あなたがどう思っているかなどに関心はない。自分は勝つだけだ」など）。

図12は学生たちが論争相手に送るために選んだ対決的メッセージの数を表しています。意見Bの所有者は、論争相手からのコメントが自分の立場に関するものではないので、どのようなコメントであっても対決的反応は少なかったのですが、一方、意見Aの所有者は

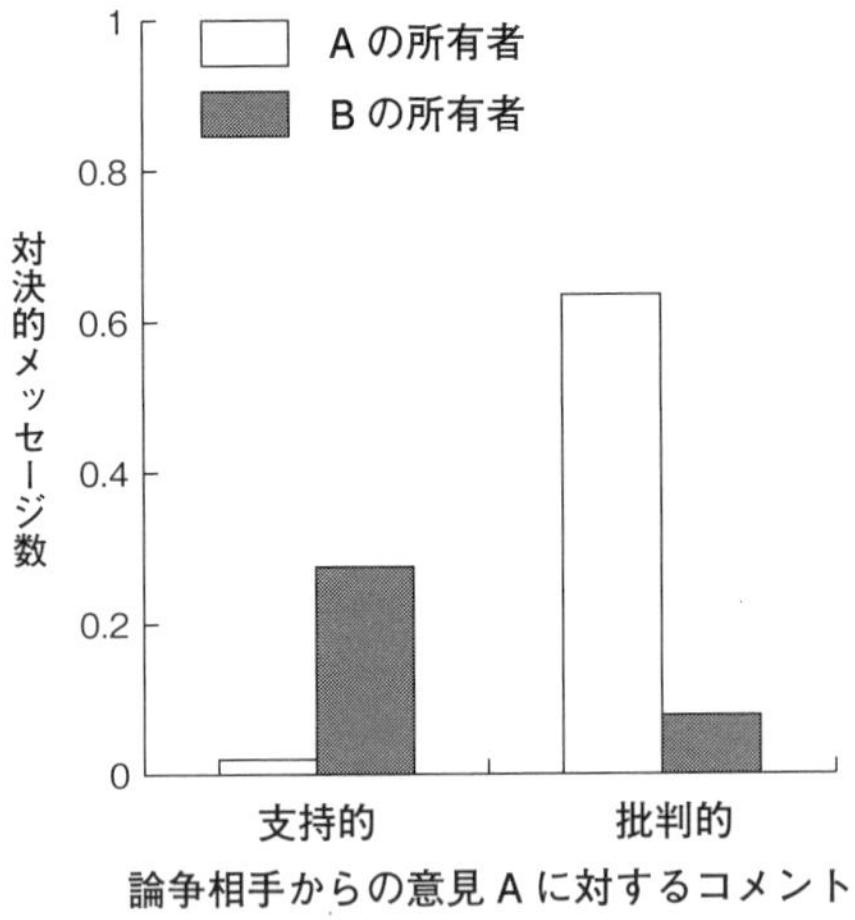

図12　意見の所有と相手のコメントの違いによる参加者のメッセージ選択（デ・ドリューたち，2005，研究3）

批判的コメントに対して激しく反発したことが分かります。意見の所有は、実験者からランダムに指示されたものであって、学生たちが自ら選んだり、生み出したものではありません。外から与えられたものであるにもかかわらず、ひとたび自分の立場として他の人（論争相手）に対して提示されるとそれは自己の一部となり、身内びいきとともに、これを守ろうとする反応が起こります。それは、意見や立場が自尊心欲求の対象になったことを示唆しています。

　社会的葛藤ではしばしば「意

地の張り合い」ということが起こります。合理的に損得を考えたり、冷静に解決策を話し合うということを放棄して、当事者たちが勝ち負けだけにこだわることがあります。そうなると、譲歩は負けることとみなされるので、互いに後には引けなくなり、対立は長期化し、エスカレートします。意地の張り合いとは当事者たちが自尊心欲求に支配されていることを意味しています。損得勘定、公正さ、社会的関係の維持などを放棄し、プライドと自尊心を守ることだけに気持ちが向かっています。こうした状態では、文字通り、所有自己が優勢になっています。当事者たちは、表明した自分の意見や要求と自己を重ね合わせているので、自分の立場を守ることが自尊心を守ることと同一視されているのです。それゆえ、自尊心欲求を活性化する所有自己は、葛藤解決を困難にする心理の基本的なものだと考えられます。

●紛争関連の信念

対決的葛藤スキーマは攻撃的反応を動機づけますが、このスキーマを強める一つの要因は当事者の性格です。攻撃的な性格の持ち主は、葛藤に直面すると対決的スキーマが強く心の中に浮上して、このスキーマを利用して事態を理解し、また対応を決めていこうとします。

別の要因は、当事者が相手に対して元々持っている態度や見方です。これを事前信念と言います。私たちは、相手を見て「このタイプの人は、うるさそうだ」とか「この人は物分かりが良さそうだ」といった印象を持つことがあることがあります。それは、私たちの側に、ある人物たちに対する固定した見方があるからで、心理学ではステレオタイプとか信念と呼ばれています。信念は、人物タイプではなく、その人たちとの人間関係に対して抱かれていることもあります。「困ったときに助け合うのが友達だ」とか「恋人なら何でも赦しあうべきだ」といったものです。こうした社会的信念も葛藤スキーマの活性化を左右します。

【実体信念】

人と対立すると、たいていの人は疑心暗鬼に囚われます。「相手は自分に悪意を持っているのではないか」「相手が強引に出てきて、こちらはひどい損失を被るのではないか」といった不安に囚われます。こうした気持ちを持っていると防衛的になり、対決的姿勢が促されます。建設的な解決策を構想するには、相手に対する疑心暗鬼を弱め、暫定的にでも相手に対する信頼を回復しなければなりません。しかし、こうした見方の変更には思考の柔軟性が必要で、ある人たちにとっては困難なものです。

性格や人柄など人間の性質は変わらないという見方を実体信念（entity belief）と言います。たとえば、「犯罪者は同じ行為を繰り返す。何度罰を受けても直らないのだ」と信じている人たちがいますが、それが実体信念です。実体主義者は人間の本性は変わらないと信じているので、一度ある人に対して非好意的な見方を形成すると、よほどのことがない限りそれを変更しません。葛藤状態に陥ると相手の意図や性格に対して非好意的な知覚を持ちがちなのですが、実体主義者はそれを変えることなく一貫して持ち続けます。相手から友好的な提案がなされても、その背後に邪悪なものがあるのではないかと疑念を持ち続けます。この実体信念のために彼らは対決的な姿勢を緩めません。彼らが頑固で、説得や宥和に応じようとしないのはこのためです。

これとは対照的に、人の性質は変化しうるものであるとする考え方は非実体信念（incremental belief）と呼ばれます。こうした信念の持ち主、すなわち、非実体主義者は葛藤に対する対処においても柔軟です。相手の行動や状況の変化をよく観察し、新しい情報に基づいて柔軟に認識を変えます。不必要に疑心暗鬼に囚われ続けることがないので、友好的提案には友好的に応じますし、また、自分から建設的なはたらきかけをすることもあります。

対人知覚に対する実体信念の影響を調べた一連の研究がドウェックたちによって行われてきました。ある研究ではアメリカの小学生一三九名の実体信念の強さが質問紙によって測定されました（エルドレイとドウェック 一九九三）。その後、この小学生たちに、転校してきたばかりのある少年の一日を描いた六二枚のスライドを見せました。スライドは二セットあり、一貫性セットでは、この少年は終始「内気、不器用、神経質」な行動を示しましたが、非一貫性セットでは、最後の部分でこの少年は社交的な行動を示しました。この少年の非社交性を小学生たちに評定させた結果が図13です。非実体主義者は、スライドの内容に応じて人物評定を変えましたが、実体主義者は当初の印象に固執し、少年の行動が変化しても人物評定を変えませんでした。ここに、実体主義者の思考の非柔軟性がみられます。

ドウェックたちは葛藤場面についても実体信念の影響を調べています（イェーガーたち 二〇一一）。アメリカとフィンランドの青少年（中学、高校生）が対象でしたが、彼らに過去一月間に人から不愉快な思いをさせられた経験を想起させ、そのとき、相手の人物をどう知覚したか、また、仕返しなど報復願望をどれくらい強く抱いたかなどを答えさせました。その結果を見ると、実体主義者は、予想通り、相手の人物像をより非好意的に評定し、また、より強い報復願望を抱いていました。実体主義者は、人の敵対行動を見ると、

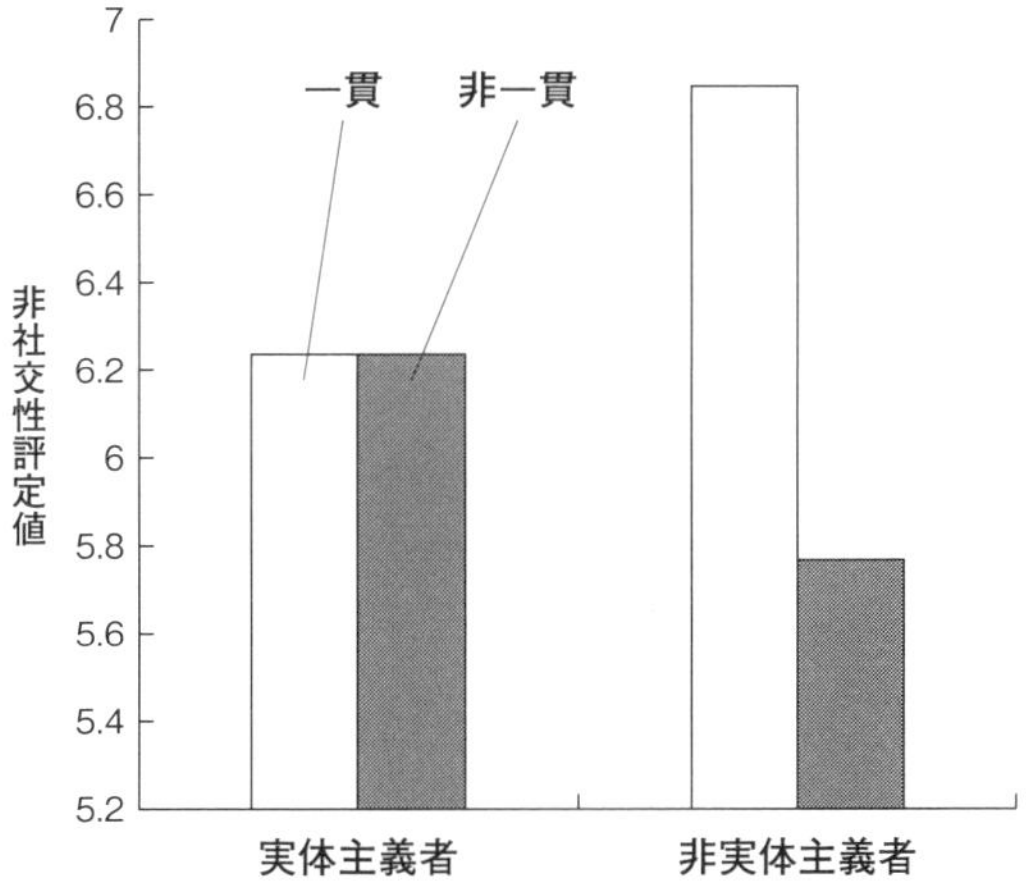

図 13　実体主義者と非実体主義者の対人認知
（エルドレイとドウェック，1993）

それはその人の本質（攻撃的、頑固、貪欲など）から生じるものであって、話し合いなど穏やかな対処では相手の行動を変えることはできないと判断しがちです。対決的葛藤スキーマが活性化されやすいともいえます。それが、彼らに報復など強硬手段を選択させます。

一方、非実体主義者は、他の人が非友好的な行動をとっても、直ちにそれがその人の本質を表すものとは見なさず、何か事情があったのではないかと柔軟に受け止めます。彼らにおいては対決的葛藤スキーマの活性化は弱く、このため、話し合いや交渉などより協調的な対処が可能になります。このように、葛藤解決を困難にする葛藤スキーマの活性化は、人々があらかじめ持っている人物観に左右されます。その代表的なものが人は変わらないとする実体信念です。

【紛争エートス】

民族紛争を研究しているイスラエルの学者バル-タルは、民族紛争では、長期にわたる対立関係の中で、当事者双方の側に互いに対する非友好的信念が形成されていると指摘します（バル-タルとハルペリン 二〇一一／二〇一二）。そうした非友好的な見方は、いったん形成されるとスキーマとしてはたらき、その後の当事者の情報分析を歪めて対決行動を促す方向に思考と判断を誘導します。その結果、葛藤解決は困難になり、紛争は長引くだけでなく、激化することにもなります。その典型例がパレスチナ紛争です。バル-タルは葛藤の持続をもたらす当事者側の信念を紛争エートスと呼んでいます（バル-タルたち 二〇〇九）。

エートスとイデオロギー

エートス（ethos）とは「本質」という意味のギリシャ語で、「道徳・倫理・規範」という意味でも使われます。社会学では「慣習、生活スタイル」、文化人類学では「文化パターン」を指すこともありますが、いずれにしろ、個人内部にあって意思決定を左右するものの見方（価値観、信念、態度）です。バル-タルはエートスを「ある事象に関して、ある社会の人々の間で共有されている優勢な態度」と定義していますが、その意味でエートスはイデオロギー（社会観、国家間）の一種だとも述べています。

エートスは「本質」という意味が示すように、種々のイデオロギーの中でも、その社会集団のメンバーにとってもっとも重要な中核的要素となるものです。それは、彼らの共通経験の結果として形成され、彼らの集団生活に意味を与え、集団の現在と未来に関わる目標・要求・期待などを含みます。エートスの諸要素は、文化的産物、すなわち文物（慣習、芸術、娯楽、メディアなど）に含まれ、公的言説に表現され、また学校の教科書にさえ登場します（バル-タルたち 二〇〇九）。

紛争エートスとは、深刻な紛争に長期にわたって巻き込まれている社会において、そのメンバーの間で形成され、保持されている紛争に関わる諸問題の理解の仕方です。それは「紛争とは何か」「自分たちは何を目指すべきか」「敵は何者で、これにどう対処すべきか」などに関する認識を含んでいます。こうした認識は、上で述べたように、紛争を前提とした人々の慣習や生活スタイルの中に組み込まれ、メディアや公的言説の中で繰返し表現され、いわば制度化されることによって社会メンバーの認知レパートリーの一部となります。この結果、紛争エートスは紛争を持続させ、鎮静化を抑制するので、和平構築にとっても大きな障碍となります。

紛争エートスの実例
——イスラエル

パレスチナ地域に位置するイスラエル社会は、周辺のアラブ諸国との間で長期にわたる軍事的紛争を経験し、現在もまたその延長線上においてパレスチナ民族との間で紛争状態に置かれています。そうした長期的紛争状態の中でイスラエル国民（イスラエル・ユダヤ人）の間には、自国と周辺民族社会との関係に関して一定の共有された態度が形成されてきました。それは紛争という共通の体験の中で形成されたもので、自民族中心主義を中核とし、それがゆえに、他民族との紛争を不可避とする好戦的な態度です。

バル-タルたち（二〇〇九）があげるイスラエル人の紛争エートスは八つのテーマから構成されています。それは、①紛争目標の正当性「この闘いは二〇〇〇年前に追放されたイスラエルの聖地に自分たちの国家を再建しようというユダヤ人の正当な目標（シオニズム）を実現しようとするものである」、②民族的脅威「イスラエルとユダヤ民族は周辺からの攻撃にさらされ、安全が脅かされている」、③民族優位「ユダヤ人は道徳性と人間性に優れ、勇気がある」、④被害者意識「アラブ・イスラエル紛争においてユダヤ民族は被害者である」、⑤敵意集団の非人間化「アラブ人は野蛮で、血に飢えた殺戮者で、闘争を好む民族である」、⑥愛国心「ユダヤ人はイスラエルに忠誠を誓い、その守護と発展に貢献する」、⑦内的一体性「外的脅威に対抗するためにイスラエル民族は一致協力する」、⑧平和主義「ユダヤ民族は平和を愛する」などの信念である。

長い紛争の年月の間に、イスラエル国家の政治、経済、教育、軍事などの社会制度はこの信念に基づいて整備され、また、公式・非公式のコミュニケーション・チャネルを通してこの紛争エートスはイスラエル国民の間に浸透してきました。

エートスの機能

エートスやイデオロギーは認知的スキーマとして、個人がどのような情報を収集し、これをどのように解釈するかを規定します。その結果、人々の情報処理は以下に示すように、しばしば合理性から逸れたプロセスをたどることになります。

1　選択的注意……エートスは情報探索と注意焦点に影響を与えます。第一に、人々は自分の信念を強化し正当化する情報に選択的に接触し、信念を損なわせるような矛盾する情報を回避する傾向があります。第二に、ある情報に接触すると、それが含む事項のうち信念と一致したものが顕著になり、人々の注意はそれに向けられます。歪曲同化のところでも述べましたが、人々は自分の信念を確証するような方向で、意識的あるいは非意識的に選択した情報に接触しようとします。

2　解釈と評価……情報への接触と注意焦点に続いて、人々は情報を解釈し、それを理解する段階に進みますが、この段階も信念に主導されます。どんな情報も、たいてい一義的ではなく複数の解釈の余地があるものですが、人々はその可能性をすべて検証しようとはせず、もっとも顕著な（利用可能性の高い）解釈を採用する傾向があります。それは、もちろん自分の信念と一致した解釈です。

3　記憶検索……エートスは情報が記憶から検索される仕方にも影響を与えます。それは一種の認知スキーマとしてはたらき、人々はこれと一致する情報を優先的に想起します。ハストロフとキャントリル（一九五四）の古典的研究では、ダートマス大学とプリンストン大学のフットボールの試合を両校の学生に見せ、その後、両チームが試合中に示した暴力行為を想起させて、それを評定させました。その結果、どちらの大学の学生たちも敵チームの暴力を不当であると非難する一方、味方チームの暴力は挑発されたものだと擁護しました。彼らは同じビデオを見ても、その中から自分のチームはフェアーであるという信念に一致した情報をより多く想起し、その結果、互いに相手を非難する結果になったものと解釈されます。これは、民族紛争でもよくみられる現象で、その背後に、バル－タルたちが指摘した紛争エートスなどの信念があると考えられます。

シルヴァースタインとフラメンバウム（一九八九）が、「敵」とみなされた集団の知覚が個人の情報処理にどう影響を与えるかを研究した文献をレビューしていますが、それは、人々がある外集団を敵意的・脅威的と知覚すると、それは注意、コード化、検索、将来の行動予期など社会的情報処理のさまざまの段階に影響を与えることを示しています。

イスラエルの紛争エートス研究

バル－タルたち（二〇〇九）によると、パレスチナ人との長い紛争の年月を通して、イスラエル・ユダヤ人の多くは前項で述べたようなエートス信念を持つようになりましたが、近年は変化もみられます。そのきっかけは、第四次中東戦争のあとの一九七九年、アメリカの仲介でエジプトとイスラエルの間で平和条約が締結されたことです。このとき、エジプトのサダト大統領はエルサレムを訪問し、市民向けに和平を訴える演説を行いました。その後、イスラエル市民の中にパレスチナ民族との平和的共存を志向する動きが出始め、それはイスラエルの政治にも影響を与えるようになりました。バル－タルたちは、彼らが研究を行った時点（二〇〇四年一〇月、二〇〇五年四月）で見る限り、イスラエル社会はこのエートス信念に関して二分されていたと述べています。イスラエル・ユダヤ人のある部分は紛争エートスに固執し続けていますが、他の部分は一定の範囲でこれを軟化させつつあったのです。

バル‐タルたち（二〇〇九）は、紛争エートスが敵と味方の行動知覚をいかに歪めるかを実験的に検証しています。この実験の参加者はイスラエルのユダヤ人大学生たちで、まず、ウォルフ（二〇〇四）の尺度を使って彼らの紛争エートスの強度を測定しました。次に、学生たちにユダヤ人とパレスチナ人のやりとりを描いた四枚の写真を見せました。それは、ユダヤ人がパレスチナ人を攻撃しているもの、パレスチナ人がユダヤ人を攻撃しているもの、互いに攻撃し合っているもの、それに中性的なやりとりを表したものですが、学生たちには、TAT（絵画統覚検査）のようにそれぞれの写真を見て物語を作るよう求めました。その物語から学生たちが写真の人物たちをどれくらい攻撃的と知覚したかを評定したところ、紛争エートスの強い参加者ほど、同民族のユダヤ人の攻撃性を低く知覚し、一方、対立民族であるパレスチナ人の攻撃性を高く知覚したことを見出しました。この研究は紛争エートスが情報処理を歪めることを明瞭に示しています。

紛争エートスは集団間葛藤、とくに民族紛争に関して研究されてきたものですが、これは対人葛藤にもみられます。激しく対立した相手、長期にわたって確執のある相手に関して、私たちは紛争エートスと同種の信念を持つようになります。こうした信念が葛藤の解決可能性を狭め、長期化させることに寄与している点も同様です。

4・社会的葛藤と感情

社会的葛藤はさまざまの不快な感情を喚起します。前章まで、葛藤に直面した人の情報処理、すなわち、認知の特徴を論じてきましたが、その際、感情については、認知機能を制限し妨害するものとして言及しただけでした。しかし、近年の研究は、感情が社会的葛藤の解決において果たす役割はもっと複雑でかつ積極的なものであることを示唆しています。軍隊音楽は恐怖心を鎮め兵士たちを鼓舞するし、美しい情景はロマンティックな気分を高めて恋人たちの親密さを増すように見えます。この分野の先導者であるフォーガス（一九九二）は、感情は個人が何を考えるか（認知内容）だけでなく、どのように考えるか（認知処理パターン）を規定すると主張しています。本章では、彼の枠組みに従って、感情が葛藤の当事者の判断や反応に与える多様な影響について述べてみたいと思います。

●感情が認知内容に与える影響

感情には、個人が何を考えるか、どう判断するかなど、認知の内容を規定する影響力があります。たとえば、幸福な気分でいる人に小学校時代の出来事を思い出すように頼むと、楽しい出来事を思い出すことが多いし、また、悲しい気持ちでいる人は、その感情と関連した出来事を想起する傾向があります。将来のことを考える際にも感情の影響がみられます。幸福な気分でいるときには将来についても楽観的な見通しを持ちやすく、悲しい気持ちでいるときには悲観的な将来を予想しがちです。

このように認知内容が感情に影響される理由は、人の心の中で観念や記憶が感情と結びついてネットワークを形成しているからと考えられます（バウアー 一九八一）。ある出来事の記憶にはそれを経験したときの感情が付随しています。たとえば、小学校時代に教師から褒められたという記憶には幸福感という感情が付随しています。大人になって、仕事で評価されて幸福感に浸っているときその恩師のことを思い出すことがありますが、それは同じ感情が付随しているということから小学校時代の記憶が活性化されているからです。同じ感情を仲立ちにして現在の経験と結びついた過去の経験が想起されやすいと考えられます。

将来の予測をする際、私たちの心の中にはさまざまのイメージや観念が浮かび、それらを取捨選択して、予測を構成していきます。こうしたイメージや観念も感情と結びついています。たとえば「成功」という観念は快の感情と、「失敗」という観念は不快な感情と結びついています。幸福な気分のときに将来のことを考えると、快感情と結びついている「成功」などの観念やイメージが意識に浮かびやすいので、それらを材料として明るい未来像を組み立てることになります。悲しい気分のときにはそれと反対のことが起こります。

【幸福・悲哀感情の社会的葛藤への影響】

まず始めに、快・不快感情、中でも喜びと悲しみの感情が葛藤反応に与える影響をフォーガスの研究を中心に見ていこうと思います。

感情一致効果（affect congruent effect）

これは気分一致効果とも呼ばれ、快適な感情状態のときには良い情報に、不快な感情状態のときには悪い情報に注意が向けられ、それが個人の認知判断や行動反応に影響を与えるという現象です。

この現象が最初に注目されたのは、社会的葛藤ではなくうつ病の研究からでした。第1章で述べたように、ある事象に対する反応は、その原因をどう知覚するか、すなわち、原因帰属に強く規定されます。試験に失敗しても、「たまたま運が悪かっただけ」とか「自分の努力が足りなかったせいだ」と考えると、もう一度チャレンジしようという前向きの意欲が湧いてきます。これらは、いずれもその負事象を不安定な原因に帰属させたものです。なぜなら、運は気まぐれでその時々で変化しますし、努力の量も自分の力で変えることができるので、変動性の高いものです。しかし、「失敗は自分の能力のなさのせいだ」とか「この試験は自分の能力を超えるものだ」と考えると（内的安定要因への帰属）、失敗を乗り越えるのは難しいと感じられるので、再挑戦への意欲は低下するでしょう。セリグマンたち（セリグマンたち 一九七九）のうつ病者に対する研究は、うつ感情がそうした意欲低下に結びつく認知を促すことを見出したものでした。

社会的葛藤研究における感情喚起の方法

フォーガスは喜びと悲しみに焦点を当てて感情一致効果が葛藤反応に与える影響を検討してきました。その際、フォーガスは以下に述べるようなさまざまの方法で参加者の感情喚起を試みました。

●楽しい映画あるいは悲しい映画を観た直後の観客に実験参加を求めた。統制条件は、映画を観る前の人たち（フォーガス 一九九四）。
●言語テストを受けた学生たちの半数には「優秀な成績だった」と伝えて快感情を喚起し、残りの学生には「平均以下の不良成績だった」として不快感情を喚起（フォーガス 一九九八a、実験2）。
●大学生を対象にうれしかった出来事あるいは悲しかった出来事を想起させた（フォーガス 一九九九a）。
●大学図書館の机上に記事を置き、それを読んだ学生を実験参加者とする。滑稽なエピソードと癌死亡の記事が幸福感と悲哀感を喚起するために用いられた。統制条件では、図書館の情報パンフレットが置かれた（フォーガス 一九九八b）。

このようなさまざまな方法を用いてフォーガスは研究に参加する人たちを快（喜び）あるいは不快（悲しみ）な感情状態に置こうとしました。重要な点は、これらの感情は参加者たちが社会的葛藤に直面する前に、つまり社会的葛藤とは無関係の原因で喚起されたものだということです。それにもかかわらず、感情が彼らの葛藤反応に影響を与えるかどうかを検討することが研究の焦点でした。

社会的葛藤認知に対する効果

まず、感情が社会的葛藤に関する認知に影響を与えるかどうかですが、フォーガス（一九九四）は快・不快の感情喚起をした人たちに男女関係においてよく起こる一二個の深刻なあるいは軽微な葛藤問題を示して、その原因を推定させました。原因帰属は、原因が自分の側にあるか、それとも相手側や状況側にあるものか（内的‐外的次元）、原因は変えることが困難なものか、それとも容易に変えられるものか（安定‐不安定次元）、原因がその人間関係の中で生じる多くの問題にかかわっているのか、それとも今回だけの特殊なものか（一般‐特殊次元）などについて尋ねられました。

結果を見ると（図14）、不快感情を喚起された参加者は葛藤原因を自分のせいにし、それは容易には変えられないもので、また広範な問題の発生に関連していると見る傾向がありました。また、こうした感情の原因帰属に対する影響は深刻な葛藤においてより顕著でした。つまり、悲哀感情は葛藤解決をより深刻で、解決困難なものであると認知させるよう当事者を促したのです。

感情一致効果のメカニズム

フォーガス（一九九五）は感情が認知内容に与える影響を感情混入（affect infusion）と呼んでいます。その仕

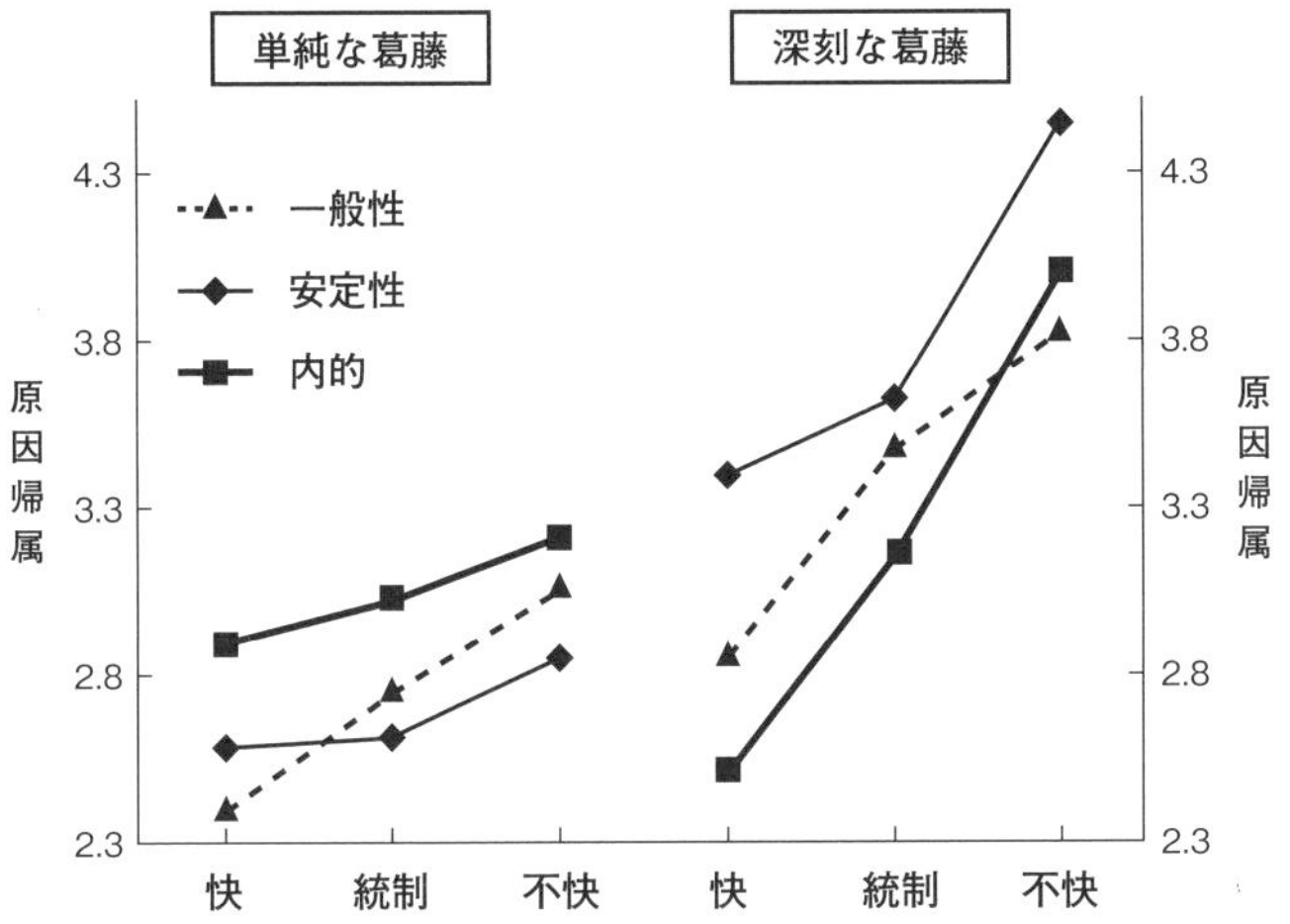

図 14　気分が葛藤の原因帰属に与える影響（フォーガス，1994）

組みとして、次の四種類の心理メカニズムをあげています。

1　選択的再生……ある感情が喚起されると、この感情と結びついた観念や記憶が活性化され、それらに注意が向けられやすくなります。

2　選択的注意……どんな出来事も多面性を持ち、見る角度によってその出来事の認識が変わります。第1章ではフレーミングとかメンタルセットといった話題を取り上げましたが、それらも基本的には同じことです。ある感情状態で葛藤状況を分析しようとすると、その感情に関連した面に注意が向けられがちになります。悲観的気分のもとでは葛藤の悲観的側面が、楽観的気分のもとでは楽観的側面に注意が向けられます。

3　感情一致的解釈……出来事の解釈も潜在的には多様です。ある人が反対の態度を示したという情報があっても、それをどう解釈するかは一義的ではありません。とくに曖昧さの大きい情報に関しては、心的ネットワークを介して活性化された感情関連観念が出来事の解釈に影響を与えます。

4　感情ヒューリスティック……これは、自分の感情を手がかりに事態を判断するということで、情報としての感情（affect-as-information）ともよばれます（フォーガス 二〇〇六）。心理学では一般に、「相手は敵意を持っている」と知覚して、その結果、恐怖を感じるというふうに、認知判断が先行し、それに基づいて感情が発生すると考えられています。たぶんそれは間違いないのですが、最初の認知判断が瞬時に行われ、当人がほかのことに注意を向けている場合など、「敵意をもたれている」という認知を自覚できないこともあります。その場合、自分が怖がっているという感情に気づいて、そこから相手の敵意を推論するということが起こります。認知よりも感情のほうが明瞭で強く体験されるので、こうした一種の逆転現象が起こるようですが、この心理現象が引き起こす一つの問題は、感情を手がかりにすると誤った認知に導かれるということがあることです。

これらのメカニズムによって、たとえ社会的葛藤とは無関係な原因であっても、ある感情が喚起されると、当事者はその影響を受けて葛藤状況について誤った認識をしてしまうことが起こります。フォーガスの研究からすると、悲哀感情は事態を必要以上に悲観的に知覚させる傾向があります。もちろん、いつでも認知判断がこのように感情の影響を受けるというわけではありませんが、事態が複雑で全体像が把握しにくいとか、曖昧さの多い事態について情報処理を行うときには感情混入が起こりやすくなります。

行動反応に対する感情の影響

社会的葛藤認知が感情によって影響されることから必然的に導かれることは、それが葛藤時の対処や行動にも影響を及ぼすということです。ここでもフォーガスたちの関連研究を見てみます。

フォーガス（一九九八a、実験2）は感情喚起のあと、学生たちを三人　組のチームに分け、「講義の中でどのようなトピックを扱うべきと思うか」というテーマについて、まずチーム内で交渉をさせ、次いでチーム間でも交渉させました。終了後、学生たちに、交渉の中で自分がどのような方略を用いたかを評定させた結果が図15です。

協力的とは「他の人（他のチーム）の主張も聞き、自分の主張を聞いてもらうよう努めた」といった行動、競争的とは「自分の主張が最善と強く主張した」といった行動です。

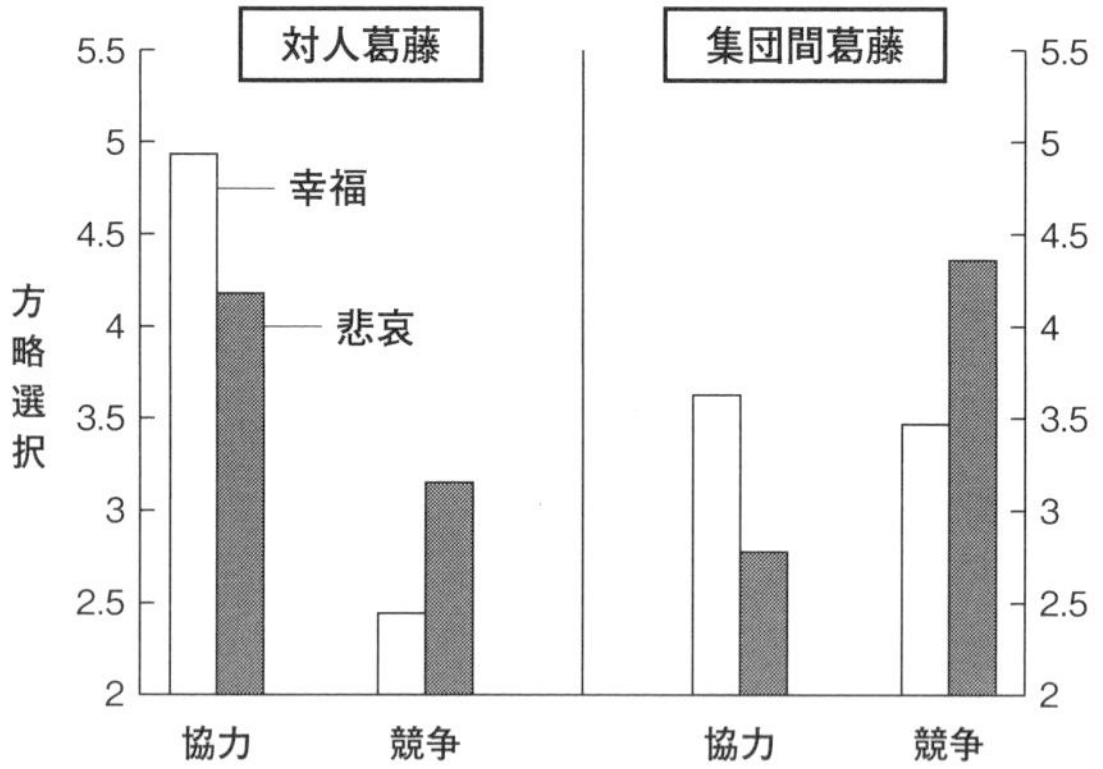

図 15　対人葛藤および集団間葛藤における方略選択に対する感情の効果（フォーガス，1998a）

この図を見ると、対人交渉（集団内）においても集団間交渉においても、幸福感を喚起された学生たちはより協力的な行動を示しましたが、悲哀感を喚起された学生たちには競争的な行動が多くみられました。集団間交渉では、全体として競争行動が多かったのですが、不快感情はとりわけこれを促進しました。国どうしの交渉、労使交渉など集団間の話し合いはなかなか合意点を見つけるのが難しいのですが、そのことがこの研究でも見てとれます。それがどうしてかは、別の箇所で考えてみますが、不快感情はとりわけ集団交渉においては有害な悪影響をもたらすので注意が必要と思われます。

次は、人の依頼や要求に対して個人がどう応じるか、つまり応諾反応に対する感情の影響を検討した研究を見てみます。フォーガス（一九九八b）は図書館で大学生に感情操作を行い、その後、彼らに別の学生が近づいていって「レポート用紙をもらえないか」と依頼をしました。依頼の仕方には丁寧（「申し訳ないが、レポート用紙が余っていたら、いただけないだろうか。宿題をしなければならないのに、レポート用紙がなくなってしまって」）、粗野（「レポート用紙をくれないか」）、中程度（「申し訳ないが、レポート用紙をいただけないだろうか」）の三種類がありました。こうした依頼に対する学生たちの応諾反応を見たところ、幸福感を喚起された人がもっともよく依頼を受け入れ、悲哀状態にあった人はもっとも受け入れませんでした。とくに、依頼者の態度が粗野な場合には、こうした感情の影響が強くみられました。

これら二つの研究では、どちらも快感情は相手に対して友好的な反応を促しましたが、これは、心的ネットワークを介して快感情が友好的観念を活性化させ、それが相手の行動に関する解釈を好意的な方向に誘導したためと思われます。一方、不快感情については、敵対的観念の活性化に加えて、精緻な情報処理を促すことも関連があります。相手の行動を精緻に分析すると、そこに矛盾や不合理を見出す可能性が高まり、その結果、非友好的な反応が促されます。不快感情のこうしたはたらきは次節で詳しく論じます。

フォーガスの上記の研究が意味する重要な点は、実験参加者の感情喚起が社会的葛藤そのものとは無関係なものだったということです。これまでの章で述べたように、葛藤当事者は一般に非建設的な方向に向かいがちですが、しかし、何か別に良いことがあって快感情が強まるなら、それは葛藤解決に対しても有益な影響を与える可能性があります。たとえば、妻との間で葛藤を抱いている夫が会社で良いことがあったりして気分が改善されると、それは夫婦間葛藤に対しても有益な影響を与えるかもしれません。また、おいしいものを食べるとか、フォーガスの研究のように映画を見るとか、快感情をもたらす出来事に触れて感情の改善を図ることも葛藤解決にプラスにはたらく可能性があります。

悲哀感情が友好的反応を促す

フォーガスの研究の中には、悲哀感情が友好的反応を促したものもあります。それは、要求の仕方に対する感情の影響を検討したものでした。同じ要求でも粗野な言い方をすると反発を招きますが、丁寧な言い方をすると受け入れてもらえる可能性が高まります。フォーガス（一九九九a）は感情喚起をした学生たちに「お金を貸したのに返してくれない知り合いに、あなたならどう言いますか」と尋ね、丁寧さ（粗野）の異なる五個の選択肢から一つを選ぶよう

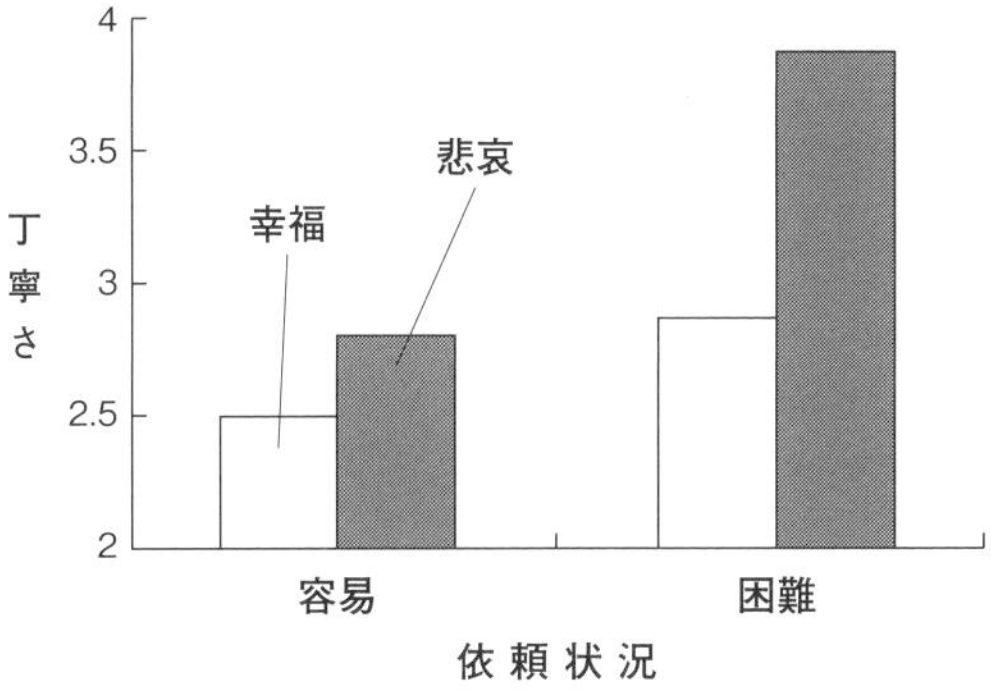

図 16　感情が依頼表現に与える影響（フォーガス，1999a）

指示しました。もっとも丁寧な要求は「今日、自分はお金の持ち合わせがない」と相手に借金を思い出させようとする婉曲な表現、もっとも粗野な要求は「私の二〇ドルを返してくれ」という直截な表現でした。この要求状況は合理性があって容易なものでしたが、もう一つの状況はやや難易度が高く、「女性の友人から自慢の料理を振る舞ってもらっていますが、あなたはもっとケチャップをかけてほしいと思いました。彼女に何と言いますか」というものでした。もっとも丁寧な要求は「この料理は少し物足りないところがあるような気がする」という間接的表現、もっとも粗野な要求は「ケチャップを頂戴」でした。

結果が図16に示されていますが、難易度

の高い状況でも低い状況でも感情の影響は同じで、悲哀感情を経験している参加者のほうがより丁寧な表現を選択しました。一方、幸福感の状態にある参加者は直截的で粗野な表現を好みました。フォーガスは類似の結果を示した別の研究も行っていますが（フォーガスたち二〇〇六）、なぜこの場合には不快感情のほうが友好的な反応を促したのでしょうか。快感情を持っている人は、一般に自分に自信があって、リスクを気にせず積極的です。それは、オープンで寛容、親切といった友好的な行動を促すこともありますが、自己主張を強めることもあります。一方、悲哀感情に支配されている人は人付き合いに対して消極的で慎重です。これは対人接触の回避を促しますが、一方で、人に対しては謙虚で丁寧です。

人から要求や依頼を受けたときには、悲哀感情は悲観的観念を活性化して、非友好的な解釈を促しますが、自分自身の意思決定を行う際には、悲哀感情は悲観的予測を生み出し、それは慎重で対立回避的な反応を促すものと思われます。要求において彼らがより丁寧な表現を選んだのはそうした理由からと思われます。

フォーガスの感情研究の意義

フォーガスの感情研究では、快感情はおおむね友好的反応を促して葛藤解決に有益な影響を与える一方、不快感情には、一部の例外を除いて逆方向の影響がみられました。しかし、ノォーガスの感情研究は葛藤研究者から見ると違和感もあります。取り上げられた感情は幸福感と悲哀感ですが、いずれも葛藤に必然的に伴うというものではありません。また研究手続きの面で見ても、それらの感情は葛藤経験から直接喚起されるものではなく、葛藤とは無関係の原因によって喚起されたものでした。

もちろん、葛藤の中でも快感情が経験されることはあります。バルータル（二〇一一／二〇一二）が希望について論じており、将来に対する楽観的予測を含む快感情で、葛藤解決を促進するものとみなされています。しかし、そうした感情が喚起されるということは、何か有望な状況変化が起こったことを意味するので、当事者の反応はこうした事態に対する認知的変化によるものであって、純粋に感情だけの影響を受けたものとはいえません。これに対してフォーガスの研究は、葛藤とは無関連の原因で生じた感情の影響を示すものであるところから、純粋に感情の効果を示すものであり、この点に彼の研究の意義があります。

【敵対感情の効果】

社会的葛藤経験の中では、一般に、怒り、憎しみ、恐れなどの不快感情が喚起されます。

こうした感情は葛藤対処行動に対してどのような影響を与えるのでしょうか。本節では、この問題を取り上げてみたいと思います。

葛藤関連の怒り感情

まず、怒り感情ですが、これは競争的、搾取的行動を促し、建設的・統合的解決を妨げるとされてきました（バロン 一九九〇）。たとえば、交渉実験を行ったノワクたち（二〇一〇）は、相手に対して怒りを感じているプレーヤーは、自分が損をしてでも相手に打撃を与える方略を選択しようとすることを見出しました。現実の紛争においても、たとえば、北アイルランド紛争の当事者たちを対象に研究を行ったタムたち（二〇〇七）は、敵に対する怒り感情の強い人ほど交渉、妥協、寛容な対処を拒否し、対決的姿勢を強める傾向があることを示しています。これらの研究は、怒りによって報復動機が喚起され、自己利益を損なうことすら無視され、合理的選択肢が排斥されてしまったものと解釈されます。

攻撃性研究の分野ではデ・カストロたち（二〇〇五）が、対立場面において怒り感情を強く抱いた当事者が友好的反応よりも攻撃的反応を選択肢として優先的に思い浮かべ、また、攻撃反応が望ましい結果をもたらすであろうと、その選択肢の効果を高く評価したことを見出しました。こうした対決的動機づけと認知判断は、結果として攻撃反応の実行を促します（大渕 二〇一一）。

短時間だけの怒り感情と長期にわたって持続する憎しみ感情の影響は異なるとする研究もあります。怒り（anger）は特定の出来事に対する敵対的感情で、攻撃を動機づけますが、その背後にあるのは現状を迅速に変更したいという願望です。一方、憎しみ（hatred）とは対立者が変更不能で邪悪な特性を持つという認知を伴う持続的な敵対感情で、対立者を痛めつけたいとか破壊したいといった報復願望を含んでいます（ハルペリンたち 二〇一一a／二〇一二）。

ハルペリンたち（二〇一一b）は、パレスチナ民族との間で長期にわたり紛争状態にあるイスラエルの市民を対象に、パレスチナ人に対する怒りと憎しみを別々に測定した上で、和平案に対する支持度との関係を調べました。結果を見ると、パレスチナ人に対して怒りは強いが憎しみは弱いイスラエル人は、反対パターンの感情反応（怒りが弱く、憎しみが強い）を示した人よりも、妥協案を受け入れる傾向がありました。このことは、怒りよりも憎しみのほうが、葛藤において報復動機を強め、より強固な対決姿勢を促すことを意味しています。一方、怒りは状況を変えようとする強い行動駆動力を持っており、また憎しみよりも変化しやすいため、怒り感情だけの人は、状況が好転した場合には、友好的な方向に態度が変化する可能性があるといえます。葛藤には怒りはつきものですが、この感情をいかに建設的に利用するかということが、今後の葛藤研究の重要なテーマになると思われます。

葛藤無関連の怒り感情

フォーガスの研究のように、社会的葛藤とは別の原因で喚起された怒り感情の効果を検討した研究もあります。ペダーセンたち（二〇〇〇）の研究の対象者はアメリカの大学生たち六四名でしたが、その一部はイライラするような現代音楽（ストラビンスキー『春の祭典』）を聴きながらアナグラム課題（文字を並べ替えて意味のある単語を作る）に取り組み、終了後、「成績が悪い、努力が足りない」と実験者から文句を言われて怒りを喚起されました。次に、彼らは全員、雑学クイズを課されました。実験助手が問題を読み上げることになっていましたが、半分の学生の相手をした助手は非常に早口で、また、発音が悪いために、学生たちはここでも良い成績をあげることができませんでした。最後に、彼らはこの実験助手の技能評価をするように求められましたが、そのときに示した批判的評価の強さが図17に示されています。

雑学クイズに先だって怒りを喚起されていた学生たちは、不手際な助手に対して厳しい評価をしましたが、怒りを喚起されていなかった学生たちは、この助手に対してそうした攻撃的反応を示しませんでした。実験助手の不手際な行為に対しては、どの学生たちも不

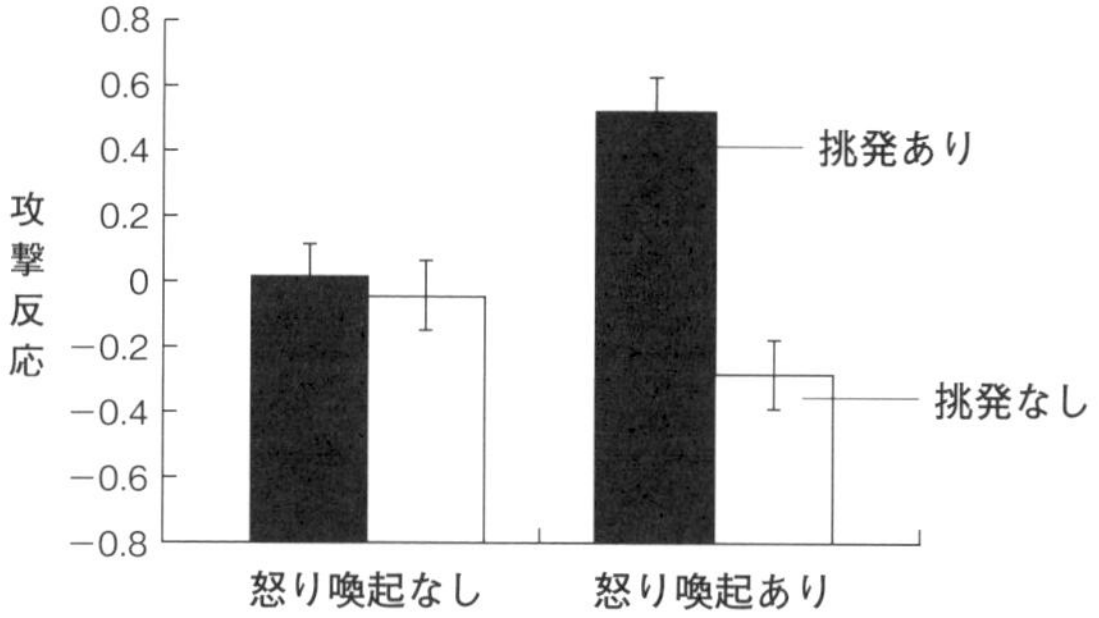

図 17　事前の怒り喚起と挑発に対する攻撃反応（ペダーセンたち，2000）
怒り喚起とは最初の課題で怒りを喚起されたかどうか，挑発とは次の雑学クイズで助手が不手際だったかどうかを表す。

満を抱いたと思いますが、事前に、別の原因で怒り状態にあった学生たちだけが、その不満を攻撃という形で表現しましたが、それはなぜだったのでしょうか。怒り状態にあった学生たちは、心的ネットワークを介して心の中に攻撃的観念が活性化されており、この観念を利用して実験助手の行動を批判的に評価したものと推測されます。すなわち、「この助手は怠慢だ」とか「この助手は人を軽視している」などです。こうした批判的な認知が形成された結果、心の中の不満が批判という形で表現されやすかったものと思われます。

このように、無関係の原因から生じた怒りが別の対象に対する攻撃反応を促進するという現象は、攻撃性の研究分野では「攻撃の置き換え」として論じられてきました（ミラーたち 二〇〇三、淡野 二〇一〇）。職場で嫌なことがあった会社員が、帰宅してから家族に八つ当たりするといったもので、こうした現象は私たちの日常生活に広くみられます（大渕 二〇一一）。フォーガスの研究で取り上げられた葛藤無関連の不快感情は悲哀で、これは良くも悪くも葛藤に対して消極的反応を動機づけましたが、同じ葛藤無関連の不快感情でも、怒りは積極的な対決反応を促しました。

前節では葛藤関連の怒り感情が建設的方向に転化しうる可能性を持っていると述べましたが、無関連の怒り感情の場合は、当事者もその影響を十分に自覚していないことが多いので、そうした転化はむしろ起こりにくいかもしれません。攻撃の置き換えが頑健な現象であるとの報告（マーカス‐ニューホールたち 二〇〇〇）はこのことを示唆しているように思われます。

恐怖感情

社会的葛藤研究者の間では恐れ感情の有害な影響も注目されてきました。ベルとソン（二〇〇五）は、カナダの大学でＭＢＡ（経営学修士課程）に所属する学生たちに職場で経験した葛藤を想起させ、そのときにどんな感情を経験したか、またどのような解決行動をとったかを答えさせました。その結果、敵意は対決的な行動を促進しましたが、恐怖はむしろ回避行動を促しました。この感情は社会的葛藤によって直接喚起された感情でしたが、恐怖の影響はフォーガスが検討した悲哀感情と類似して、当事者の葛藤対応を消極的にするものでした。

別の研究は、恐怖心がむしろ対決的行動を促す強力な心的要因であることを示唆しています。ザフランとバル-タル（二〇〇二）は、紛争地域であるイスラエルに住むユダヤ人について、彼らの政治的態度と恐怖心の関係を調査しました。彼らの中には、アラブ民族に対しては一切妥協することなく、占領地域を軍事力によって支配するべきだとするタカ派と、占領地をパレスチナ人に返還して平和共存を図るべきだとするハト派の人々がいましたが、この研究ではハト派よりもタカ派のほうがアラブ人に対して強い恐怖心を持っていることが判明しました。タカ派の人たちは戦闘的な姿勢が強いことから、恐れを感じない勇敢な人たちのように思われていますが、実はそうではなく、この研究は、彼らがむしろ恐怖心のために頑なで対決的な姿勢を維持していることを示唆しています。

恐怖とは、自分自身あるいは自己と強い絆を持つ親密な人々（家族）や集団（民族、国家）に対して脅威が知覚されたときに経験される強い不快感情です。恐怖はとくに生存に関わる原初的情動の一つで、危険に対処する迅速な行動反応を動機づける基本的心身装置の一つと見なされています。それゆえ、生得的あるいは学習された恐怖喚起刺激の知覚は、時には個人の意識的自覚を待つまでもなく、反射的に行動反応を生起させます（ルドゥー 二〇〇〇）。

バル-タル（二〇一一／二〇一二）によると、パレスチナ紛争や北アイルランド紛争など長期にわたる集団間葛藤では、人々の記憶の中にかつての虐殺や流血事件が刻み込まれていて、それらが恐怖心と強く結びついています。イスラエルに住むユダヤ人の八〇％は自分自身や家族の安全について懸念を持ちながら暮らしていますが（バル-タルとシャーヴィット 二〇〇四）、平常生活の中でも事件記憶と連合した刺激に接触すると瞬時に恐怖が喚起されると言います。たとえば、自分が広場の中にいることにふと気づいたり、公共交通機関を利用しなければならないと思ったとき、強いテロの恐怖を感じると述べています。恐怖心は敵対集団に対する強い警戒心や敵意を強め、それは恐怖経験の反復によって継続・維持されます。その心理は先に述べた感情一致効果の心理メカニズムと基本的には同じものと思われます。

長期にわたる集団間葛藤でも時折和平の兆しが見えることがあります。人々はその兆しにしがみついて紛争解決と平和到来への希望を抱きます。しかし、今述べたように、些細な事件が恐怖心を喚起すると、再び、不信と敵意から成る葛藤対決スキーマへと人々の心理は逆戻りしてしまいます。恐怖は原初的情動なので、それが喚起されると、そのとき彼らがどんなに将来に対して楽観的な気持ちを持っていたとしても、その快感情はたちまち駆逐されてしまうのです(ジャリーモウィッツとバルータル 二〇〇六)。そして、恐怖心によって相手に対する猜疑心が再燃し、対決的姿勢が再び台頭してくるのです。

●感情が認知機能に与える影響

最初の節では、感情が認知内容(どのような原因を推定するか、相手をどのような人物と知覚するかなど)に与える影響とそれが社会的葛藤反応に及ぼす効果を見てきました。しかし、感情は認知内容ではなくその形式的側面、すなわち認知パターンや機能の様態にも影響を与えます。一般には、感情は認知の高度なはたらきを妨害し、より精緻な様態から簡素な様態に移行させると言われてきました。しかし、最近の感情研究によれば、感情の認知機能に対する影響はもっと複雑です(グレイフェネダーたち 二〇一一)。たとえば、幸福感など快感情を抱いている人は、努力を要する面倒な思考を嫌い、おおざっぱな作業を好むが、悲哀感など不快感情の状態にある人は、むしろ面倒な処理に耐え、緻密な思考を好むとされています。シュウォルツたち(二〇〇八)が感情信号機能理論(signaling-tuning function)というものを提案していますが、それは、感情が私たちにどちらのタイプの認知処理が適切かを伝える役割を果たしていると仮定するものです。

【感情の適応機能】

感情は思考を非論理的、非合理的にすると信じられてきましたが、感情研究者たちによってこうした偏見は払拭されつつあります。感情は、確かに非合理的行動を生み出すこともありますが、同時に、感情は私たちの適応にとって有益な情報としてはたらき、認知と行動を適応的な方向に向けて駆動する力を持っています（フォーガス 二〇〇六）。それゆえ、ブレスとフィードラー（二〇〇六）は「感情は非機能的どころか、むしろ認知と行動を適応的に制御する重要な役割を果たす」と述べています。

認知処理パターンと感情

認知処理にはさまざまのパターンやスタイルがあります。しかし、どのパターンが適切かは状況によって異なります（フォーガスたち 二〇一一）。一つのパターンの選択はトップ・ダウン処理かボトム・アップ処理というものです。前者は、個人がすでに持っている知識、期待、態度に従って情報処理を行うことで、自分の側の枠組みに従って物事を解釈し、判断する認識様式です。後者は、そうした事前の枠組みを使用することなく情報を収集して、それ自体の中に関係や構造を発見し、状況に即して解釈や判断を行おうとする認識様式です。グレイフェネダーたち（二〇一一）によると、快感情を持つ人は一般にトップ・ダウン処理を優先的に使用し、不快感情の人はボトム・アップ処理を使います。

第二の処理パターンの選択は抽象的か具体的かです。ある出来事を既知のカテゴリーの一事例として理解しようとするのが抽象的処理、その出来事に即して個別の事例として扱おうとするのが具体的処理です。快感情は抽象的処理を、不快感情は具体的処理を促します。

第三の処理パターンの選択は同化（assimilation）か調整（accommodation）かです。同化とは環境を自分に合わせようとすることで、認知処理に関しては、新しい情報を自分がすでに持っている内的構造に照らして処理し、既成の枠組みに従って出来事を理解しようとするやり方を指すので、トップ・ダウン処理と共通点があります。調整とは外部世界に自分を合わせて変化させることで、情報処理においては、新しい情報を取り入れて、それに従って自分の側の枠組みを変化させることです。一般には、快感情は同化を、不快感情は調整を促します。

第四の処理パターンの選択は体系的処理か簡略処理かです。体系的処理とは、その事象についてさまざまの角度から十分な情報を集めて、精緻な分析を行うことです。簡略処理はヒューリスティックとも呼ばれ、経験則のように、確実な方法ではないが、少ない努力で結論を得ようとする判断方式です。ステレオタイプや偏見などもヒューリスティックの一種です。快適な感情状態にある人は簡略処理をよく用い、不快な感情状態にある人は体系的処理に従事しやすいことが見出されています。

では、認知処理パターンと感情の間になぜこのような関連性があるかについてですが、

感情と動機づけ――不快感情の適応機能

研究者たちは感情に含まれる動機づけの観点から説明しようとしています。感情に含まれる動機づけとは、私たちが快感情を求め、不快感情を避けようとする基本的傾向を持っていることです。私たちは誰もが喜び、楽しさ、感激などの快感情を持つことを好み、一方、悲しみ、憂うつ、不安などの不快感情を嫌います。

私たちがレストランでメニューに悩むのは、もっとも大きな快感情を与えてくれる選択肢を探しているからです。一方、不快感情は、それ自体がストレスなので、私たちはこれを避けようとします。これをもっともよく表すのは援助行動です。私たちの多くは、苦しんでいる人がいることを知ると不快感情（痛ましさ、哀れさ、罪悪感など）を抱きます。この不快感情を低減させ、快感情を回復するために私たちは救いの手を差し伸べます。つ

まり、助けは人のためならずという面があります。

快感情への接近、不快感情の回避という基本的動機づけが認知スタイルにも影響を与えます。快感情は好ましい状態なので、その状態にある人は現状維持を志向します。また快感情は、現状に特別な問題がないことを意味するので、自分が置かれている状況を精緻に分析しようという意欲が起こりません。投入される認知資源が少ないことから簡便処理が志向され、また現状を変える必要がないので、既成の枠組みを使ったトップ・ダウン型、同化型、抽象的処理スタイルなどが好まれます。

一方、不快感情は現状に改善すべき問題があることを意味するので、分析意欲が高められ、多くの認知資源を投入して、緻密で体系的な認知処理が行われます。また、問題の側に焦点が当てられるので、ボトム・アップ型の具体的パターンで処理が進められ、結果として、自分の側の知識構造や枠組みを変える調整が起こることもあります。不快感情によって緻密で体系的な認知処理が駆動されるのは、適応上も合理的と考えられます。

ストレス緩衝作用——快感情の適応機能

一方、不快感情よりも快感情の適応機能を強調する研究者もいます。不快感情は精緻な情報処理を促しますが、一方で、不快感情を避けるために、そうした感情を喚起する恐れのある対象や状況を回避しようとする消極的対処が促されることもあります。個人差もありますが、不快感情を回避しようとする傾向が強いと、むしろ適応にとっては有害な事態が招来されます。たとえば、苦手な上司との接触を避けたり、嫌な仕事を後回しにしたりするということは適応上好ましい行動とはいえません。そうした回避行動はうつ病者にしばしばみられます。彼らは、悲観的な予測をして、さまざまな出来事に対して不快感情を予期します。そこから逃れるために、彼らはとるべき必要な行動を回避することがあります。

適応的生活を維持するには、どんなに気が重くても取り組まなければならない課題があり、また、逃げてはいけない責務というものがあります。不快感情は、しばしばそれに立ち向かう個人の意欲を削いでしまうことがありますが、トゥロープたち（二〇〇七）は、そうしたとき、快感情が私たちの背中を押してくれると主張します。快感情は、不快感情に伴うストレスが予想される場合、それに立ち向かう気力を与えてくれる心のパワー資源です。たとえば、家族や親友と過ごす楽しい時間、好きな趣味に没頭できる時間など、快感情をもたらしてくれるこれらの活動は仕事のストレスを癒してくれるものです。快感情は、私たちの自分に対する信頼を回復させ、楽観的な見方を強めてくれます。それゆえ、快感情にはストレス緩衝作用があるとされます。

【社会的葛藤解決に対する不快感情の影響】

上で見たように、感情はさまざまの認知の処理パターンや適応機能と関連していますが、それは葛藤経験に対してはどのような影響を与えるのでしょうか。次は、こうした観点から感情と認知の関係を見てみようと思います。

本章の前半では、感情が認知内容に与える影響を見てきましたが、全体としては、不快感情よりも快感情が葛藤解決に対して有益で建設的な影響を与えることが示されました。しかし、感情の認知処理パターンに与える効果を検討した研究では、これとは逆に、むしろ、不快感情のほうが有益な影響をもたらすことが多いことを示唆しています。

説得的メッセージの作成

建設的な葛藤解決手段の一つは相手を説得することです。主張、要求、依願などによって相手を動かすには、そこに含まれる説得的メッセージの質が良いものでなければなりません。フォーガス（二〇〇七、実験2）の研究は、この点に関する感情の影響を検討したものでした。オーストラリアの大学生一二五名に幸福感か悲哀感を喚起し、その後、「友人と社会問題（オーストラリアの共和国化およびニューライト党派）に関して意見が合わず議論になったと考えて、これらの問題に関して友人を説得するメッセージを書くように」と指示しました。そのメッ

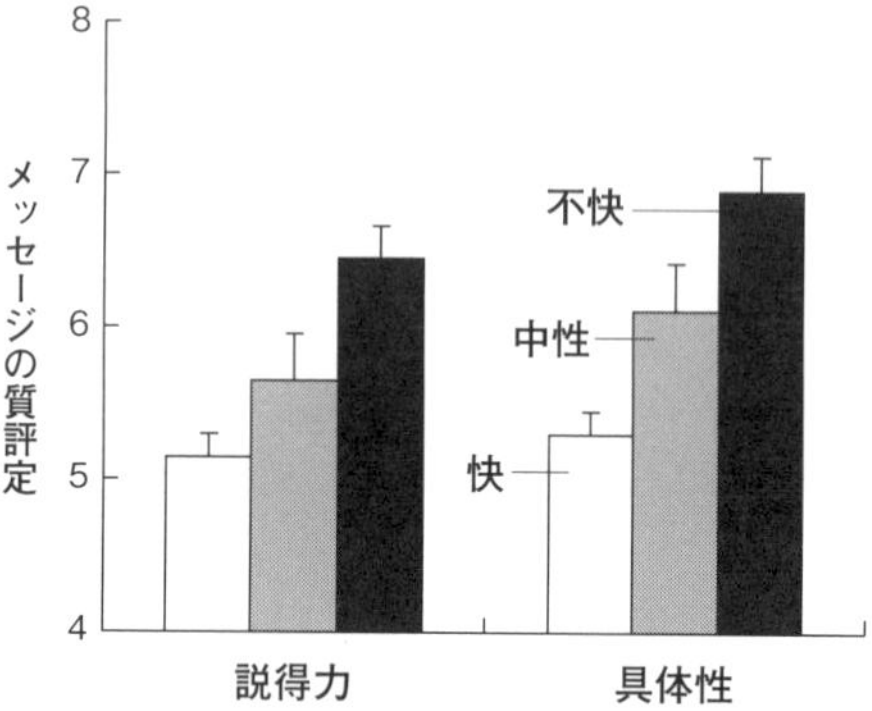

図 18　感情が説得的メッセージ作成に与える影響（フォーガス, 2007, 実験2）

セージ内容を評定者が説得力と具体性に関して評価しました。図18の結果を見ると、悲哀感情を喚起された学生たちのほうが説得力のあるメッセージを作りましたが、それは、彼らのメッセージ内容がより具体的なものであったことを反映しています。

判断バイアスの低減

不快感情を持つ人は体系的な情報処理を行うので、快感情の人よりも事態の認知判断が正確であると言われます。その指標として認知バイアスが少ないことがあげられます。第2章において、葛藤解決を妨げるバイアスの一つとして行為者・観察者バイアスについて述べましたが、これを示す研究例として、人から強制されてある意見を述べた人を見て、それがその発言者の真意だと思うかどうかを参加者に判断させるというものがあります。すると、強制されたことが分かっているにもかかわらず、表明された意見は多少なりとも当人の内的態度を表していると判断する人が多いという結果でした（ギルバートとジョーンズ 一九八六）。

しかし、フォーガス（一九九八ａ）が、感情操作を行った参加者に同じ判断課題をさせたところ、快感情を喚起された参加者には強い行為者・観察者バイアスがみられましたが、不快感情を喚起された参加者にはほとんどみられませんでした。この結果は、不快感情が精緻で体系的な情報処理を促すことを示唆するものです。

対人判断の正確さと猜疑心

感情が対人知覚の正確さを高めることについては、次のようなフォーガスとイースト（二〇〇八）の研究もあります。社会適応を維持するためには、さまざまな場面で出会う他者が信じられる人物かどうかを見極める必要があります。猜疑心が強すぎる一方、軽信もまた社会適応を脅かします。ところが、多くの人は、何の根拠もなく人を信用してしまうという真実バイアス（truth bias）を持っており、これが詐欺など深刻なトラブルに巻き込まれる原因となります。

この研究の参加者たちは感情喚起の後、窃盗の疑いをかけられた人がそれを否定する様子を録画したものを見て、その人の言うことがどれくらい信用できるかどうかを評定しました。不快な感情状態にあった人は快適な感情状態にあった人と比べて対象人物に対して強い不信感を示しましたが、また同時に、彼らは対象人物が真実を語っているかどうかを見極める成績も優れていました。録画は、本当は窃盗をしたが「しなかった」と虚偽の供述をした人と実際に無実の人の正直な供述を含んでいましたが、不快感情状態にある参加者のほうが嘘をより良く見抜くことができたのです。これに対して快感情の人はお人好しで、人の言うことを額面通り受け止め、嘘を見抜くことができませんでした。

この研究結果は、不快な感情が単に猜疑心を強めるだけでなく、情報の信憑性を正しく判断させるよう弁別力を向上させるはたらきを持っていることを示していますが、これは不快感情が精緻で体系的な情報処理を促すものであることを表しています。

利己心と公正関心

葛藤を解決するためには相手側と交渉しなければなりませんが、その際、何を優先するかによって、交渉の仕方が違ってきます。葛藤解決において当事者が関心を持つ事柄はさまざまですが、主要な関心事は二つあって、それは自己利益と公正です。自己利益とは自分自身の損得のことで、たいていの葛藤当事者はこれに対して強い関心を向け、この観点から相手に要求したり主張を行ったりします。

しかし、双方が利己心から自己主張するだけでは話し合いはまとまりません。対立を解決する別の観点として、しばしば公正さというものに当事者の関心が向かいます。それは、視点を個人から超個人に移すことです。自分の側の一方的視点だけでなく、客観的に見た場合には、どのように解決するのが適当か、また、自分の主張と相手の主張を照らし合わせ、どちらにどれくらい合理性があるかといったことを考えるのが公正判断です。超個人的観点が生かされれば、双方が自己主張し合うことを避け、互いに妥協し合う道が開けます。進化心理学者たちは、公正関心は利己心を抑制して、社会的凝集性と調和を維持する適応方略として進化したものだと言います。進化的ルーツが何であるかはともかく、公正関心が葛藤解決を促すものであることは間違いありません。

こうした関心の持ち方に対して感情がどう影響を与えるかを検討したものがタンとフォーガス（二〇一〇）の研究です。彼らはそのために独裁者ゲームという経済学的ゲーム・パラダイムを使用しました。一人の参加者にお金を渡して、もう一人の人と分けるよう指示します。条件は何もありません。参加者は「どう分配するかをあなたが自由に決めていい」と言われます。経済学者は、合理的な人間なら、自己利益関心に従ってすべてを自分に分配して、相手には何も渡さないだろうと予測しましたが、実際にやってみると、

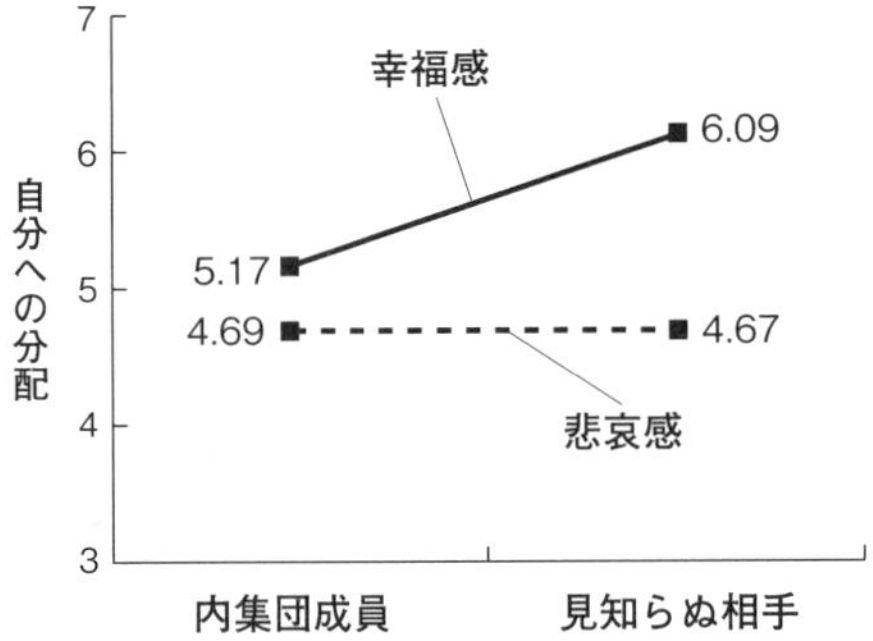

図19　独裁者ゲームにおける資源分配に与える感情の影響
（タンとフォーガス，2010）

たいていの参加者はお金の三〇～五〇％を相手に与えました（フォーサイスたち　一九九四）。これは、公正関心があるからと説明されています（福野と大渕　二〇〇三）。

タンとフォーガスは、感情を操作した四五名の大学生に二〇ドルがあたる抽選くじを一〇枚渡して、これをもう一人の参加者と分けるように指示しました。相手とは会うことはありませんが、「相手も同じ学部の学生です」と言われるときと何も言われないときがありました。

結果が図19ですが、全体としてみると、参加者たちはだいたい半分ずつを分配し、公正関心が強くはたらいていることが分かります。しかし、幸福感を抱いていた参加者は悲哀状態にあった参加者よりも自分の取り分を多くし、とくに、相手が無関係の人である場合にそれが顕著でした。このことは、幸福感情が自己利益関心を強め、悲哀感情は公正関心を強めたと見ることができます。

分配を命じられた参加者は、心の中で利己心と公正関心のジレンマに直面したと思われます。快感情は周囲を自分に合わせる、つまり同化的志向を強めるので、この感情状態にあった参加者は自己利益という内的衝動を優先させたものと思われます。一方、不快感情は自分を周囲に合わせる調整的志向を強めるので、参加者は公正規範といった外的条件を重視し、それに合わせた行動を選択したと解釈されます。このように、感情によって駆動された認知パターンが二つの関心の度合いを変化させ、分配行動に影響したものと考えられます。

自己利益と公正は葛藤解決においてもっとも重要な役割を果たす関心なので、その強さが感情によって影響されることは、葛藤問題の理解にとっても注目すべき現象といえます。

不快感情の機能

以上、いくつかの研究を見てきました。予想外ともいえますが、認知パターンに着目すると、快感情よりも不快感情のほうが社会的葛藤解決に対して有益なはたらきをすることが示されています。不快感情は危険に対する警戒信号としてはたらき、それによって環境に対する個人の注意配分を促し、慎重な情報分析と正確な知覚判断を促すとされます。一言でいえば、それは、状況に適切に対処するよう個人の心的体制を整備するというものでしょう。その結果、葛藤に対しても適切な対処を促すと考えられます。

単純化した言い方をすれば、葛藤に際して快感情の人は深く考えもせず楽観的な見通しを持つがゆえに、協調的な反応をするが、一方、不快感情の人は慎重に情報分析を行うので、その結果に基づいて、協調的対処をとることもあれば対決方略を選ぶこともあると考えられます。

ただし、前節でも指摘しましたが、不快感情にはさまざまの種類があります。フォーガスの研究で扱われた不快感情は悲哀や抑うつだったので、上で述べたはたらきはこのタイプの感情に関するものと考えられます。葛藤場面ではむしろ、怒りや恐怖など行動駆動力の強い感情が喚起されますが、これらの感情の影響を認知パターンの面から検討した研究例はありません。しかし、本章冒頭の節で論じた感情の認知内容に対する影響からすると、怒りや恐怖は対決や防衛心を強めるので、その影響は非友好的な対応を促すもののようです。不快感情の影響のすべてが検討されつくされたわけではないのですが、これまでに分かっていることからすると、不快感情のうち、怒りや恐怖は建設的葛藤解決を妨げるが、悲哀や抑うつはこれを促進する可能性があるといえます。

【社会的葛藤解決に対する快感情の影響】

認知パターンに対する不快感情の影響を検討する中で、それとの対比で快感情の影響についてもおおむね論じてきたことになります。フォーガスの研究では、それはトップ・ダウン型、同化型、抽象的認知パターンを駆動させるので、多面的分析や慎重な対処が必要な葛藤解決には不向きであるとされています。しかし、葛藤解決を直接に扱った研究ではないのですが、認知パターンに対しても快感情の有益なはたらきを示唆する理論があります。

それはフレドリクソン（二〇〇一、二〇〇九／二〇一〇）の拡張・形成理論です。これは、快感情が意識を拡張し、心的資源の形成を促すという説です。意識を拡張するとは、心をオープンにして情報を広く利用するという意味です。不快感情が「ここで、今、何ができるか、何をなすべきか」など思考範囲を狭め、焦点化させるのに対して、快感情はそれを広げ、さまざまな考え方や行動選択肢に目を開かせる、つまり、注意・認知・行動を「拡張」します。

一方、心的資源の形成とは、適応に役立つ精神的、身体的、社会的資源を増加させるという意味です。不快感情が危機に対処するという緊急的適応行動を駆動させるのに対して、快感情は個人の成長と生活の充実（ウエルビーイング）をもたらす心的資源の形成を助けるとされています。実際、快感情が精神衛生と身体的健康に資するものであることは多くの研究によって確かめられています（フレドリクソン 二〇一三）。感情と人間関係に関する研究もおいても、快感情の持ち主ほど積極的に対人交流に参加し、多くの人と親密な付き合いをすることが見出されています（ウォーとフレドリクソン 二〇〇六）。

フレドリクソンの理論では、快感情は注意や認知の幅を広げ、偏見に囚われない多くの情報収集を可能にするとされています。幅を広げるという点ではフォーガスの理論と矛盾しませんが、偏見や囚われのないという点は矛盾します。葛藤を扱った研究としては、ベリーたち（二〇〇〇）の研究があるので、これを見てみることにします。この研究の参加者はアメリカの大学生たち一三一名とその友人たちで、四週間にわたって毎晩、一緒に過ごした時間の長さ、それに葛藤経験について日誌を書きました。葛藤時の対応はラズバルトたち（一九八六）が作った調整スタイル尺度（Accommodation Style Scale）を利用して測定されました。また、参加者が快感情を持つ傾向（ＰＡ傾向）があるか、それとも不快感情を持ちやすい（ＮＡ傾向）かは、ＰＡＮＡＳ（Positive and Negative Affect Schedule、ワトソンたち 一九八八）という心理尺度によって判定されました。結果を見ると、ＰＡ傾向の高い人は葛藤時に話し合いをするなど建設的な解決方略をとることが多く、相手を無視したり、回避するといった非建設的な行動はあまりとりませんでした。ＮＡ傾向の高い人はちょうど反対のパターンを示しました。

ベリーたちの研究は、快感情が葛藤解決においても有益であることを示していますが、そのはたらきがフレドリクソンのいう「拡張と形成」であるかどうかまでは不明です。本章ではこれまで快感情が葛藤解決に資するいくつかの心的メカニズムを論じました。ベリーたちの結果もそうしたものだったのかもしれません。とはいえ、フレドリクソンの主張するはたらきが快感情にあるのだとすれば、それは間違いなく社会的葛藤解決にも役立つものといえるでしょう。

●感情の対人的機能

前節までは、感情が社会的葛藤当事者の認知に与える影響をさまざまな角度から述べてきました。しかし、葛藤解決に対する感情の影響はこれだけではありません。葛藤は複数の人の間で行われる相互作用パターンの一つなので、相手が示す感情もまた葛藤の成り行きに影響を与えます。本節では、相手の感情を知覚することが当事者の判断と行動にどのような影響を与えるのかを見てみます。

感情は願望、知覚、評価、予期など個人の内的状態を表すものであるとともに、他者に対してさまざまのことを伝えるメッセージです。他者に伝達することを意図してある感情表出をする場合もあれば、非意図的にそれが行われる場合もあります。しかし、意図的であろうとなかろうと、それは他の人たちに対して個人の願望、知覚、評価、予期などを伝えるものであるという意味において、感情は重要なコミュニケーション・ツールです。人々の日常生活では、言葉を介したメッセージよりも感情表出によるメッセージのほうが信憑性を持って受信され、情報量も多いとする研究者もいます。

【相手の怒り感情】

葛藤時に相手が示す感情の典型的なものは怒りです。葛藤時の人々の反応は、前に述べたように、自己利益に対する脅威と公正規範の逸脱等の知覚によって強く規定されます。怒りは主に自己利益に対する侵害と公正違反を知覚したときに喚起されます。

相手の側にこうした感情を知覚した人の反応は容易に予測がつきます。相手が怒りを示せば、攻撃や強い主張が予期されるので、個人は対決を避けるために譲歩しようとするでしょう。シナソーとティーデンス（二〇〇六）の研究は、実際の葛藤ではなく、アメリカの大学生たちにビジネス交渉の場にいるものと想像させて、怒り感情の影響を検討したものでした。大学生たちはある会社の社員として、別の会社の担当者と機械装置の補償期間について交渉しています。このとき、交渉相手が怒りを示すと、大学生たちはより大きく相手に譲歩する様子が観察されました。

怒りが知覚されると、これに対抗するために、譲歩ではなくむしろ防衛や反撃の体勢を強めるということも考えられます。「売り言葉に、買い言葉」という諺があるように、葛藤場面では互いに反発して葛藤がエスカレートするということもよくあります。葛藤研究では「報酬戦略（tit for tat）」と呼ばれ、主としてゲーム・パラダイムを使った実験によってこの現象は広く見出されてきました（デ・ドリュー 二〇一〇）。相手が協力するならこちらも協力するし、対決的態度を示すならこちらも対決で応じるという対応の仕方です。これは、自分の戦闘意志と戦闘能力を誇示することによって、相手からの攻撃を抑制し、譲歩を引き出そうとする方略です。

攻撃力を強めることが紛争の抑止力になると信じて、国どうしが軍拡競争を繰り広げるということは過去にもあったし、現代でもみられます。それがもたらす危険で悲惨な結末も繰返し経験されたことです。怒りの知覚は譲歩を促すこともありますが、むしろ葛藤の激化を招くという意味で、葛藤状況における危険なサインといえます。

【失望、嘆き、罪悪感、後悔の知覚】

しかし、葛藤的相互作用の中ではもっと別の種類の感情が知覚されることもあります。それは、失望、嘆き、罪悪感、悔恨などです。もしも、こうした感情を相手が示したとしたら、私たちはこれをどのように受け止め、どのように反応するでしょうか。

ヴァン・クリーフたち（二〇〇六）の研究では、オランダの大学生たちにコンピュータを介した交渉に参加させました。彼らは携帯電話の売買で価格をめぐって交渉を行い、交渉の成果によって現金（六四米ドル）の当たる抽選くじがもらえることになっていました。交渉の途中、何度か学生たちには相手の感情が伝えられましたが、それは次の四種類のうちの一つでした。

- 罪悪感「心が痛むよ。もっと譲るべきだったかな」
- 悔恨「悪いことをした。もっと譲ってもよかったかな」
- 失望「提案を見て、本当にがっかりした」
- 嘆き「これは厳しい提案だな」

また、相手の感情を伝えられない学生たちもいたので、これら五グループの学生たちが交渉の中で行った提案の変化を見てみると、全体として、学生たちの要求水準は交渉が進むにつれて弱まり、相手に合わせるように軟化していますが、グループによってその変化の度合いが異なります。相手の感情を伝えられなかったグループを基準にすると、罪悪感や悔恨が伝えられた学生たちは比較的高い要求水準を維持し、逆に、失望や嘆きが伝えられた学生たちは、急速に要求水準を下げています。この結果は、相手の感情の知覚が交渉における方略選択に大きな影響を与えたことを示しています。

葛藤時の相互作用の中で発生する感情は公正規範の逸脱知覚に関連しています。罪悪感や悔恨は自分自身が公正規範を逸脱したときに経験されるものです。交渉場面に即して解釈するなら、自分が不当に利益を得ているあるいは得ようとしていると感じたときにこうした感情が経験されます。こうした感情は、当人にとって不快なもので、これを低減させるために公正回復に動機づけられます。それは、交渉においては、より多くを相手に譲ろうという行動になります。ヴァン・クリーフたちの交渉参加者たちが、相手の罪悪感や悔恨を知覚したとき、相対的に要求を強めたのは、それが相手に受け入れられると期待したからと解釈されます。

一方、自分が不当に疎外されていると感じると怒り、失望、嘆きなどの感情が経験されます。ヴァン・クリーフたちの実験では怒りは検討されていませんでしたが、失望や嘆きを知覚した学生たちは、怒りの知覚と同様に、要求水準を下げて、相手の期待に応えようとしました。それは、自分が不当なことをしているのではないかという罪悪感を抱き、この自分の不快な感情を低減させるために、また相手の不満や苦しみを癒すために、より大きな譲歩をしようとしたものと思われます。

ヴァン・クリーフたちの研究は交渉という葛藤解決の一場面を取り上げたものですが、どのような段階においても、感情とその知覚はここに示したような影響を与えるものと思われます。

5・社会的葛藤解決の心理社会プロセス

これまでの章では、人間が本来持つ心理学的諸特性によって、社会的葛藤解決がしばしば内側から妨害されることを論じてきました。しかし、幸いにも、人間にはそうした内的障壁を乗り越える智慧と能力も備わっています。本章ではこうした観点から、建設的な葛藤解決を促進する心理社会的プロセスを考察します。

●認知的スキル

社会的葛藤解決を妨げる内的障壁は、その多くが人間の認知特性に関わるものです。たとえば、行為者・観察者バイアスは私たちが葛藤相手や葛藤事態を正確に認知・評価することを妨害するものでした。また、公正バイアスや敵意バイアスのために、私たちはしばしばしば、相手を不当に貪欲で邪悪な性質の持ち主と思い込むことがあります。しかし、私たちにはこうした内的障壁を乗り越えるために活用できる認知能力が潜在的に備わっています。本節ではそれがどのようなものかを見ていこうと思います。

【視点取得と共感性】

視点取得（perspective taking）とは、相手の立場（視点）に立ってものごとを見るという内的操作です。共感性（empathy）も類似した心のはたらきですが、これは感情的反応で、人の感情、とくに怒りや悲しみなど不快感情を自分自身のことのように体験することです（デイヴィス　一九八三）。視点取得と共感性は連動しているとみなされ、たとえば、デイヴィスの共感性尺度は両方を測定するように構成されています。しかし、この後見るように、葛藤解決においてこれらはかなり異なるはたらきをします。

社会的葛藤解決における視点取得

視点取得は発達心理学において精神発達の指標として取り上げられてきましたが（ピアジェ　一九三二／一九五七）、これは対人行動の研究者たちも注目してきたものです。この能力が高い人は人の苦しみに対する感受性が高いので援助行動が多いとか、攻撃的言動によってむやみに人を傷つけることはないと言われてきました（デイヴィス 一九八三）。援助も攻撃も社会的葛藤場面において発生しやすい行動なので、当然、この認知能力は葛藤反応にも深い関連を持つと思われます。しかし、このことが実証的に検討され始めたのは比較的最近のことでした。

視点取得は利他的行動を促進すると思われがちですが、葛藤研究から見ると必ずしもそうではありません。適切な葛藤解決とは、単に相手の利益を優先して、その要求に従うというだけのものではありません。自分自身の利益も確保しながら深刻な対決を避けることが肝要ですが、そのためには、相手が何を求め、何を重視しているかなど、相手の関心のあるところを正確に理解し、相手の行動を予測できなければなりません。そうした点で視点取得は非常に有益です。葛藤解決において自己利益だけを追求すると対決や頑迷さとなり、他者利益を優先すると過剰な譲歩となります。ガリンスキーたち（二〇〇八）の言葉を借りれば、視点取得は自己利益と他者利益のバランスをとる上で大切なものです。

彼らの二〇〇八年の論文に報告された実験2にはアメリカのMBAの学生一五二人が参加しましたが、彼らは二人ずつペアになり、売り手と買い手に分かれて売買交渉をしました。この際、一部の学生は「相手が何を考えているか、どんなことに関心があって、何を目指しているか、相手の立場に立って想像してみなさい」と、視点取得を促す指示を受けましたが、他の学生はそうした指示を受けませんでした。

視点取得を指示された学生ペアでは八〇％が合意しましたが、その指示を受けなかった学生ペアの合意率はその半分でした。また、自己利益と他者利益のバランスという点から合意内容も問題なので、この実験では学生たちに、交渉後に満足度を聞いていますが、視点取得を指示された学生たちの満足度のほうが高かったので、視点取得はより適切な葛藤解決を促したものと判断することができます。こうしたことから、視点取得は相手に関する正確な情報を収集し、葛藤当事者がしばしば陥りやすい認知バイアスを修正するという効果が期待されます。

この実験は視点取得の有効性とともに、その実践的な利用方法に関しても示唆を与えてくれます。それは、実験者という中立的第三者が視点取得を促したことです。大人であればたいていの人は視点取得能力を持っていますが、社会的葛藤はストレス場面なので、そうした有益な認知機能を十分にはたらかせることができないことがあります。そうしたとき、この実験のように、中立的第三者からのアドバイスは有効ではないかと思われます。

アメリカ映画を見ていると、一般の人たちでも、何かあるとかかりつけの弁護士に相談するといったシーンがよく出てきます。弁護士が良いかどうかはともかく、社会的葛藤をあおり立てるというのではなく、事態を客観的に見てアドバイスをしてくれる人というのは誰にとっても必要と思われます。

視点取得の悪影響

上で弁護士の例を出しましたが、ピアースたち（二〇一三）はこんな例をあげています。離婚の相談で訪れた人に対して弁護士は、役目柄、関係修復よりも自己利益の保護を推奨することが多いのですが、中には「相手はあなたとの離婚を前提に、資産分与を有利にするために着々と手を打っていると思いますよ。あなたが相手の立場だったら、きっとそうするでしょう」と、故意に対決を煽る弁護士も少なくありません。この例では、弁護士は当事者に視点取得を促していますが、その内容は、悪意と貪欲さを強調する敵意バイアスに満ちたものです。敵意バイアスも確かに相手の立場から葛藤事態を見るという心的操作に基づいていますが、悪意を含んだ判断や意図を推測すると、視点取得は当事者の対決姿勢を強める方向にはたらきます。実際、葛藤状況において視点取得を促すと競争的反応や攻撃反応が増加するという研究例もあります（オキモトとウェンゼル 二〇一一）。

ピアースたちの交渉実験の参加者四二〇名はアマゾン・メカニカル・ターク（Amazon Mechanical Turk）というクラウド型の労働市場でリクルートされた人たちです。彼らは架空のパートナーと共有地ジレンマ・ゲームを行いました。そのルールは、プレーヤーたちが所持金の中から共同ファンドに投資すると、それは最終的に一・五倍に増え、それを二人で分配できるというものです。ただし、相手は投資せず自分だけが投資すると、その場合も分配金は折半されるので、相手だけが得をするということになります。所持金を増やすには投資額を大きくしないといけませんが、その分、相手に搾取されるリスクが大きくなります。つまり、プレーヤーは利己的に行動すべきか、協力的に行動すべきかの意思決定をしなければなりません。

ゲームに先立ってメッセージ交換したところ、あるパートナーは「自分は人と競って仕事をするのが好きで、誰にも負けたくない」と競争心を示し、別のパートナーは「自分は同じ目標に向かってみんなで協力する仕事が好きだ」と協力志向を表しました。実験者は、これに対する返事として、参加者に「自分の所持金がいくらで、その中からいくら投資するつもりか」を書いて送るよう指示しましたが、半分の参加者には、さらに「相手プレーヤーがどんなことを考えてこのメッセージを寄越したのかよく考えて」と視点取得を促す教示をしました。

この実験で注目されたのは、相手への返事の中で参加者が自分の所持金を実際よりも少なく書くかどうかでした。それは「協力して一緒に投資はしたいが、所持金が少ないので十分にはできない」という自分の非協力行動に対する自己弁護だからです。結果を見ると

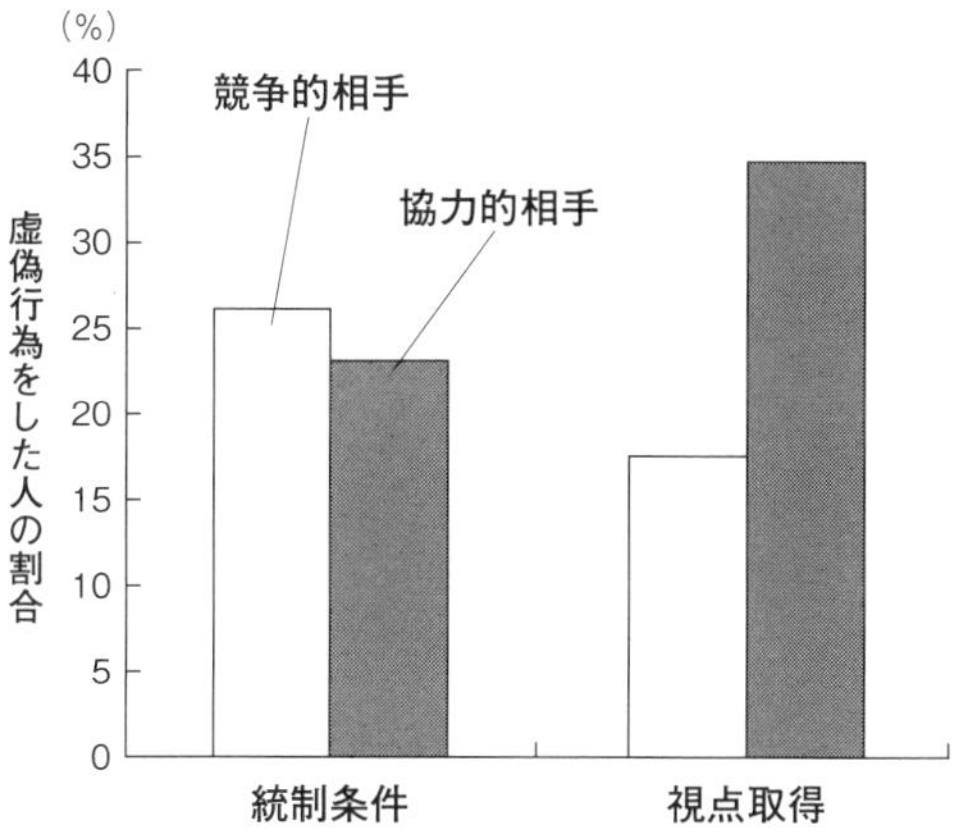

図 20　共有地ジレンマ・ゲームにおける視点取得と虚偽行為
(ピアースたち, 2013)

(図20)、視点取得を促された参加者では相手からのメッセージ次第でこの虚偽行為が変化しました。統制群の参加者と比較して、協力的な相手に対して虚偽行為は減少しましたが、競争的相手にはむしろ増加したのです。

視点取得は相手の立場に立って葛藤状況を見るように促すものですが、それによって参加者たちは、相手の意図(競争的か協力的)に注目し、これに対応するように自分の戦略を変化させました。相手の意図を善良と知覚した場合には協力行動をとるが、相手が敵対的意図を持っていると知覚した場合には、これを欺いて非協力行動をとることが見出され、視点取得が葛藤解決において果たす柔軟なはたらきが示されています。

交渉における共感性

共感性は視点取得と関連の強い心的機能とみなされてきました。理論的には、人の悩みや苦しみに共感するためには、その人の立場に立って考えること（視点取得）ができなければならないからです。しかし、乳児が他の乳児の泣き声に反応して泣くといったことから、共感はもっと直接的で原初的なものではないかという見方もあります（ホフマン 二〇〇〇／二〇〇一）。

相手の感情に共感すると葛藤解決場面ではどうなるかということが、ガリンスキーたち（二〇〇八）の実験3で検討されています。MBAの学生たち一四六名は二人ずつペアになって、今度は求職者と面接者に分かれて交渉をします。給与、ボーナス、休暇、勤務地などの争点について両者は少しでも自分に有利な内容で合意しようと交渉します。この実験では、面接者の学生だけに視点取得や共感性を促進する教示が行われました。視点取得条件では「求職者の立場に立って、相手がどのようなことを考えているか理解しようとしなさい」、共感性条件では「こうした状況において求職者がどんな気持ちになるか、相手の感情を理解しようとしなさい」と教示しました。

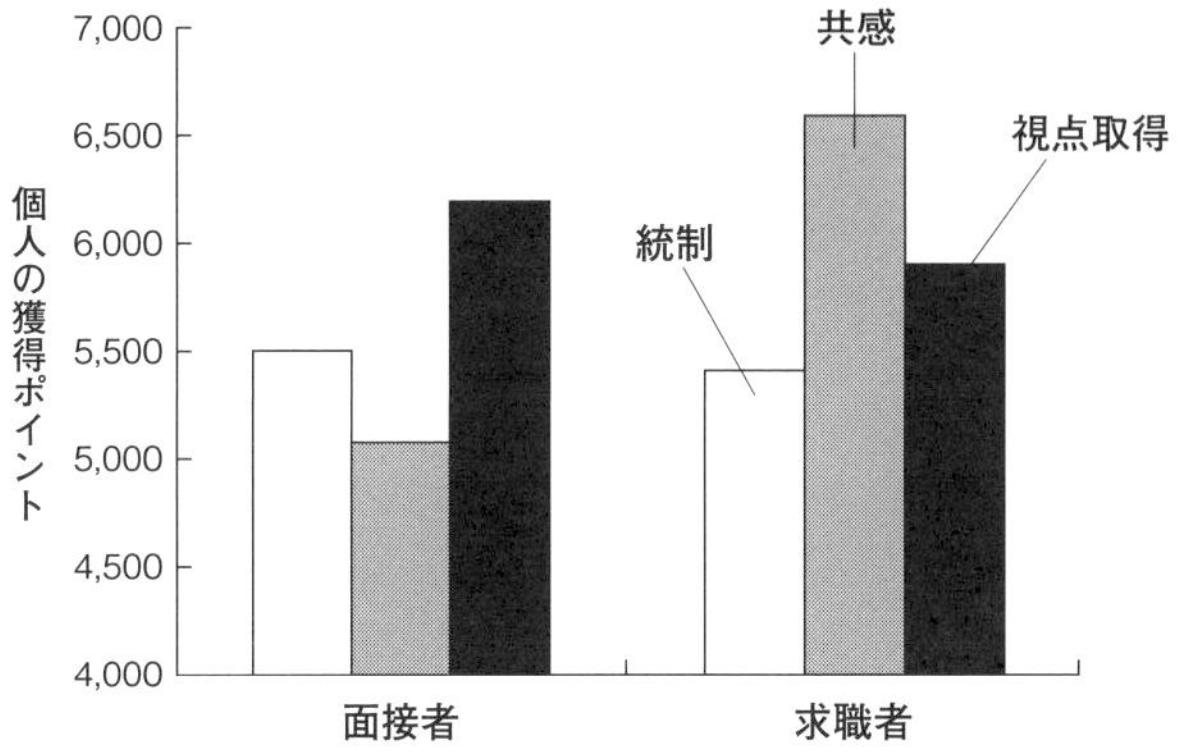

図 21　共感性と視点取得操作による個人の獲得ポイントの違い
（ガリンスキーたち，2008，実験 3）

図21は、合意によって獲得した参加者たちのポイントです。視点取得を促進された面接者は他の条件の面接者よりも個人的利益が多かったのですが、共感性を促進された面接者は求職者に対してもっとも多くのポイントを与えました。この結果は、視点取得が個人利益を高める上では有益な認知スキルである一方、共感性は、自分の利益を犠牲にして相手を利するような解決方略を選択させるものであることを示しています。また、両者の合計ポイントは視点取得条件が最大であったことから、視点取得は双方の利益に叶うものであることも示されています。つまり、ガリンスキーたちの研究は、視点取得

が当事者双方の利益を高めるという点で統合的な葛藤解決をもたらしうるのに対して、共感性は相手だけを有利にさせる偏った葛藤解決に陥る可能性があることを示唆しています。

共感性の有効性

ガリンスキーたち（二〇〇八）は葛藤解決における共感性の意義を疑問視するものでしたが、しかしそれは、葛藤タイプのせいかもしれません。彼らの実験状況は利害葛藤でした。認知葛藤や規範葛藤などでは共感性が有効に機能する可能性もあります。なぜなら、こうした葛藤では当事者たちが怒り、不安、恐れなど不快感情を持っていることが多いからです。たとえば、所有自己の研究が示すように、意見が異なることはしばしば自尊心脅威を伴います。また、規範は個人の価値観と結びついているために、これが対立する状況も自尊心脅威を含みます。こうした葛藤状況では不快感情が喚起されていますが、冷静な話し合いに進むためにも、まず相手の感情を宥和する必要があります。そうした際、共感性は重要な役割を果たすものと期待されます。

共感性の低い人は、相手の感情に無頓着に対応します。感情を逆撫でするような言動によって相手の不快感情をいっそう強めることすらあります。感情面に配慮しない対処の仕方は葛藤を激化させ、合理的解決を困難にする恐れがあります。共感性の高い人は、まず相手の不快感情を理解し、それに対する同情や慰謝を伝えようとするでしょう。それは相手の感情を緩和し、葛藤解決のために冷静な話し合いができる心情的環境作りをしてくれると思われます。

しかし、ガリンスキーたちの研究が示すように、共感だけでは双方が満足できる合意を得ることは難しいかもしれません。自分の側に生じた同情によって合理性を見失わないよう注意するなら、バランスの良い統合的な解決が可能になると思われます。

【認知的制御】

葛藤場面ではしばしば攻撃や拒否といった対決行動が優勢反応となります。それは脅威知覚から生じる認知バイアスなどによって、当事者たちが敵対的認知に導かれやすいためです。それゆえ、こうした優勢反応をいかに抑制するかが建設的な葛藤解決には肝要です。ここでは、そのために有効と思われる心的機能とスキルを見てみることにします。

対決反応の形成過程と怒り

葛藤事態に対して当事者が攻撃や拒否など非建設的な反応をしてしまう主要な原因の一つは怒りという不快感情です。前章で見たように、悲しみなどの不快感情は精緻な情報処理を促すことによって葛藤解決に有益な影響を与えることもありますが、怒りにはそうしたことは期待できません。

それは、相手を罰したいとか仕返ししたいなどの敵意的願望を喚起して、対決反応を促すからです。怒りは人に対する攻撃行動を促して（ベッテンコートたち 二〇〇六）、円滑な人間関係を阻害し（ドッジたち 二〇〇六）、また、当人の健康にも悪影響を与えます（スミスたち 二〇〇四）。このように社会適応と健康の両面において悪影響が顕著であることから、心理学のさまざまな分野で怒りと攻撃のコントロールが論じられてきました。

社会的葛藤場面において攻撃などの対決反応が生起する仕組みについては、ドッジたち（二〇〇六）のモデルがよく知られています。これは敵意知覚を中核に据えた社会的情報処理モデルです。対決反応が起こるために敵意知覚が必須というわけではないのですが、もっとも強い認知要因であることは間違いありません。図22の右側のラインがドッジたちの仮定する攻撃の情報処理プロセスです。

自己利益や自尊心が脅威にさらされる（葛藤事象）と、当事者はしばしば葛藤相手に対する敵対的認知を形成します。その典型が敵意の知覚です。「相手は貪欲で、自分のことしか考えていない」とか「自分に嫌がらせをしようと、故意に反対している」など、悪意を推測することがあります。相手を邪悪な存在であると認知すると、それに続いて、図にあるように、これに対処するために、攻撃や主張などの対決方略を思い浮かべます。そして、「攻撃が有効である」とか「反撃が必要である」など対決方略を肯定的に評価すると、

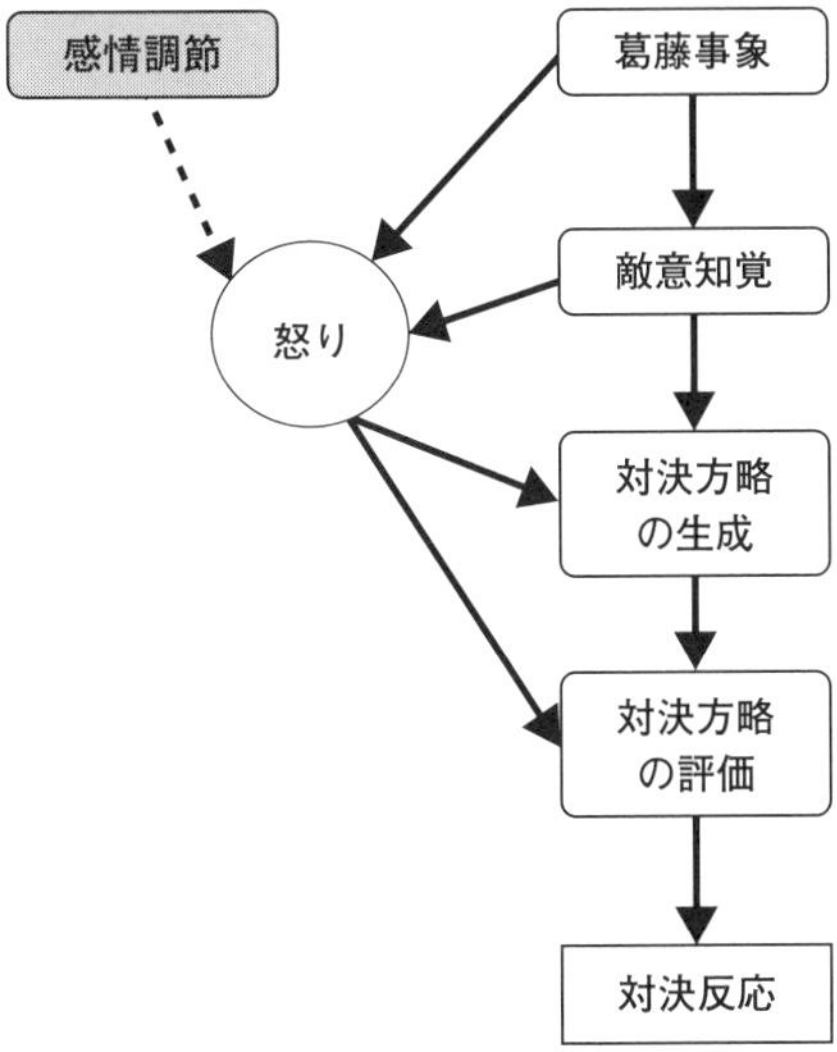

図22　対決反応の生起過程と感情調節
（デ・カストロたち（2005）の図1を一部改変）

最終的にそれは実行に移されます。このような一連の認知判断過程を経て、葛藤状況における対決反応が遂行されることになります。この情報処理プロセスに関しては、欧米においても（ドッジ 二〇一一）、また日本においても（人渕 二〇一二）多くの研究が行われ、それが妥当なものであることが確認されています。

しかし、ドッジたちのモデルにも不十分な点があります。それは感情的要素がこのモデルにはまったく含まれていないことです。前章で見てきたように、社会的葛藤反応に対する感情の影響は無視できません。攻撃性に関してはデ・カストロたち（二〇〇五）がドッジたちの情報処理モデルに感情要因を追加することを提案しています。図22は彼らのモデルを一部改変して示したものです。

この図に示すように、社会的葛藤に直面した人の多くは怒りなどの不快感情を抱きますが、敵意知覚はそれを増幅します。怒りは心的ネットワークを介して対決反応の生成を促し、また、これに対する疑問や躊躇を寄せ付けず、それこそが唯一のとるべき手段であるといった肯定的評価を当事者に強要するように思われます。このように、怒り感情は攻撃に向かう社会的情報処理過程を推進し、より強い対決的姿勢を招くと思われます。

感情調節

怒り感情は建設的葛藤解決を妨害するものであることから、葛藤状況ではいかにこの感情を鎮めるかが重要になります。しかし、怒りを感じた人がいつでも対決反応を示すわけでもありません。私たちは、かなり以前ですが、日本人を対象に怒りの経験を調査したことがあります（大渕と小倉 一九八四）。どんな出来事に怒りを感じるか、また怒りを感じたときどんな反応をするかなどを聞いたものです。すると、怒りを経験した人のうち、攻撃的な言動をした人は全体の約半数で、残りの人たちは対決的反応を抑制したのでした。

怒りの抑制がどのように行われるかに関して、デ・カストロたちは、これを感情調節(emotion regulation)と呼び、気晴らし(distraction)や再解釈などをあげています。気晴らしには二種類あって、おいしいものを食べるとか好きなことをするなど、快感情を積極的に喚起して不快感情を薄めようとする感情改善と、単に「嫌なことは忘れる」といった消極的な不快感情の回避があります。再解釈にも二種類あり、積極的再解釈とは視点取得に基づくもので、「相手にも何か事情があったのではないか」とか「行き違いがあったのかもしれない」と相手の行動を非敵意的に解釈し直す試みです。消極的再解釈とは「今日はついていない日だ」「こんな日もある」と運に原因帰属して、怒りの矛先を相手から逸らそうとするものです。いずれにしろ、こうした試みが成功すると怒りは低減されることになります。

図22の左側に「怒り」と「感情調節」という要因が追加されていますが、これがデ・カストロの改訂版情報処理モデルです。彼は、感情調節が効果的にはたらくなら怒り感情が和らげられ、対決反応を導く右側のプロセスもそれに伴って弱まり、対決反応が抑えられると主張しました。彼は、オランダの小学校高学年の男子八四名に録音された対人葛藤エピソードを聞かせ、自分だったらどう感じ、どう反応するかを答えさせました。教師たち

から攻撃的と評価された子どもたちには攻撃反応が多かったのですが、彼らは感情調節が弱いことが分かりました。言い換えると、感情調節ができる子どもたちは、葛藤場面においても対決的な行動を抑えることができたのです。

普段から温和で、どんなときにも言葉を荒げない人、いつも冷静で感情的に振る舞うことのない人たちは、葛藤に遭遇しても、衝動的に攻撃反応をとることはありません。こうした非攻撃的な人たちは感情調節の上手な人たちです。感情調節は怒りを低減させ、それによって、葛藤場面で多くの人が陥りやすい歪んだ認知を回避し、攻撃的な反応の抑制を可能にするものと思われます。それゆえ、感情調節は社会的葛藤解決のための重要な心的スキルといえます。

認知的統制

デ・カストロたちの研究は、怒りという不快感情の低減を通して、社会的葛藤時の攻撃反応を抑制する仕組みを明らかにしています。一方、攻撃反応の抑制について、感情調節とは別のメカニズムを追究する研究者もいます。それはウィルコウスキーとロビンソン（二〇一〇）による試みです。

ドッジたちのモデル（図22の右半分）は認知的なもので、怒り感情の介在を仮定していません。敵意知覚は半ば自動的に敵対的認知や攻撃反応傾向を強めるとされていますが、もしもこの認知プロセスに直接に関与することができるとすれば、攻撃反応の生成を抑制することが可能かもしれません。ウィルコウスキーたちはこの点に着目しました。

攻撃は人間関係を悪化させたり、罰や反撃を受けるといった好ましくない結果を引き起こす恐れがあります。このため、内的に攻撃傾向が活性化されると、多くの人の心の中では、これと連合したリスク予期も喚起されるでしょう。これは攻撃を抑制する拮抗反応を内的に生じさせると思われます。これをウィルコウスキーたちは認知的統制と呼びました。

ウィルコウスキーとロビンソン（二〇〇七）の実験1では、アメリカの人学生六〇名を対象に、「首を絞める」「脅す」などの敵意語五〇個と、「認める」「通知する」などの中性語五〇個をランダムにパソコン画面に提示し、その単語をどれくらい不快に感じるか評定させました。するとと当然ですが、学生たちは敵意語のほうを不快に感じると評定しました。また、敵意語の直後に提示された単語と中性語の直後に提示された単語の評定値を比較すると、学生たちは前者をより不快と評定しました。これはプライミング効果という現象で、敵意語を知覚すると連合した敵意関連の観念が活性化されるので、それが次に提示される単語の評定に影響を与えます。

現実の社会的葛藤場面でもこれと類似のことが起こっていると考えられます。脅威や敵意を知覚すると、それと連合した観念が活性化され、その後の当事者の認知判断に影響を与えます。その結果、事態をより敵対的に解釈し、対決的反応が生成されます。しかし興味深いことに、ウィルコウスキーたちのこの実験には、怒り特性の高い学生と低い学生が参加していましたが、プライミングは怒り特性の高い学生にしかみられませんでした。このことは、短気な人が攻撃的なのは、敵意関連観念によるプライミングが起こりやすいためであることを示唆しています。

一方、怒り特性の低い学生の場合、敵意語からのプライミング影響がもともと生じていないか、あるいはその影響が生じても抑制されたことになりますが、この点を確かめるためにウィルコウスキーたちは大学生七二名を使って第二の実験を行いました。刺激語提示から一・五秒以内に評定するという時間制限を設けたところ、怒り特性の弱い学生にもプライミング効果が観察されました。この実験結果は、敵意知覚が怒り特性の弱い人においても攻撃傾向を活性化させるが、彼らにおいてはそれが抑制されることを示しています。そして同時に、この抑制作用がはたらくには時間が必要であることも示唆されています。

ウィルコウスキーたちは、認知的統制が作動するには認知資源と呼ばれる心的エネルギーが必要なのであろうと考えています。その資源が動員され、抑制力として機能するには多少の時間がかかるので、時間的余裕がないときにはそれは効果を発揮できなかったと考えられます。不適切な反応を内的に抑制するには心的資源が必要であるという考え方は、他の心理学者からも提起されています（ボーマイスターたち 二〇〇七）。悩み事を抱えていて心に余裕がないときには、誰でも他の人に対して、不用意に粗野な態度をとってしまうことがあります。ボーマイスターたちは（二〇〇七）、言葉遣いにひどく気を遣うような討論のあとでは血中ブドウ糖レベルが低下すること、また、ブドウ糖を含む栄養成分を摂取すると、自己統制が必要な課題の成績が上昇することなどを見出し、統制に必要な認知資源は生理的基盤を持つものであることを示唆しています。

生理的基盤を持つものかどうかはともかく、リスクのある不適切な反応を抑制するには心的エネルギーが必要なことは確かなようです。怒り特性が弱い人のように、それを習慣的に行っている人もいますが、そうでない人の場合には、社会的葛藤時には意識して心の余裕を保つ必要があります。そうでないと、葛藤知覚から生じる自動過程によって対決的反応が促されてしまうからです。感情的にならないこととともに、すぐに反応することをしないで、時間をとって状況や相手の言動をじっくり分析するということが建設的な葛藤解決には必要とされていますが、それの意義は認知的統制という観点からも認められます。

【葛藤争点の選択】

感情調節とか認知的制御は基礎的な心理過程ですが、次は、もっと社会的葛藤解決に直接関連する有益な心のはたらきを考えてみたいと思います。その一つが葛藤争点の選択です。葛藤争点とは、当事者間で対立となっている問題点のことです。

第1章で、利害葛藤、認知葛藤、規範葛藤の三タイプについて述べましたが、これは葛藤争点によるタイプ分けです。しかし、実際の葛藤は、たいていどれもが複数の争点を持っているので、単純なタイプ分けは困難です。また、葛藤解決の過程で争点が追加されることもあります。たとえば、利害対立から発生した葛藤であっても権利に関する認識の違いが背景にあることもあるし（認知葛藤）、「相手のやり方が不当」「ルールに反している」など非難し合うことになると、規範が争点として浮上してきます。葛藤では、さらにこれら以外の問題が争点となることもありますが、当事者たちがどの争点に焦点を当て、どの争点をもっとも重要であるとみなすかによって、当事者たちの対応の仕方が変わり、その結果、葛藤解決の方向が違ってくるということが起こります。その意味で、争点の選択も葛藤解決プロセスの一つの重要な側面です。

組織内の葛藤争点

葛藤争点は、会社など組織内で起こる葛藤の研究の中で主に検討されてきました。職場は対人葛藤が発生する主要なフィールドの一つです。第1章でも紹介しましたが、社員が会社を辞める理由で一番多いのが人間関係のトラブルであるという調査結果もこのことを示しています（エン・ジャパン株式会社 二〇一三）。

葛藤争点に関する初期の研究はチョスヴォルドとチア（一九八九）のものです。彼らは、シンガポールの企業社員にインタビュー調査を行って七種類の争点を見出しました。それは、職務担当スケジュール、仕事の出来具合、社員の処遇、手続きや規則、資材・資源の不足、業績査定、見解の相違などでした。もっとも頻繁に葛藤を生起させるのは職務担当のスケジュールでしたが、これは比較的解決が容易で、たいていは建設的なやり方で解決され、その結果、社員間の相互理解や作業意欲の向上などがもたらされました。これに対して、仕事の出来具合や質が良くないと非難されたことによって生じる対立は深刻で、しばしば対立がエスカレートしてチームの和を乱し、生産性を低下させるなど有害な結果となることがありました。チョスヴォルドたちの研究は一種の事例研究ですが、経験的にも分かりやすい結果を示しています。家庭、学校、地域での葛藤においても、非難が含まれると葛藤解決が困難になるという点は同様と思われます。

この問題をさらに掘り下げたのはウォールとノーラン（一九八六）やジェーン（一九九七）です。彼らは職場のトラブルを職務葛藤と関係（人間）葛藤に分けて分析しましたが、前者は、仕事や職務に関連して生じる意見の相違や議論、後者は、個々人の好みや価値観の違いといった個人的要因から発生する問題で、「反りが合わない」といった人間関係上の確執です。ジェーンは、数カ月にわたって多くの職務チームの相互作用を観察し、また、チーム・メンバーに対して面接を行いました。こうして得られた質的データについて内容分析を行った結果、業績の良いチームでは、職務葛藤は時々起こるが関係葛藤はほとんど起こらないことを発見しました。別の研究において彼女は（ジェーン 一九九五）、職務葛藤の経験は、メンバーのチームに対する満足度やコミットメントを強めるけれども、関係葛藤では逆効果になることを見出しました。ジェーンの成果を中心に、これら二タイプの葛藤が組織内葛藤解決に与える影響を検討した多くの研究結果をまとめたものが表3です。

職務葛藤と関係葛藤

職務葛藤は社員たちが意見交換し合うことによって、認知バイアスに囚われずに情報分析をして、互いに問題をより良く理解することを可能にします。こうしたコミュニケーションと正確な情報処理が葛藤の適切な解決をもたらすなら、当事者たちの不快感情やストレスは改善されることになります。また、こうした積極的な葛藤解決は社員同士の相互

表3　職務葛藤と関係葛藤の影響（大渕，2008）

水　準		影響の種類	影響の善し悪し	
			職務葛藤	関係葛藤
個人水準	認知・感情	認知的処理能力の向上	○	×
		問題の理解	○	×
		不快感情の改善	○	×
		ストレスの緩和	○	×
	行動・態度	積極的相互作用	○	×
		集団決定の受容	○	×
		集団コミットメント	○	×
集　団		集団決定の質	○	×
		集団業績	○	×

交流を促進して、チームワークを強化し、その結果、社員たちは所属集団（部、課、班など）に対する信頼や愛着（集団コミットメント）を強め、その意思決定を尊重するようになるといった集団レベルでの有益な効果も生じます。社員同士の積極的な情報交換やチームワークは集団の意思決定の質を高め、ひいては生産性の向上にもつながると言われます。

これに対して、関係葛藤はどの観点から見ても、マイナスの影響しかみられません。葛藤の原因が職務の内容や手続きなど、個人の外にある場合には、当事者たちは比較的冷静に意見交換ができますが、考え方や性格など個人の内側にあるとなると、自己防衛心がはたらいて相手の言うことを率直に受け止めることができません。当事者たちは疑心暗鬼になり、またプライドを傷つけられたと感じて怒りを抱きます。こうした姿勢や感情は対決的対応を強め、葛藤を激化させる可能性を高めます。その結果、ジェーンが見出したように、個人レベルでも集団レベルでも、関係葛藤は有害な結果になることが多いようです。つまり、関係葛藤では、当事者の不快感情やストレスが強く、葛藤によって社員の集団に対する貢献や愛着は低下するといった知見が報告されています。

職務葛藤・関係葛藤というタイプ分けは、葛藤の解決過程とその影響を理解する上で有益な視点を提供してきました。しかし、この区分も相対的なものです。職場で起こる葛藤はほとんどが職務に関連したものなので、純粋の関係葛藤というものはほとんどないと思われます。また、葛藤にはほとんど常に当事者の人格が反映されており、この要素をまったく含まない純粋の職務葛藤というものも少ないと考えられます。つまり、葛藤はその多くが職務葛藤の要素と関係葛藤の要素の両方を含んでおり、タイプの違いといっても、実際には葛藤の中で人間関係上の要素がどれくらい大きいかという程度の差によるものと思われます。

たいていの葛藤が複数の争点を含んでいるということは、どの争点を主に取り上げて対応するかによって、それは職務葛藤にもなれば関係葛藤にもなるといえます。ジェーンたちの研究は、職務葛藤の面に注目して、これに関連した争点を軸に話し合いをするなら建設的な解決が進められるが、関係葛藤関連の争点が取り上げられる場合には、葛藤解決は困難になることを示しています。つまり、対立が当事者たちの性格、信条、価値観の違いなど、当人たちの内的な要因の違いから生じたものだと見なすなら、その違いを調整して問題解決をはかるのは困難になると考えられます。

葛藤争点の三次元――真偽、損得、正邪

一つの葛藤が複数の争点を含んでいるのなら、争点によって葛藤をタイプ分けするのではなく、それぞれの争点がどれくらい強いかを調べて、それらが葛藤解決とどう関係しているかを明らかにする必要があります。これが、葛藤争点の次元的アプローチです。

私たち（大渕と鈴木 二〇〇三）は、日本企業社員から多数の組織内葛藤のエピソードを集めてジェーンとは異なる観点から内容分析し、三種類の争点を見出しました。それは「真偽」「損得」「正邪」です。まず、真偽争点とは「何が適切か」をめぐる対立点です。職場では、職務内容や手順に関してチーム・メンバー間で意見が異なり、それを解決するために話し合うということが頻繁に起こります。穏やかな意見交換から激しいやりとりとりま

で強度はさまざまでしょうが、仕事をしている以上、同僚同士あるいは上司と部下の間で、職務の効率的な進め方や最適の選択をめぐって意見が異なるということはよくあるし、業務改善という点からもこうした葛藤は望ましいものです。仕事に真剣に取り組んでいる社員ほど積極的に意見を述べるものなので、これをきちんと受け止めて建設的な議論をするなら、職務上の葛藤は職場にとっても良い結果をもたらすでしょう。これは、職務葛藤としてウォールやジェーンたちによって指摘されてきたものです。

これに対して、損得争点は「誰にとって得か」「誰にとって損か」という利害に関する対立点です。仕事の負担、休暇の配分、あるいは給与や昇進といった従業員の個人的利害に関わる対立を反映します。この争点に目を向けると、当事者たちは自己利益にこだわるようになり、自己防衛的な言動が多くなります。社員たちが自分の損得や都合ばかり主張するようになると、対立が強まり、その結果、建設的な葛藤解決は難しくなることが予想されます。

最後に、正邪争点とは「誰が悪いのか」を問題とする対立点です。職務上のトラブルは、些細なものであれば頻発します。そのとき、ある社員が「あなたのせいでこうなったのだ」「責任をとりなさい」など、他の社員を責めたり非難すると正邪争点が浮上します。こうした葛藤では誰の責任かという問題をめぐって言い合いになり、それはたいてい激しい対立を招きます。たとえ、非難が表面的には受け入れられ、葛藤が鎮静化されたように見えても、非難された側は不満を持ち続け、潜在的には葛藤が続いていることがあります。正邪争点と損得争点は、従来のタイプ分けでは関係葛藤に含まれていた要素と思われますが、ウォールやジェーンたちの研究では、明確に取り上げられてはきませんでした。

多くの社会的葛藤は、損得、正邪、真偽の争点をいずれも含んでいます。当事者たちがそのどれに焦点を当てて対処しようとするかによって葛藤解決の行方が左右されます。私たちは二〇〇三年の研究で、葛藤当事者たちがどのような解決方略を用いたかを調べ、これと争点の関連を分析しました。その結果、当事者たちが真偽争点に注目していた葛藤では協調方略がもっともよく使用されましたが、正邪争点が中心となった葛藤では対決方略が、さらに、損得争点が浮上している葛藤では回避方略が用いられる傾向がありました。

予想通り、真偽争点に焦点が当てられると、当事者たちの間で協力的姿勢が強まり、対立が緩和されて、葛藤の建設的解決に向かいやすいことが確認されました。一方、正邪争点が強まると葛藤はエスカレートし、非建設的な結果になる可能性が高まりました。損得争点が回避反応と結びついているのは日本人の特徴かもしれません。日本人の多くは、自分の損得をあからさまに主張することに対してこれを憚る気持ちが強いので、損得問題が表面化した際には、積極的に主張することもできず、また譲歩する気にもなれず、様子見の態度をとろうとするのかもしれません。この場合にも、建設的な解決には至りにくいと思われます。

たいていの葛藤に、潜在的には複数の争点が含まれていると認識することは重要です。そのうち、どの争点次元に注目するかによって葛藤解決が方向づけられるからです。葛藤が起こると、私たちはつい、「誰のせいか」と責任追及をしようとします。しかし、これはけっして建設的なやり方ではありません。むしろ、不都合やトラブルをどのように解決すべきかに、つまり真偽争点に注意を向け、当事者たちがそれに向かって協力して知恵を絞るようにすべきです。葛藤問題の中から真偽争点を探り出し、それに光を当て、当事者たちの注意をそれに向けることが葛藤の建設的解決にとって有益な方途であることを、この項で紹介した研究は示唆しています。

●葛藤解決における動機づけ

社会的葛藤の解決において、争点と強い関連を持つ心理的要因は動機づけです。動機づけとは、当事者が葛藤解決のプロセスにおいて何を達成したいと思うか、何を優先的に手に入れたいと思うかを表すものです。利害葛藤では当事者は個人的利益を最優先で追求するであろうと思われるかもしれませんが、必ずしもそうとは限りません。報復動機に駆られた人は、たとえ損得を度外視しても相手に打撃を与えたいと思うことがあります。また、関係動機が強まっている人は、自分の利益を犠牲にしても、譲歩して相手との人間関係を維持しようとします。

動機は葛藤争点から生じますが、それだけではなく、葛藤解決プロセスが展開する中で追加的に喚起され、当事者たちの判断や行動に影響を与えます。たとえば、金銭貸借のもつれで発生した葛藤では、当事者たちの関心は自己利益の確保に向けられるでしょうが、しかしそれは当初だけであって、葛藤解決に向けてやりとりが行われる中で、他の動機も喚起されます。相手の尊大な態度に腹が立って敵意動機が喚起されたり、人間関係を悪化させるようなことだけは避けたいと親和動機が強められることがあります。また、どちらにとっても公平な解決策を見つけたいといった公正関心が強まる場合もあります。

動機が発生する過程は複雑ですが、ここでは、葛藤解決の行方に影響を与える主要な動機を取り上げてみます。

【葛藤解決の多目標理論】

葛藤に限らず、日常の人付き合いの中で喚起される動機はさまざまですが、これらは便益を求める動機と社会的快適さを求める動機に大別されます。葛藤時に経験される便益動機としては、「個人的利益を守りたい」とする経済動機、「自分の活動を妨害されたくない」とか「自分の都合の良いように物事を進めたい」といった利便動機があります。

一方、社会的動機には「人間関係を維持したい」「嫌われたくない」といった受容動機（関係維持動機）、「物事を公平に処理したい」「不当な扱いを受けたくない」といった公正動機、「面子や体面を守りたい」「人に良い印象を与えたい」といったアイデンティティ動機、「相手に仕返ししたい」「相手を苦しめてやりたい」といった敵意動機、それに、「相手には負けたくない」といった支配動機などが含まれます。

私たちは、社会人、学生を含め、さまざまな人たちから対人葛藤経験を報告してもらってその内容を分析したところ、葛藤時にはこれら種々の動機が、強さはさまざまですが、ほとんど常に喚起されることが分かりました（大渕と小嶋　一九九八、大渕と潮村　一九九三）。私たちはこうした考え方を葛藤解決の多目標理論と名づけ、これに基づいて葛藤エピソードを分析したところ、次に述べるように、どの動機（目標）が強いかによって方略選択が規定され、その結果、葛藤解決も左右されることを見出しました。その意味で、これら多様な動機は、葛藤が激化するか、それとも平和裏に解決されるかを左右する重要な心理的要因であるといえます。

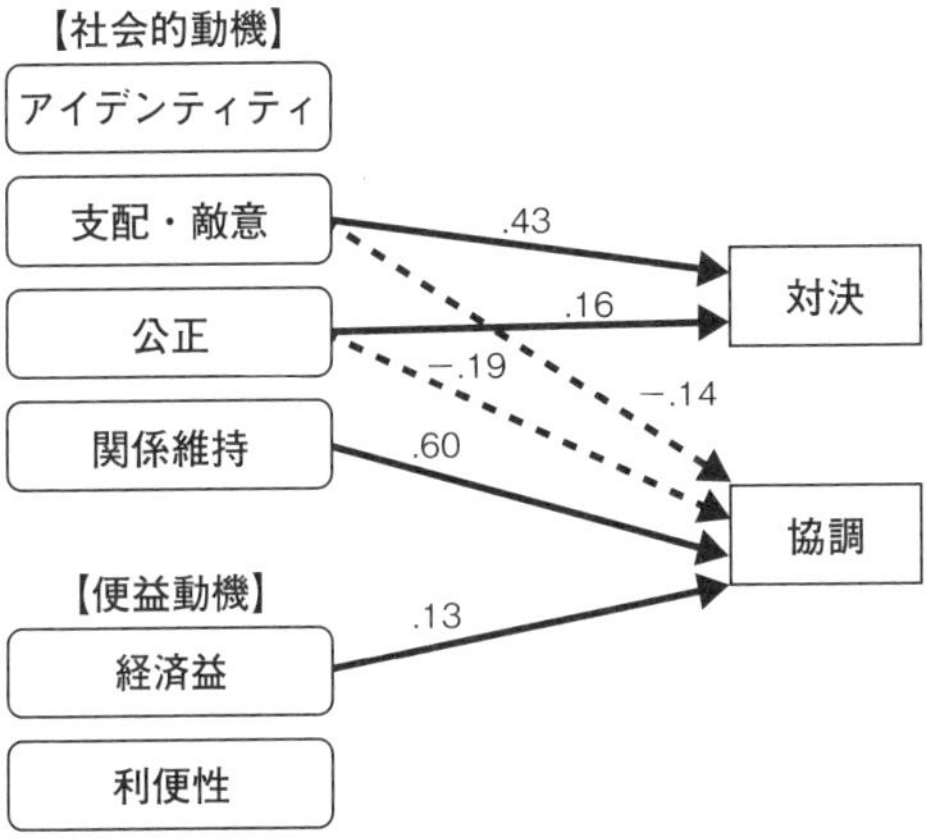

図 23　葛藤時の動機による方略選択への影響
（大渕とテダスキー（1997）より作図）

動機と方略

私たちはアメリカの大学生二六四名を対象に次のような研究を行いました（大渕とテダスキー 一九九七）。彼らには実際に経験した対人葛藤を一つ報告してもらい、その際、彼らがどのような動機をどれくらい強く抱いたか、また、どのような解決方略をとったかなどを回答してもらい、動機と方略の関係を分析しました。その結果、図23のような関係が見出されました。

この分析では支配動機と敵意動機の重なりが大きかったので一つにしていますが、この動機は対決方略を増加させ、協調方略を減少させました。また、公正動機もこれと同じパターンを示しており、公正さへの関心が強まると、当事者は対決的な姿勢を強めることを示唆しています。一方、社会的動機の中で唯一協調方略を促したのは関係維持動機でした。対立関係にあるとはいえ、相手との人間関係を壊したくないとか、嫌われたくないといった気持ちがあると、対決を避け、協調的なやり方で問題解決を図ろうとするものと思われます。

経済動機もまた協調方略を強めたという結果は意外かもしれません。経済益は自己利益の中核的なものなので、素朴に考えれば、これが強いと自己主張が動機づけられ、対決姿勢が強まると思われるからです。しかし、現実の社会では、単に自己主張するだけで自己利益が確保されるはずもないので、自己利益を重視する人ほど、冷静にかつ合理的な対処法を練るということも考えられます。対決方略は葛藤の激化を招いて、むしろ自己利益を損なうリスクのほうが大きいと判断されるのなら、経済動機の強い人たちが対決ではなく、協調を選んだのもうなずけます。この研究はアメリカの大学生を対象にしたものでしたが、日本の大学生についてもよく似た結果が得られています（大渕と福島 一九九七）。

葛藤解決の中で喚起される種々の動機のはたらきを全体として眺めてみると、当事者を対決に向かわせるのは、自己利益関心のような便益動機ではなく、むしろ社会的動機であることが分かります。「相手に負けたくない」とか「相手を懲らしめてやりたい」といった支配・敵意願望、あるいは「正義を貫きたい」とか「不正を正したい」といった公正関心が対決姿勢を強める動機です。家事の分担をめぐる夫婦間葛藤から島の領有権をめぐる国際紛争までさまざまのレベルで葛藤は発生しますが、それらがなかなか解決されることなく深刻化するプロセスにはしばしばこうした社会的動機がはたらいています。このことは、現実の葛藤事例からも推測されることです。

【公正関心】

上で紹介した私たちの研究は、葛藤において公正動機が強まると対決志向が強まることを示しています。このことは、他の研究でも示されてきました。たとえば、レーヒムたちは、職業経験のあるアメリカの大学生二〇二人を対象に、職場に対する公正感と上司に対する葛藤の関係を調査しました（レーヒムたち 二〇〇〇）。公正感に関しては、職場で給与や待遇が公平であるかどうかに関する分配的公正、職場での物事の決め方が適切であるかどうか関する手続き的公正、上司から誠実かつ丁寧に扱われているかといった対人的公正の三側面について学生たちに評定を求めました。ROCI-Ⅱという尺度を使って、上司との葛藤においてどのような解決方略を用いるかを測定した結果、職場に対して不公正感を抱いている人ほど、葛藤において対決的な対応をすることが見出されました。

寛容性の要因を検討しているエクスラインたちは、寛容性を低下させる重要な要因として不公正の知覚をあげています（エクスラインたち 二〇〇三）。葛藤時に自分が不公正に扱われていると感じると、当事者は報復や罰の動機づけが強まり、寛容ではなく対決的な気持ちが強まると考えられます。

「この状態は公正なのか」とか「人間は公正であるべきである」といった公正への関心が喚起されると対決的な姿勢が強まることは、第2章で取り上げた公正バイアスからも推測されることです。葛藤時には多くの人が「自分は公正で、相手が不公正である」といった偏った知覚をもちます。こうした不公正知覚は「不公正は正されるべきだ。公正は回復されるべきである」という公正関心を喚起し、それが対決的反応を促すからです。

公正関心の両面性

しかし、公正関心が常に協調的な葛藤解決を阻害するものであるかどうかに関しては疑問を呈する研究者もいます。価値観の研究をしているシュウォルツたちによると、公正と寛容性は同じセクターの価値観に入り、両者には相関があるとされています（シュウォルツたち 二〇〇一）。また、ドイツのトリーア市で起こった道路建設に関わる都市計画紛争に関して、市民二四六名に質問紙調査を行ったミューラーたち（二〇〇八）は、公正関心が高い市民は、自己利益を主張するだけでなく、同時に協力的でもあることを見出しました。

カーレマンズたち（二〇〇五）は、巧みな実験によって公正関心が寛容性を高めることを示しました。オランダの大学生たちに、ある人が被害を受けるエピソードを読ませ、「もしも自分が被害者だったら、加害者をどれくらい赦せると思うか」と質問しました。エピソードと回答欄が印刷されていた質問紙には薄いグレーの透かしが入っていました。三分の一の学生に渡された質問紙には正義を象徴するローマの女神ユースティティアが、別の三分の一の学生の質問紙には大学のロゴが描かれていましたが、残りの学生の質問紙には透かしはありませんでした。結果（図24）をみると、正義の女神がプリントされた質問紙を使って回答した学生たちがもっとも高い寛容性を示しました。カーレマンズたちは、正義の女神を見た学生たちには公正関心が強められ（プライミング効果）、それが寛容性を促したのであろうと解釈しています。

公正関心は、あるときには懲罰動機を強め、別のときには寛容性を促す。この現象は研究者たちの頭を悩ませてきました。こうした一見矛盾する現象は、公正や正義が多面的であることを示唆しています。レーヒムたちの研究では三種類の公正感が測定されていました。ある面から見て不公正とされる出来事も別の面からは公正とされることがあると思われます。

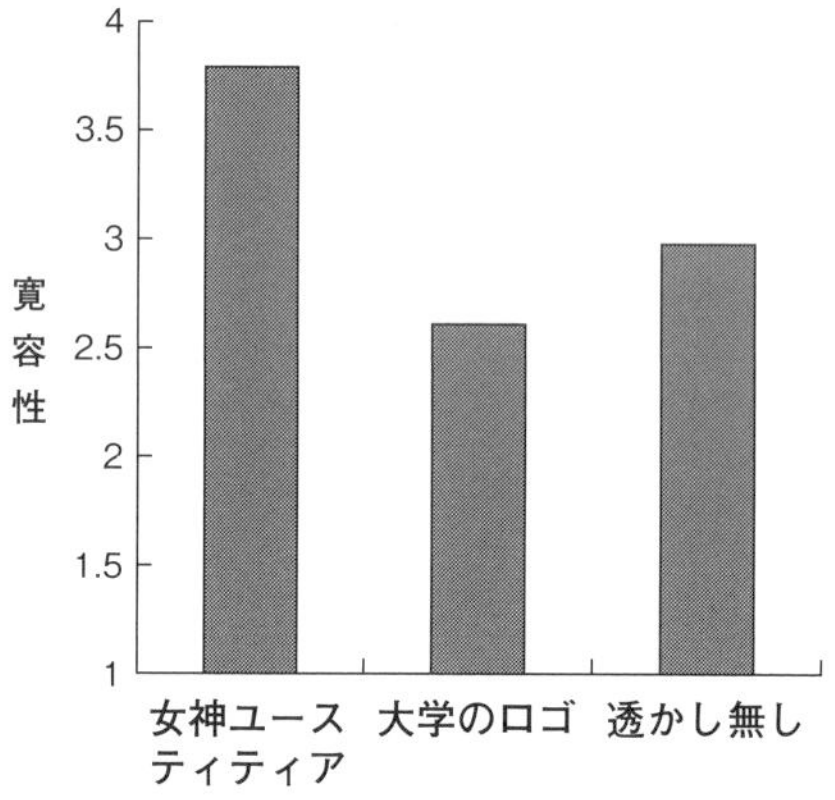

図 24　公正のプライミングが寛容性に与える効果
（カーレマンズたち（2005）より作図）

葛藤解決との関連では、ミクロ公正、マクロ公正という区分が重要と思われます（タイラーたち 一九九七／二〇〇〇）。ミクロ公正とは、自分個人が集団内あるいは人間関係において公正に扱われているかどうかを評価する観点です。一方、マクロ公正とは、社会全体、組織全体、あるいは人間関係のあり方が適正なものかどうかを評価する観点です。葛藤では自己利益や自尊心が脅かされているので、ミクロ公正の視点から見ると、相手の行動は不当であると知覚され、その不公正を正すためには相手の行動を変える必要があるという思考になりがちです。こうした目標のもとでは、攻撃や主張など対決的方略が選択されやすくなります。

一方、マクロ公正では、自分個人の損得ではなく、集団全体や人間関係のあり方という観点から解決策の模索が行われます。このような関心が強まると、人間関係を悪化させ、集団を分裂させるような対決的方略は避けられ、協力と信頼を促す方略が選択されると思われます。カーレマンズたちの実験参加者たちの間ではマクロ公正関心が強まり、このため、寛容性が促されたものと思われますが、これは推測にすぎません。公止のタイプと葛藤解決に果たす役割については今後も検討を続ける必要があります。

【関係関心】

友好的で建設的な葛藤解決を促す上でとくに重要な心理的要因は、社会的関係への配慮です。これが強まると、当事者は円満な解決を志向して、対決的方略を控えるようになります。それは言うまでもなく、相手との人間関係を大切にしたいと思うからで、このために相手を不快にさせたり、相手から憎まれたりするようなことは避けたいと思うようになります。

しかし、関係関心と葛藤反応の関係はそれほど単純ではありません。家族や恋人など、親密な人間関係にある人たちは互いに対する親和動機が強く、そのため、葛藤時も友好的な対応をするかというと必ずしもそうではありません。たとえば、親子や夫婦の間では対人葛藤が他の人間関係よりも多く、また、相手を強く非難したり、強制したりという対決的方略が使われることも少なくありません。つまり、人間関係の親密さと関係関心は同じものではありません。

人間関係と葛藤の関係については次章で詳しく論じますが、ここでは、どのようなときに関係関心が強まるかに焦点を当て、そのときの葛藤反応の特徴を見てみることにします。

世間話効果

関係関心の影響を調べる方法はいくつかありますが、その一つは、異なる人間関係での葛藤を比較することです。たとえば、恋人と単なる友達を比較するという方法があります。しかし、両者の間には関係関心の強さだけでなく、他の面でも違いがあるので、葛藤反応の違いを関係関心の違いだけに帰することはできません。

もっと良い方法は、通常は関係関心を持たずに交流している人たちの間で関係関心が喚起されると、それが葛藤反応にどう影響するかを調べるやり方です。この点で興味深いのはナードラー（二〇〇四）の電子メール交渉の研究です。電子メール交渉は、相手が見えないことから不要な誤解を招いて交渉を不調に終わらせるリスクがある反面、時間的・物理的制約がないこと、相手の提案をじっくり吟味し、こちらの提案や対応を慎重に練り上げる時間がとれるなどのメリットがあります。

ナードラーは、アメリカの二つの大学の学生たちをペアにして、会社所有の自動車を売買する交渉を電子メールで行わせました。電子メール交渉の弱点を補うために、約半数の学生には、交渉前に五分から一〇分間、電話で自己紹介を含めた会話をさせました。事前会話をさせなかった学生たちと合意の達成率を比較したところ顕著な違いがみられ、電子メールだけの交渉をしたペアの合意率が六〇％だったのに対して、事前会話をしたペアでは九一％まで高まり、事前会話の顕著な効果が確認されました。

その効果は、相手が何を重視しているか推測できたなど情報的理由にもよるでしょうが、この実験に参加した学生たちが初対面であるにもかかわらず、事前会話をすると相手に対して親しみを感じていたことも重要です。それは、関係関心が喚起されたことを意味しています。

ナードラーの研究は、ごく短時間の会話でも、個人的事項を話し合うことによって互いの関係関心を高めることができること、それが建設的な葛藤解決に有利にはたらくことを示しています。トンプソンたち（二〇〇六）はこれを世間話効果と呼んでいますが、確かに、私たちの日常生活にもこれに類したことがあります。すぐに本題に入るのではなく、天気、食べ物、スポーツなど誰もが関心を持つようなことを話し合って、気分をほぐそうとすることがあります。雑談は、このように、緊張を解くとか、相手の人柄を知るとか、交渉に臨む相手の姿勢をうかがうなど、さまざまの効果が期待できますが、その一つは親密感を醸しだし、相互の関係関心を喚起するということにあります。

【アイデンティティ関心】

前節で、動機と解決方略の関係に関する私たちの分析結果（大渕とテダスキー 一九九七）を示しました（図23）。支配動機や公正動機が強いと対決的方略が選択され、関係維持動機が強まると協調的方略が促進されることが見出されましたが、アイデンティティ関心の影響はみられませんでした。それは、アイデンティティの内容によって影響が異なるためと思われます。

アイデンティティにはさまざまな意味がありますが、ここでは人物像といった意味で使っています。社会的な信用や評判と言ってもいいでしょう。その意味で、社会的アイデンティティという言い方がより正確かもしれません。仕事をする上でも、個人的な人付き合いでも、他の人たちからどのように思われているかを気にしない人はいません。それは単に自尊心に関わるだけでなく、社会的活動にとっても重要だからです。悪い評判が立つと仕事に差し支えるし、人間関係もうまくいきません。それゆえ、誰もが社会的関係の中で好ましい人物像を形成・維持しようと努力しています。

人々が目指す好ましい人物像にはいろいろなタイプがありますが、「有能で、頼りがいのある人物」といった自律的人物像か、あるいは「優しく、思いやりのある人物」といった協調的人物像が代表的なものです。人々が目指す人物像の違いが葛藤解決方略にどのように影響を与えるのか、これを体系的に検討した研究はありませんが、自律的人物像を志向する人は自己主張的方略を選択し、協調的人物像を大切にする人は、自己主張を抑え、協調的な方略を選択することが予想されます。

対立回避とアイデンティティ関心

アイデンティティ関心は、葛藤対処の文化差を検討する中でとくに注目されてきた問題です。葛藤反応として特異なものに回避があります。これは、問題解決のために積極的な対応をせず、対立が表面化することを避けようとするやり方で、欧米の研究者の間では、回避は非生産的・非建設的であるとみなされてきました。たとえば、デ・ドリュー（一九九七）がオランダの企業社員から職場における葛藤エピソードを収集して分析したところ、過去に回避という対処をとってきたチームほど多くの対人葛藤を抱えていることを見出しました。回避は問題を解決しないばかりか、当事者間に不満を残すので、新たな葛藤の火種になるというのがその理由と考えられています。

一方、社会的葛藤の比較文化研究では、アジア人は西欧人に比べて回避反応が多いことが見出されてきました（ブリューとケアーンズ 二〇〇四、フリードマンたち 二〇〇六）。とくに日本人にはその傾向が強くみられます。私たちは、日本人とアメリカ人から合計四七六個の対人葛藤エピソードを収集して比較分析を行いました（大渕と高橋 一九九四）。すると、日本人は対立があることを意識しながらも、それを言動に表さない、つまり対立を顕在化させないことが多いことが分かりました。この葛藤潜在化は、日本人の対人葛藤エピソードでは六六％にみられましたが、アメリカ人の場合は二七％にすぎませんでした。

また、葛藤を解決するためにどのような方略を用いたか聞いたところ、「積極的な対処をとらず、対立することを避けた」と答えた人は、アメリカよりも日本において倍以上多くみられました。こうしたアジア人の葛藤回避傾向について文化心理学者たちは、アジア人は集団主義文化が強く、人間関係や集団内の調和を乱すことを恐れて対立の表面化を避けるのであろうと解釈しています（大渕 一九九七、スミスとボンド 一九九八／二〇〇三）。

集団主義文化の一つの表れなのかもしれませんが、日本人の葛藤回避傾向の背後には、

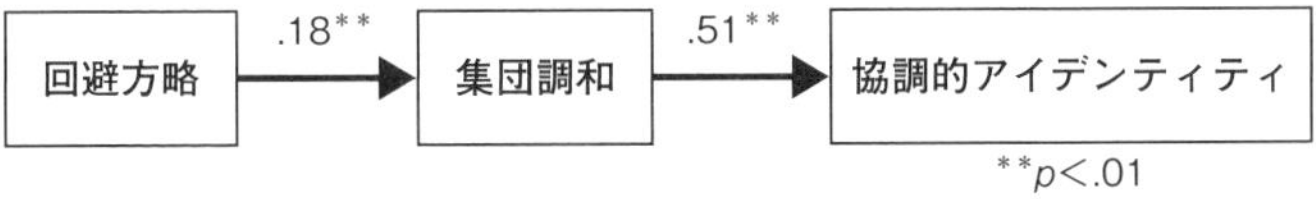

図 25　回避方略の役割（大渕と渥美，2010）

「人から○○のような人とは思われたくない」といったアイデンティティ関心があるように思われます。集団主義者は集団に強く依存しています。彼らは家族、職場、仲間といった集団から排斥されることを極度に恐れます。集団の一員として受け入れられるために、彼らは他の人々から「良きメンバー」として認められたいと願いますが、それは具体的には「温和、協調的、思いやりがある」といった人物像、すなわち、協調的アイデンティティを形成することです。

私たちは日本企業社員三四一名を対象に、最近経験した社内の対人葛藤を想起するように求め、その際、彼らがどのような対処を行ったか、また、その結果、何が達成されたかを尋ねました（大渕と渥美 二〇一〇）。社員たちは、想起された社内葛藤において、協調的方略と同じ程度に回避方略を頻繁に使用していましたが、図25に示すように、回避は集団内調和と協調的アイデンティティの達成に有益であるとみられていました。集団調和とはチームの一体感や連帯感のことですが、この研究は、対立回避がこのチーム内の和を保つのに有益で、それを通して、個人の協調的人物像の形成を促進することを示しています。

この結果は、少なくとも集団主義文化圏では、葛藤回避がまったく非機能的、非生産的なものではないことを示唆しています。これは、個人的利益を犠牲にしても、個人が集団に対する所属と社会的受容を確実にするために有効な方略だからです。

日本では、「事を荒立てる」とか「事を構える」など葛藤自体を好ましくないと見る慣用表現があります。異を唱えること、あるいは話し合いを求めることですら、集団秩序を乱すものとして異端視される場合があります。たとえそれが正しい内容のものであっても、自己主張する人は面倒な人と敬遠されがちです。こうした文化では、腰が低く、温和で、協調的な人が好まれますが、回避方略はそうした人物像を守る方略です。こうした伝統的文化は日本においても次第に弱まっているものと思われますが、依然として社会的場面では、人々はこれを意識した行動をとる傾向があるようです（大渕と齋藤 二〇〇七）。

【調和関心】

日本を含め、東アジア地域は全般的に個人権利よりも集団の利益と調和を重視する傾向があります。リヨンたち（二〇〇二）によると、中国にも調和と葛藤回避を意味する警句が多くみられます。たとえば、「最初に飛び立つ鳥は撃たれる」「目立った杭に最初に金槌が振り降ろされる」などで、これらは妥協、忍耐、自制といった処世術を意味するものです。彼らが東アジアに優勢な社会的調和志向について、その起源と功罪を論じているので、ここではその議論を紹介したいと思います。

歴史的背景

調和的価値は忠孝道徳を軸とする儒教に由来するという見方がありますが、それは誤りのようです。リヨンたちによると、孔子は慈悲と正義を至高の価値と見なし、これを追求する過程で不一致や対立が生じることは必然とみなしていました。『論語』の一節「子曰く、君子は和して同ぜず、小人は同じて和せず」（子路篇第十三）は、「見識のある人は、単に同調するのではなく話し合って合意を追求するが、見識のない人は本音を隠して表面的に同調する」という意味ですが（貝塚 二〇〇三）、これを見ても、孔子が対立回避によって表面上の調和を図るのは下策であると見ていたことが分かります。孔子の言う真の調和とは、互いの違いを理解した上でそれを尊重し合い、統合的合意に至ることです。それは、文字通り、葛藤の建設的解決にほかなりません。

リヨンたちは、東アジアにおいて調和が社会理念として浸透した理由の一つとして、支配者層が大多数の国民を隷属させるために集団調和を強調し、この政治的プロパガンダを正当化するために儒教を利用したことをあげています。日本でも、江戸時代、徳川幕府の官許学問であった朱子学は社会秩序と階層性を強調するものでしたが、これはその導入時から政治利用という面が顕著でした。朱子学自体は儒教内部で発生したものでしたが、その理念が為政者にとって好都合なものだったことから、体制維持のために利用されることになったものです。明治新政府もまた、江戸期の儒教秩序に神道的権威を重ね、天皇への忠誠を国民の最高の徳目として中央集権体制を作ろうとしました。リヨンたちは、中国の歴史を見ると、ごく近年に至るまで同様の現象がみられると述べています。

しかし、調和理念は支配者によって押し付けられただけでなく、東アジアにはそれを受け入れる文化的素地もあったとリヨンたちは論じます。東アジアに限らないことですが、生産性が低く、生存のために人々の間の協力が不可欠な社会では、個人は強く共同体に依存するので、集団主義文化が発展します。近代まで農耕社会が長く続いた東アジア地域は、とくに共同体意識と集団主義文化が顕著でした。そうした社会では、成員間の対立は共同体を脅かすものとして抑制され、自制と調和が推奨されます。日本人の文化的骨格は江戸期に作られたと言われますが、この時代、鎖国によって二〇〇年以上も異文化との接触がなかったことが、集団主義文化の浸透を促進したと考えられます。

調和志向の心理

リヨンたちはまた、調和志向には、それ自体の意義を強調する価値的観点と実用的機能を重視する道具的観点があると言います。自己利益を守るために他者との良好な関係を維持しようとする道具的調和に対して、対人間の調和それ自体が望ましいことであるとして、これを実現しようとするのが価値的調和です。この問題に関連したものとして、私たちは日本人学生を対象に次のような研究を行いました（大渕と齋藤 二〇〇七）。

四四名の日本人大学生にさまざまな人との葛藤状況を描いた十二個のエピソードを示し、「自分が主人公だったら、こうした状況では、どの程度強く自己主張したいと思うか（自己主張願望）」「実際どれくらい強く自己主張するか（自己主張実行）」と尋ねました。また、「自分ではなく、他の人たちだったら、こうした状況で、どれくらい強く自己主張したいと思うか」「また、実際どれくらい強く自己主張するか」とも尋ねました。その結果が図26です。得点を逆転して表示しているので、この図では高得点が自己主張しないこと、すなわち回避の強さを表しています。

この結果は、参加者たちが、葛藤場面では、自分が望むほどには自己主張できないこと、つまり、不本意ながら対立回避的にならざるをえないと感じていること、それは他の人たちも同様であろうと考えていることを示しています。それは、日本人がしぶしぶ回避的行

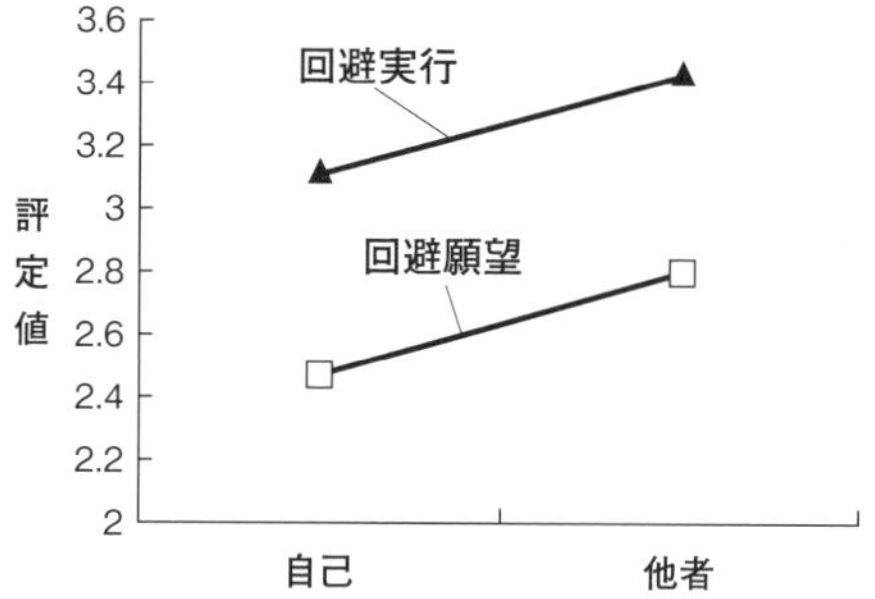

図 26　葛藤状況における自己と他者の回避の願望と実行
（大渕と齋藤，2007）

動をとっているのであって、好んでそうしているわけではないことを示唆しています。この点からすると、日本人の調和志向はリヨンたちの区分では道具的なものであるといえるようです。

調和と葛藤解決

ここではリヨンたちの議論を軸に、社会的調和と対立回避について考察しました。孔子が述べたように、真の調和とは対立の潜在化ではなく、差異を認識・尊重した上で統合的一致を目指すものでしょう。その際、互いに思う存分意見をぶつけ合うという論争型ではなく、自制心を持って慎重に対立を解消しようとする模索型のほうが、日本を含め東アジア圏の人々の文化的スタイルに合うように思われます。それは、正面からの対立を避け、調和を維持しながらも、粘り強く双方が満足できるような建設的な解決を探るやり方です。西欧人にみられる丁々発止の議論ではありませんが、自制と配慮を伴う東アジア流のやり方でも、孔子のいう真の調和を達成することは可能と思われます。この点から見て、次に述べる寛容性も重要な心理社会的要因です。

●寛容性

社会的葛藤当事者は、種々の認知バイアスによって友好的に振る舞うことが制約され、その結果、建設的葛藤解決が困難になるというパターンがよくあります。これを避ける方法はいくつかあり、それは本章においてさまざまな角度から論じてきましたが、一つの基本的な心理要因は寛容性です（大渕と高田 二〇〇九）。私たちは、葛藤状態に陥った人の基本的心構えとして、たとえ「自分のほうが正しい、相手が悪い」と思っていても、少しは、相手を赦そうという気持ちを持つことを勧めたいと思います。こうした心の転換は容易ではありませんが、寛容性は多くの心理的福利をもたらすものです。葛藤が円満に解決されるなら、当事者間の人間関係が修復され、これによって当事者双方の不快感情も癒されるからです。

寛容性とは加害者を赦すことですが、この分野の代表的研究者であるマッカローは、寛容性を「加害者に対する個人の側の順社会的変化」と定義しています（マッカローたち一九九八）。それは、加害者に対する見方、感情、行動などがより好意的な方向に変化することを指します。寛容性にも幅があり、加害者を再び受け入れ、今まで通りの付き合いをしていこうとする強い寛容性から、受け入れはしないが、罰を与えることは控えるという弱い寛容性まであります。

【寛容性の動機】

対立相手を赦すというのは容易なことではありません。それは被害を甘んじて受けるということにもなり、不公平感を生じさせます。寛容行動を実行するには、こうした自分の側にある心理的抵抗を乗り越えなければなりませんが、それを可能にするエネルギーはどこから湧いてくるのでしょうか。

私たちはこの問題にアプローチするために、寛容動機の分析を行いました（高田と大渕二〇〇九）。大学生に自分が被害を受けた経験を思い出してもらい、「そのとき、加害者をどのくらい赦せたか」「なぜ赦そうと思ったのか」（寛容動機）などを尋ねました。その結果、六種類の寛容動機が見出されました。

それは、共感・理解（「相手の立場や事情を汲んであげたい」）、ストレス回避（「対人葛藤から生じるストレスを低減したい」）、アイデンティティ保護（「自分自身が心の広い人でありたい」）、社会的支持（「周りの人から嫌われたくない」）、関係維持（「相手との人間関係を良好に保ちたい」）、そして調和維持（「問題をこじらせたくない」）の六種類の願望です。このうち、共感・理解は相手の福利を重視する利他的動機ですが、それ以外は、自分自身の利益も念頭に置いた利己的動機です。

この分析結果は、寛容行動が相手のためであるとともに、それ以上に、自分自身の利益にも叶うものでもあることを示しています。寛容性が常に自己利益を犠牲にするものではないのなら、葛藤当事者が寛容行動をとることはけっして難しいものではないといえます。

【寛容性の状況要因】

こうした寛容動機はどのようなときに強まるのでしょうか。一つは個人の性格です。協調性が高いとか親和動機が強い人は寛容動機を持ちやすいと思われますが、性格要因については第7章で取り上げるので、ここでは状況要因について述べます。

寛容行動を誘起するもっとも強力な状況要因は相手の修復行動です。代表的な修復行動は謝罪、つまり謝ることです。相手が謝罪したり、反省の弁を述べたりするなら、それを受け止めて、相手を赦そうという気持ちになる人は多いでしょう。実際、さまざまな国の人を対象に行われてきた実証研究を見ても、相手が謝罪した場合には、対決的反応が弱められることが確認されています（王 二〇一三、大渕 二〇一〇）。

謝罪と修復行動

謝罪は、さまざまな意味でこれを受ける側に利益をもたらします。謝罪した相手は譲歩する可能性が高いので、受け手にとっては実利面で有利な結果が期待されます。心理面では、対決の度合いが弱められるので不安・恐怖・怒りなどの不快感情が改善されます。また、相手が責任を認めるということは自分の主張の正しさが証明されたことになるので、自尊心が回復されます。

このように、謝罪を受けると、葛藤が自分に有利な方向で解決されるという見通しが得られることから、これ以上強く自己主張したり、相手を責める必要はないと感じて、寛容な態度が促されるものと考えられます。こうした合理的な考えからだけでなく、世の中には「相手が謝罪したら、赦すべきだ」という寛容性規範というものがあって（ライゼンとギロヴィッチ 二〇〇七）、謝罪を受けた側は、「謝った相手は赦さなければならない」という圧力を感じるということもあります。

対人関係

家族や恋人など親密な相手との葛藤では、人々は寛容な気持ちになれそうな気がしますが、必ずしもそうではありません。葛藤は親密な関係ほど多く発生するし、親密な間柄では抑制がきかず、激しい攻撃行動が起こるということもあります。また、それぞれの人間関係には異なるルールがはたらいており、親しい間柄だからこそ許せないと感じることもあります（上原たち 二〇一一）。たとえば、単なる友達が異性と親しそうにしていても腹が立つことがありませんが、自分の恋人がそうした振舞いをするのを見たら平静ではいられないでしょう。それは、単なる友達と恋人では「何をしてはいけないか」という行動のルールが異なるからです。

葛藤が起こったとき、相手を許そうと思うかどうかは、親密さそのものよりも、当事者がその人間関係を大切だと思っているかどうかによります。これは関係コミットメントと呼ばれるものです。この問題は次章で詳しく論じますが、関係コミットメントの強い人たちは、葛藤が起こった際、相手を信じて、事態が改善されるのを待つ傾向があります（ラズバルトたち 一九八二）。ラズバルトたちが「忠誠」と呼ぶこの対応は、葛藤相手に対する好意的な認知や態度に基づくものなので、寛容性とみなすこともできます。寛容動機の中に関係維持が含まれているように、その人間関係を大切にしたいと思うことが寛容行動を促す一因です。

第三者からのサポート

葛藤解決には第三者が影響を与えることもあります。職場での同僚との葛藤に上司が介入したり、兄弟間の争いに親が介入するといったことがよくあります。深刻な葛藤に対しては、その解決を支援する専門機関もあります。裁判所や弁護士は法的権威を背景にしたもっとも強力な紛争解決機関ですが、それ以外にも、メーカーと消費者の紛争、自動車事故をめぐる紛争など、さまざまな紛争に対応してくれる公的あるいは民間の支援機関ができています。これら第三者介入を詳細に論じることは本書の範囲を超えますが、寛容性の観点からそのはたらきを述べてみようと思います。

寛容動機が喚起され、相手を赦してあげてもいいと思っても、それができないことがあります。その理由の一つは、自分の正当性が損なわれると感じられることです。相手が謝罪して非を認めている場合はともかく、そうでない場合に寛容行動をとるということは、相手のほうが正しいということを認めたかのように周囲からみられる恐れがあります。それは、自尊心を傷つけることにもなります。「自分のほうが正しいのに」という信念と面

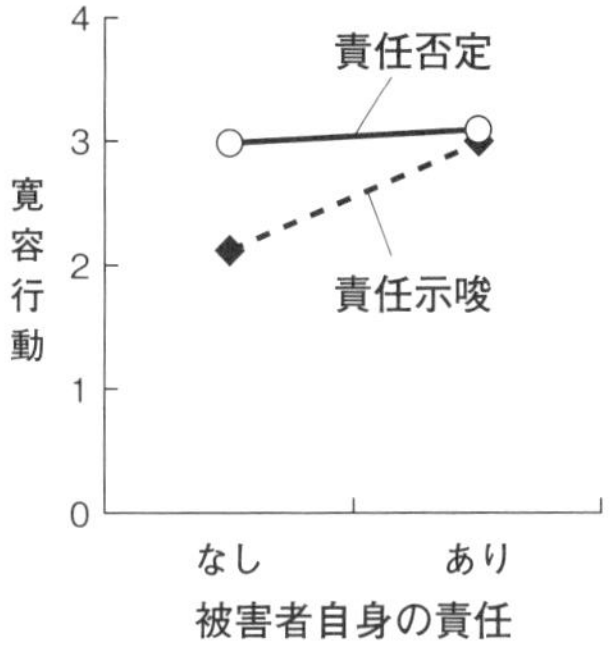

図 27　第三者からの責任言及が寛容行動に与える影響
（高田と大渕，2006）

子が寛容性にブレーキをかけます。

そうしたとき、第三者が「あなたのほうが正しいことは分かっている」と言って理解を示してくれるなら、自尊心は守られるので、寛容性に対するブレーキは弱くなるものと思われます。私たちはこの仮説を検証するために、日本人大学生に対して主人公がある被害を受けるエピソードを読ませ、「自分が被害者だったらどの程度、加害者を赦すか」と尋ねました（高田と大渕 二〇〇六）。このエピソードは、被害者自身に責任があるかないか、また、第三者が被害者に責任はないと見ているかそうでないかで四パターンが作られました。これらのエピソードを読んだ学生たちが示した寛容行動が図27です。

これを見ると、被害者は自分にも責任があると感じているときには寛容になり、責任がないことが明白なときには非寛容になりました。同時にこの図は、自分には責任がないと被害者が信じているのに、第三者がこうした被害者の信念を支持してくれないときには、寛容にはならないこと、逆に言うと、第三者が自分の正当性を支持してくれているときには、寛容になることを示しています。

第三者が自分の正当性を認めてくれると寛容になれるということは、葛藤当事者が自分の正当性を証明したいと思っていること、これによって自尊心を回復したいと思っていることを意味しています。そして、自尊心を守ることができるなら、実利面では多少は妥協してもよいといった寛容な気持ちになれるのではないかと思われます。

近年、人々の紛争解決を支援する制度や機関がたくさんできています。これらの機関の役割は、客観的立場から公平な解決策の実現を目指すことですが、私たちの研究結果からすると、実質的な解決策の前に、葛藤当事者の心理的欲求、とくに自尊心を保護することが寛容性を醸成する上で重要であることがうかがわれます。

【寛容性のリスク】

寛容性にはさまざまのリスクがあります。上で述べた自尊心の毀損もそうですが、もっと深刻なリスクは相手に搾取されることです（エクスラインたち 二〇〇三）。寛容性を発揮して譲歩すると、相手によっては、これを弱さの表れと見て主張をいっそう強めてくるかもしれません。また、相手の身勝手な要求を赦すと、相手はこれに味を占めて、今後も同じような要求を繰り返す可能性があります。寛容性には、このように相手につけ込まれて、将来にわたって不利益を強いられるというリスクがあります。

世間には、寛容性は相手を増長させるだけだと信じて、厳しい態度を崩そうとしない人がいます。その可能性は否定できないので、寛容性だけを強く勧めることもできないのですが、この分野の研究を見てみると、希望を感じさせるものもあります。それは、寛容性が相手の行動を改善させるというもので、ワレスたち（二〇〇八）の研究結果がこのことを示唆しています。

彼らは八八人のアメリカの大学生たちに、自分が他の人に被害を与えてしまった出来事を想起するよう求めましたが、そのうち半分の学生たちには、被害者に赦してもらった出来事を、残り半分の学生たちには、赦してもらえなかった出来事を思い出すように求めました。また、その出来事の後、行動改善しようと思ったかどうかを聞いたところ、赦してもらった学生たちのほうがそうでない学生たちよりも、行動改善の気持ちが強いことが分かりました。

この結果は、寛容性が相手側に感謝や罪悪感の感情を生じさせ、自己主張を抑制する効果があることを示しています。もちろんこれは、学生たちにもともと悪意がなかったからだと思われますが、現実の人間関係でも、双方に悪意がないにもかかわらず起こる葛藤のほうが多いので、寛容性が葛藤を鎮静化させるチャンスは大いにあるといえます。また、ワレスたちの研究結果が示唆しているように、寛容に対応しなかったがゆえに、相手の態度を硬化させ、葛藤がこじれてしまうこともあり得ます。もちろん、寛容性には上で述べたようなリスクもあるので、相手の意図、願望、感情、態度などについて情報を集めて分析した上で赦すかどうかを判断する必要があります。しかし、葛藤が発生したら、多少なりとも寛容な気持ちを持たなければ良い解決は難しいと考えて葛藤解決に臨むことは必要なことと思われます。

【葛藤の非対称性】

葛藤研究者の間ではしばしば非対称性ということが言われます。葛藤当事者が友好的な対応策よりも対決的な対応策に気持ちが向かいやすいというのも一つの非対称性ですし、上司と部下のようにパワー格差があることも非対称性です。しかし、社会心理学者にとってもっとも重要でかつ扱いの難しい非対称性は、加害者・被害者を含む葛藤にみられます

（バルータル 二〇一一／二〇一二）。

社会心理学の研究で被害者バイアスや公正バイアスが取り上げられる際には、その主観性に焦点が当てられ、客観的に見てどちらが真の被害者であるかとか、どちらの主張が本当に正当なのかという議論は避けられています。つまり、暗黙の裡に、葛藤の発生に関しては両当事者に同じように責任があると仮定しています。だからこそ、互いに相手の主張にも耳を傾け、譲りあって合意をはかるべきだという対称的な解決処方になるわけです。このように、両当事者が責任性において対等であるという仮定を葛藤の対称性と呼んでいます。本書でも葛藤解決に資するものとして多くの心理社会的要因を取り上げていますが、それらの有益さや機能はこの対称性の仮定の上に成り立つものです。

しかし、現実の葛藤は必ずしも対称的とは限りません。離婚や交通事故の補償をめぐる紛争のように、深刻な葛藤ほど加害者・被害者が分かれる、つまり非対称的であることが少なくありません。こうした葛藤では、どちらがどれくらい悪いのか、責任の所在を明確にすることなしには葛藤解決をはかることができません。一例をあげると、近年、我が国でも修復的司法の考えが少年事件の審判に取り入れられるようになってきました。この分野では、加害者が自らの罪を認めて謝罪をし、それを被害者が受け入れた上でないと、被害者の精神的回復と加害者の行動改善、そして両者の関係改善は難しいと考えられています（高橋 二〇〇三）。

民族紛争では非対称性がより顕著に、また複雑になります。他民族に対する大量虐殺、不当な弾圧と搾取といった深刻な被害を伴う民族紛争では、双方から歩み寄るといった通常の葛藤解決プランは役に立ちません。過去の被害に対する被害者側の憎しみを和らげ、また、いつ報復を受けるのではないかと怯える加害者側の疑心暗鬼を低減させるには、まず、過去の悲惨な出来事の事実解明と責任の明確化が必要です。さらに、長引く紛争では、双方があるときは加害者となり、あるときは被害者になるという複雑な歴史を背負っている場合もあります。そうした場合には、一つひとつの事例についてこうした手続きを繰り返して、感情の宥和と自尊心の回復に努めることが必要です。それらを双方ともに受け入れ、被害者の地位回復、時には加害者の処罰などがなされた上でないと、実りある和解と紛争解決のプロセスは始まりません（ロウハナ 二〇一一／二〇一二）。

残念ながら、本書で取り上げた諸問題は、非対称的葛藤に対しては不十分であると言わざるを得ません。むしろ、それらの葛藤に関しては、責任問題が決着した後の諸問題、あるいは被害・加害がそれほど深刻でない葛藤を念頭に論じられている諸問題が取り上げられてきました。実際、心理学者だけで責任問題を解決することはできません。離婚や賠償などの問題であれば法律家の他にケースワーカー、医師、臨床家などの支援が必要です。

民族紛争となれば政治家や国際関係の研究者・実務家の出番です。現実の葛藤では、心理学者はこうした他の専門家たちと協力しながらその解決にあたることが求められます。そうした際、専門家チームの中で心理学者として必要とされる専門的知識とスキルを磨くことが大切だと思われ、本書が役に立つことがあるとすれば、そうした局面です。

6・社会的葛藤と人間関係

人間関係によって社会的葛藤の様相がだいぶ異なるであろうということは、多くの人が予想することとです。本章では、人間関係と葛藤の関連について論じますが、主に二つの論点を取り上げます。一つは、人間関係によって葛藤原因が異なるかどうか、もう一つは親密な関係の中で出会った葛藤に人々はどう対処するかです。

●人間関係と葛藤原因

人々の社会生活はさまざまなタイプの人間関係によって構成されています。朝は家族とともに食事をとり、通勤電車の中では見知らぬ人たちと席を隣り合わせ、職場では同僚、上司とともに職務に取り組みます。仕事帰りには友人と宴席を囲み、休日には同好の士と趣味にいそしみます。人間関係が変わると活動内容も異なるし、親密さの度合いも異なることから、その中で発生する葛藤の原因も当然異なります。単に人間関係タイプごとに葛藤原因を調べても常識的な結果に終わりますが、そこに、理論的観点を導入することによって、その知見を葛藤の他の側面と関連づけて理解することが可能になります。

人間関係のタイプ分けは、どの側面（次元）に注目するかによって異なります。ここでは、葛藤との関連で取り上げられてきた人間関係の次元と、これに基づくタイプ分けについて述べます。

【随意性と非随意性】

人間関係を親密・非親密に分けるのは基本的な考え方です。ローゼンたちはさらに、親密な人間関係を随意的・非随意的に分け、その違いについて論じました（ローゼンたち一九九六）。友人や恋人は随意的関係で、当事者の意思によって形成され、また、当事者の意思によって解消されます。これに対して、家族や親族は非随意的関係に属し、これらは血縁・制度・慣習によって形成・維持され、原則として当事者の意思では解消はできません。

私たちは、日本とアメリカの大学生たち合わせて四四三名に、自分自身の対人葛藤経験

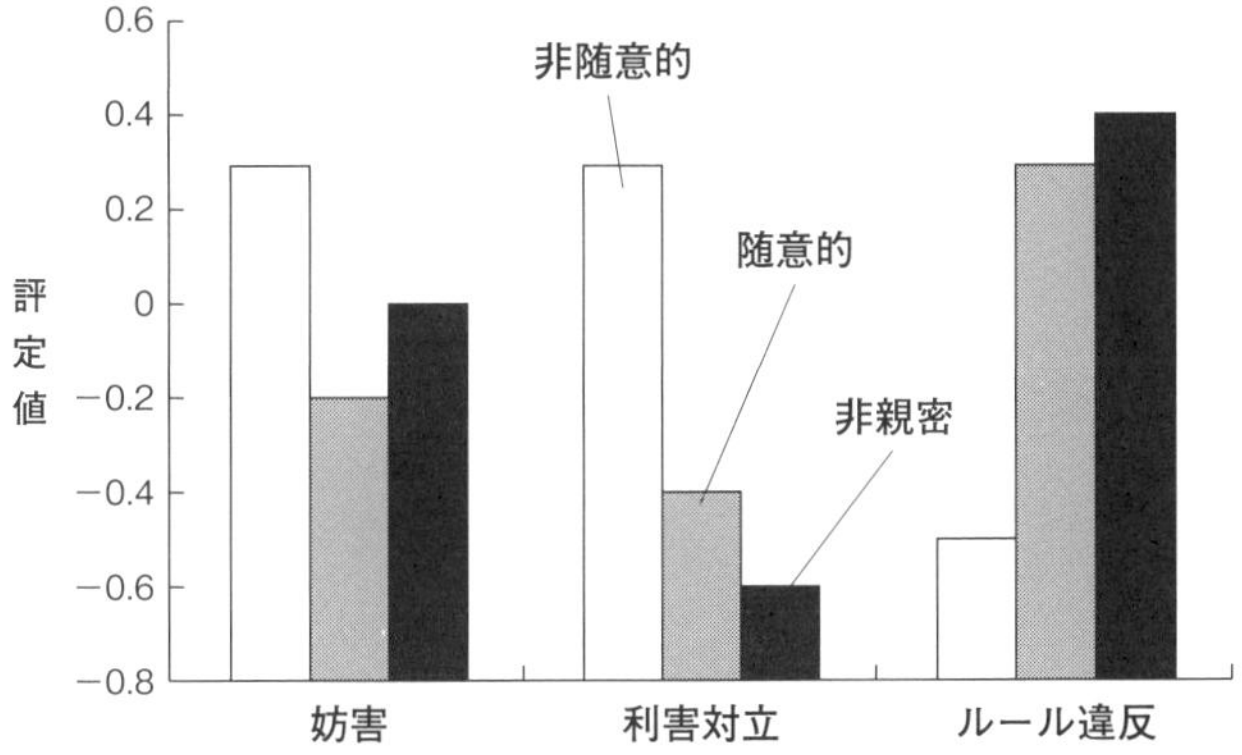

図 28　対人関係の随意性と葛藤原因（大渕と小嶋，1998）

を想起させ、その経験について相手との関係と葛藤原因を尋ねました（大渕と小嶋 一九九八）。これを分析した結果が図28です。これを見ると、ルール違反という葛藤原因は、親密だが随意的、あるいは非親密な人間関係に多いことを示していますが、それは、こうした人間関係では公平や平等などのルールが人付き合いの重要な原理となっていることを示唆しています。こうした関係では当事者たちはルールに対するこだわりがあることから、相手のルール違反が葛藤の主要原因となっているものと思われます。一方、関係が個人の意思を超えて存続する非随意的関係では、個人は不平等な扱いにも甘んじなければならないので、違反が直ちに葛藤の原因にはならないものと思われます。

一方、親密かつ非随意的関係では妨害や利害対立が葛藤原因として目立っています。この関係にある人たちの間では、人間関係が崩壊するという心配がないので、あまり抑制することなく自己主張をし、利己的行動も増えると考えられます。親子、兄弟などの関係では、個々人が率直に要求を表現し合うことから、利害が直接に衝突する葛藤が発生しやすいものと思われます。

【関係規範の違反】

ローゼンたちの理論ではルール意識は非随意関係の特徴とされていますが、どのタイプの人間関係においてもルールはあり、ただその内容が異なるという考え方もあります。それは関係規範と呼ばれており、たとえばフィスクはその社会関係論の中で、人間関係を資源分配のルールの違いによって四タイプに分けることを提案しました（フィスク 一九九二）。

親子や雇用関係のような権威序列（authority ranking：AR）関係では、権力を持つ上位者が資源の配分決定を行います。ビジネス関係のような市場価値（market pricing：MP）関係では、有能で成果をあげる者が厚遇されます。家族や恋人などの親密な人間関係は相互共有（communal sharing：CS）関係と呼ばれ、そこでは相手が必要とする資源を与えることがルールです。平等均衡（equality matching：EM）関係の典型は友人・仲間で、このタイプの人付き合いでは資源も負担も平等に分かち合うことが原則です。

フィスクの考え方をより精緻にしたものがクラークたちの提唱する欲求責任論です（クラークとミルズ 一九九三）。彼女たちは人間関係における基本ルールとして交換規範と共有規範をあげました。交換規範とは衡平あるいは平等などの分配規則を指します。人付き合いに即して表現すると、ビジネス関係のように、社会的関係を通して獲得された資源は個々人が貢献度に応じて受け取ることができる、あるいは、友人関係のように、付き合いを維持するためには双方が平等に努力すべきである、などとなります。交換規範のはたらく人間関係をクラークは交換関係と呼びましたが、そこでは、利益も負担も関係者間で相応に分配することが基本的ルールです。

一方、共有規範とは、相手が必要としている資源は無条件に与えるべきだというルールです。その基礎になっているのは、この規範がはたらく人間関係では、人々は相手の福祉に関心を持ち、その実現のために努力すべきであるという価値観です。具体的には、親子、夫婦、恋人などとくに親密な人間関係において共有規範がはたらいていますが、中核となる心理は相手の欲求に対する責任感です。それは、相手の欲求充足に無条件で協力する、相手が望むことには、見返りを求めることなく、できるだけ応えてあげなければならないという義務感覚です。欲求責任にも対称的なものと非対称なものがあり、親子関係では、主として親の側に欲求責任が強く期待されるので非対称的ですが、夫婦や恋人では双方に同じように期待されることから対称的と考えられます。

具体例として飲食物の提供を考えてみます。友達からご馳走してもらうと、お返しに次の機会にはこちらからご馳走しなければならないという気持ちになります。それをしないとひんしゅくを買いますが、これは交換規範に反しているとみなされるからです。一方、家族の間ではそうした交換規範がはたらかないので、お返しをしなければならないという義務感は生じません。子どもが空腹を訴えると、親は無条件で食事を与えようとするでしょうし、それをしないことのほうが問題となります。

これらの関係規範に違反することが対人葛藤の原因ですが、人間関係によって規範が異なるので、同じ行動がある人間関係では違反とみなされるのに他の人間関係ではそうではないということが起きます。上原たちは日本人学生たちに、他の人が自分の期待に応えてくれないというエピソードを読ませ、そうした場合どれくらい怒りを感じるか評定させましたが、その結果が図29です（上原たち 二〇一二）。全体としてみると、相手が期待に応えてくれなかったとき、それが親密でない人（顔見知り）よりも親密な人（恋人）の場合

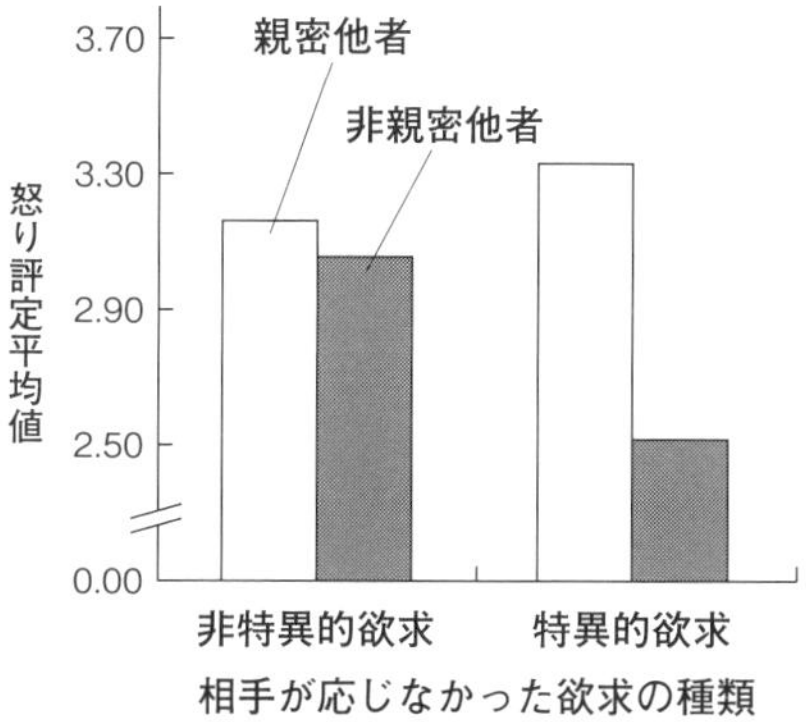

図 29　人間関係タイプと欲求種類の違いによる怒り感情
（上原たち，2011）

に強い怒りが示されています。とくに差が顕著なのは特異的欲求ですが、これは「大切にしてほしい」「同情してほしい」「褒めてほしい」など心情的期待のことです。

バス（一九八六／一九九一）は、これらの欲求は私たちが特定の人から叶えられることを期待し、特定の人によって満たされたときにとくに喜びが大きいものであるとして関係特異的欲求と呼びました。一方、金銭、物品、情報などは誰から与えられても価値は基本的に同じなので、それらに対する欲求は非特異的とされます。特異的欲求に親しい人が応じてくれなかったときに参加者たちがとくに強い怒りを感じたという上原たちの研究結果は、共有関係においては特異的欲求の充足に対して強い規範期待があること、それゆえ、これに違反することがこうした人間関係において対人葛藤を引き起こすものであることを示唆しています。

【プライバシーと自律をめぐる社会的葛藤】

誰にでも自分のプライバシーや自律性を守りたいという個人的欲求があります。一方、他者からの受容、理解、支援を求める対人欲求も重要です。問題は、これら二種類の欲求が時には衝突し合うことがあるということです。人付き合いに依存しすぎるとプライバシーや自律性を損なうことがあり、一方、個人的欲求を優先しすぎると人付き合いから疎遠になってしまいます。個人的ウエルビーイングと社会適応のためには、両者の間で調和をとることが大切なのですが、これが上手くいかないことがしばしば社会的葛藤の原因になります。

ペトロニオのコミュニケーション・プライバシー管理理論（communication privacy management theory）は、社会的関係の中で個人がプライバシーをどのように確立し、これを管理しようとするのかを論じるものです（ペトロニオ 二〇一〇、ペトロニオとレイアーソン 二〇〇九）。人々はみな、他の人に対して自分の何を語り、何を隠すか、その境界を構築し、またそれを柔軟に移動させることによって私的な情報開示を管理しようとします。自己開示が相手の期待と一致した、あるいは容認される範囲にある場合には、その人とのコミュニケーションはスムーズで、対人適応も良いといえます。しかし、それが不一致である場合には社会的葛藤が発生します。

プライバシーをめぐる社会的葛藤の典型は思春期の子どもと親にみられます。この時期、子どもたちは以前よりも対人境界を強固にし、プライバシーの範囲を広げ、かつそれを頑固に守ろうとし始めます。家庭生活、学校生活、友人関係の間に境界を設けて親の介入を嫌うようになります。自室を「要塞化（fortification）」して、親の入室を拒む子どもも少なくありません。

これに対して親は、思春期前と同じレベルのコミュニケーションをとろうとするので、学校での出来事、成績、友達関係などを子どもに尋ねますが、これは、親が子どもの境界を尊重せず、それを無視して侵入しているように受け取られ、子どもの側の怒りと反発を招きます。一方、何を聞いても「別に」と木で鼻をくくったような答え方しかしない子どもに対して、親もいらだつようになります。こうして、思春期特有の自立とプライバシーをめぐる親子間葛藤が発生します。

同じパターンの葛藤は親子以外の関係でも起こりえます。恋人や夫婦など相互依存の強い関係では、親密さと一体感を強めたいとする願望と個人の自律性・アイデンティティを保持したいという欲求の間でしばしばジレンマが発生します。マレイは、親密関係にある人々は、過剰に依存すると拒絶や背信によって傷つけられるリスクが高まるので、これを避けようとパートナーとの間に距離をとろうとする動機づけが生じるとし、人々は関係強化と自己防衛の欲求を調整する必要があると論じました（マレイたち 二〇〇八）。

親密関係が進展していくプロセスではこうしたリスク制御が行われますが、そこに個人差があり、これが社会的葛藤の原因となることがあります。両者の間で制御の度合いが一致している場合はいいのですが、それが大きくずれている場合には、一方は相手を冷淡と感じ、他方は相手を詮索がすぎると感じるために、些細なことで対立が起こる可能性があります。親密な男女間では、自己開示の境界をどこに設定し、相互依存をどの程度にするかという課題は、対人葛藤に発展しかねない繊細な問題です（マコーケルとリーズ 二〇一〇）。それが不一致な場合には、猜疑心が生まれたり、負担感が強まったりするからです。

インターネットの発達した現代では、職場における社員の私的メール使用や個人的ネット利用が問題となってきました。株式会社ＨＤＥが日本で行った調査（二〇〇九）によると、約五割の社員が職場のパソコンを使ってメールの私的利用を行っています。会社によってはネット管理を強め、社員の私的なメールやネット利用を記録し、管理職がチェックするというところも出てきました。HDEの調査では約半数の会社がネットやメールの私的利用を禁止していますが、一方、それは社員の士気を低下させるから必要ないと答えた会社も少なくありませんでした。そうした規制が必要なのか、また、どこまで容認されうるものかなどについては意見の分かれるところです。それゆえ、この問題もプライバシー制御をめぐる葛藤といえます。このように、プライバシーと自律性をめぐる葛藤は社会的関係のさまざまの領域で生じる偏在的な現象です。

●親密関係と社会的葛藤反応

三〇年ほど前、夫婦や恋人など親密な人間関係において葛藤が起こった際、人々がどのように反応するかを分析する理論モデルがラズバルトによって提案されましたが（ラズバルトたち 一九八二）、それは今日でも用いられている重要な研究枠組みです。

【葛藤反応の四タイプ】

親密な人間関係の中で不満を抱くような出来事に遭遇したとき、人々がこれにどう対処するかを観察することによって、ラズバルトは次のような四タイプの葛藤反応を区別しました（ラズバルトたち 一九八二）。

- 対話（voice）……問題について二人で話し合う。
- 忠誠（loyalty）……相手を信じ、事態が改善されることを期待して待つ。
- 無視（neglect）……事態を放置し、相手との接触を避けたり無視する。
- 離脱（exit）……相手と付き合いをやめ、別れる。

これらの反応は積極的か消極的か、建設的か非建設的かの二つの次元によって特徴づけられます。対話は積極的・建設的反応、忠誠は消極的・建設的反応です。これに対して、離脱は積極的・非建設的反応、無視は消極的・非建設的反応です（飛田 一九九六）。ラズバルトは、その関係を大切にしたいと思う人ほど葛藤に対して建設的な対処をとるであろうと予測しています。つまり、関係維持の意欲が強い人ほど、問題が起こったときに対話や忠誠といった建設的反応をとり、無視や離脱といった非建設的な選択肢はとらないと仮定し、これを支持する研究知見を繰返し報告しています（ラズバルトたち 一九九一）。

関係維持の意欲をラズバルトは関係コミットメントと呼んでいますが、これは、彼女の投資モデルの中では、関係満足度、投資量、代替関係の質の三要因によって規定されると仮定されています。関係満足度とは、個人が現在の関係にどれくらい満足しているかを表します。投資量とは、個人がその人間関係を維持するために支払ってきたコスト（金銭、時間、精神的負担など）と、その人間関係から得ている利益（金銭的、便宜的、性的、精神的欲求充足）を比較したもので、利益が大きいほど投資量が大きいとみなされます。代替関係の質とは、他に乗り換えられる可能性のある異性関係の魅力度を表すものですが、親密な関係になりうる可能性のある魅力的な異性が身近にいるときには現在の親密関係に対するこだわりは弱くなるだろうというわけです。

ラズバルトたち（一九八二、研究四）はアメリカの大学生七七名に、過去の男女交際の中で不満を感じた出来事を想起させ、それについて関係コミットメントの三要因の強さを質問紙で尋ねました。関係満足度は「この問題が起こる前、この交際にどれくらい満足していたか」、投資量は「全体としてみるなら、この交際はどれくらい重要なものを与えてくれるか」、代替関係の質は「現在の交際相手と別の交際可能な異性を比較して、どちらが魅力的か」などの質問項目を用いて測定しました。これらと四タイプの葛藤反応の関連（相関係数）を示したものが表4です。

この結果は、関係満足度が高く、投資量、すなわち、その関係から多くの利益を得てい

表4　関係コミットメント変数と葛藤反応
（ラズバルトたち，1982）

	離脱	対話	忠誠	無視
関係満足度	$-.48^{**}$	$.56^{**}$	$.49^{**}$	$-.45^{**}$
投資量	$-.27^{*}$	$.59^{**}$	$.38^{**}$	$-.38^{**}$
代替関係の質	$.54^{**}$	$-.14$	$-.48^{**}$	$.19$

$^{*}p<.05$,　$^{**}p<.001$。

ると感じている人ほど葛藤に対して建設的に対処し（対話、忠誠）、一方、代替関係の質が高い人ほど、つまり、他にもっと魅力的な交際相手がいると思っている人ほど非建設的反応（離脱）を行う傾向があることを示しています。これについてラズバルトは、これらの要因が関係コミットメントを規定し、それが葛藤反応を左右したと解釈しています。

【信頼と葛藤認知】

ラズバルトが提案した投資モデルは、その名称が示すように、私たちの人間関係は損得勘定が入ったものであるという合理的要素の強いものでした。投資量や代替関係が葛藤反応を規定するなど、彼女の葛藤分析にもそうした合理的特徴が強く表れています。しかし、彼女のモデルは次第に人間の非合理的な心理を含むように拡張されてきました。その端的な例が、彼女たちの最新の研究にみられます。

ラズバルトたちのこの研究は、相手に対する信頼によって葛藤事象の認知が異なることを示すものです（ルチーズたち 二〇一三、研究一）。他の研究者たちの用法と違って、この研究では信頼を「相手が自分の欲求に応えてくれ、自分の便宜をはかってくれるであろうという期待」という特別な意味で使っています。これはクラークたちが論じた欲求責任への強い期待を表すもので、相手は自分が喜ぶことをしてくれるはずであると信じることです。それゆえ、相手に対して信頼を抱いている人は、「相手から傷つけられることはない」「裏切られることはない」と信じているので、相手に依存しても安全であると思っています。一方、信頼を抱いていない人は、相手に依存することは傷つけられる可能性を高めることなので、リスクがあると感じるでしょう。この研究は、親密な人への信頼の強さが、葛藤事象に対する見方に影響を与えるかどうかを検討しようとしたものです。

恋人のいるアメリカの大学生六九名が恋人に対する信頼度を答えた後で、六カ月間の縦断的研究に参加しました。彼らは二週間ごとに、相手が背信行為をしたかどうか、その場合は、その背信行為の深刻さ、相手がどの程度これを改善したか、また、学生自身がこの背信行為を赦したかどうかなどをインターネットで研究者に報告しました。その二週間後に同じ評定を行わせたところ、恋人を信頼している学生の回答は好意的な方向に変化しました。つまり、彼らは相手の背信行為があまり深刻なものではないと見直すようになり、また、それを赦そうという気持ちが強くなっていました。

この結果は、相手を信頼し、それゆえ、関係コミットメントが強いと思われる人たちは、相手が背信行為をしても、好意的な方向に認知（記憶と評価）を変化させることを示しています。それは、葛藤が起こっても、それは関係に対して脅威となるような深刻なものではない、軽微なものであると認知を修正する傾向があることを示しています。それゆえ、親密な人間関係では、損得勘定といった合理的判断だけでなく、信頼といった心情的要因が葛藤の衝撃を和らげ、関係維持にはたらいていることがうかがわれます。

●愛着スタイルと葛藤

幼い子どもはいつでも親のそばにいようとしますが、このようにある特定の人に対して接近と接触を求める強い欲求を持つことを愛着あるいはアタッチメントといいます（ボウルビィ 一九八二／一九九一、久保田 二〇〇八）。ストレスや脅威を経験した個人はアタッチメント人物と接触してサポートと慰めを得、それによって適応のための心的体制が再構築されると言われています（ミクリンサーとシェイヴァー 二〇一一）。こうしたアタッチメントとその機能は大人の人間関係にもみられますが、その対象は恋人や配偶者です（ロールズとシンプソン 二〇〇四／二〇〇八）。

アタッチメントには個人差があり、これはアタッチメント・スタイルと呼ばれています（エインズワースたち 一九七八）。安定型とは、アタッチメント人物と離れていると寂しさを感じるが、再会すると喜びを表現し、その接触経験を通してストレス軽減がもたらされるタイプで、成人の半分から三分の二はこれにあたります。不安型とは、アタッチメント人物と離れると不安が強まるが、再会しても不安が緩和されず、いつまでも機嫌が直らないタイプです。第三のタイプは回避型で、アタッチメント人物と過剰に密着することを嫌い、距離を置こうするタイプです。

アタッチメントと対人葛藤は深い関係があります。それは、葛藤が親密な関係を脅かすからで、近年、葛藤に対してアタッチメント・スタイルの異なる人たちがどのように対処するかに焦点を当てた研究が行われています（大渕 二〇一四）。

【アタッチメント・スタイルと葛藤経験】

経験される葛藤のすべてが親密関係を脅かすものではありません。多くの人は、些細な不一致などは「葛藤」とも思わず、問題にしないで受け流してしまいます。しかし中には、些細な不一致を重大なこと、自分たちの関係を脅かす深刻な事態と受け止める人たちもいます。アタッチメント不安型の人たちがそうした人たちです。

不安型の人は親密な異性から捨てられることを恐れ、相手からの支持、親密さ、そして愛情の確認（再保証）を常に求めます。このため彼らはパートナーの言動を常にモニターし、身体面と情緒面の両方において近接性の不足がないかどうかをチェックし続けます。彼らは些細なことであっても、不都合なことが起こると、それをパートナーの愛情のなさに帰属して怒りを感じ、また、自分たちの関係は不安定であると心配を募らせます。

キャンベルたち（二〇〇五）は、カナダの大学生カップル一〇三組のアタッチメント・スタイルを測定した上で、二週間にわたって毎日、両者の間の葛藤を報告させました。すると、予想通り、アタッチメント不安の強い参加者ほど多くの葛藤を報告し、また、その葛藤が深刻であると感じていました。

また、図30にみられるように、多くの葛藤を報告した人たちの中でもアタッチメント不安の強い人たちは、その日、自分たちの親密さが低下したと感じて、関係満足感も低下していましたが、このことは彼らが葛藤を自分たちの関係に対する大きな脅威と感じ、過剰に反応する傾向があることを示唆しています。

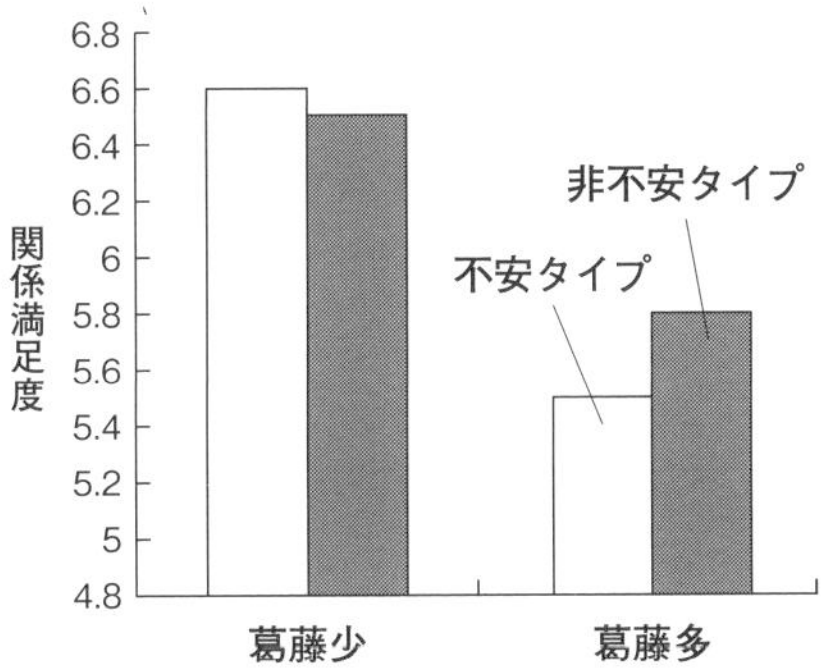

図 30　関係満足度に及ぼす葛藤の多少とアタッチメント・スタイル
（キャンベルたち，2005）

【アタッチメント・スタイルと社会的葛藤対処】

社会的葛藤が常に親密な関係を脅かすとは限りません。「雨降って地固まる」ということわざもあり、葛藤がむしろ人間関係を強め、親密さを増加させる契機となることも少なくありません。葛藤がこうした建設的結果をもたらすのは、コバクたち（一九九四）によると、①二人の間で率直なコミュニケーションが維持され、その結果、②互いについて新しい情報を得ることができ、③これに基づいて、彼らが自分の目標や行動を修正しようと考える場合です。この対処パターンは、アタッチメント安定型の人が典型的に示すものです。しかし、不安定型（不安型、回避型）の人たちは、し

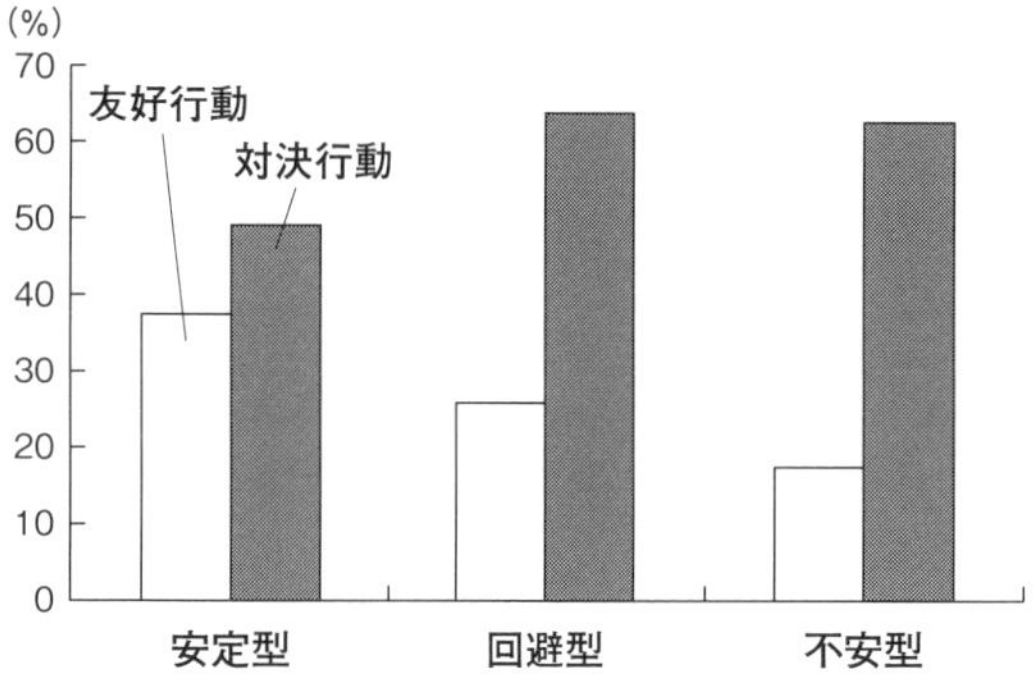

図31　アタッチメント・スタイルと葛藤時の女性の行動
（クリージイ，2002）

ばしばこうした関係強化的対処をとることができず、その結果、葛藤を実際に関係有害なものとしてしまうことがあります（ペトロモナコたち二〇〇四／二〇〇八）。

クリージイ（二〇〇二）は、アメリカの大学生のうち、少なくとも二年以上にわたって交際している男女のカップル一四五組を対象に、各自のアタッチメント・スタイルを測定した上で、交際上重要な二つの問題について十五分間話し合いをさせました。その結果、図31に示すように、アタッチメント安定型に比べて、回避型および不安型の参加者は葛藤場面において友好的な行動（承認、共感、ユーモアなど）が少なく、対決的な行動（軽視、支配、攻撃など）が多くみられました。この図は女性の

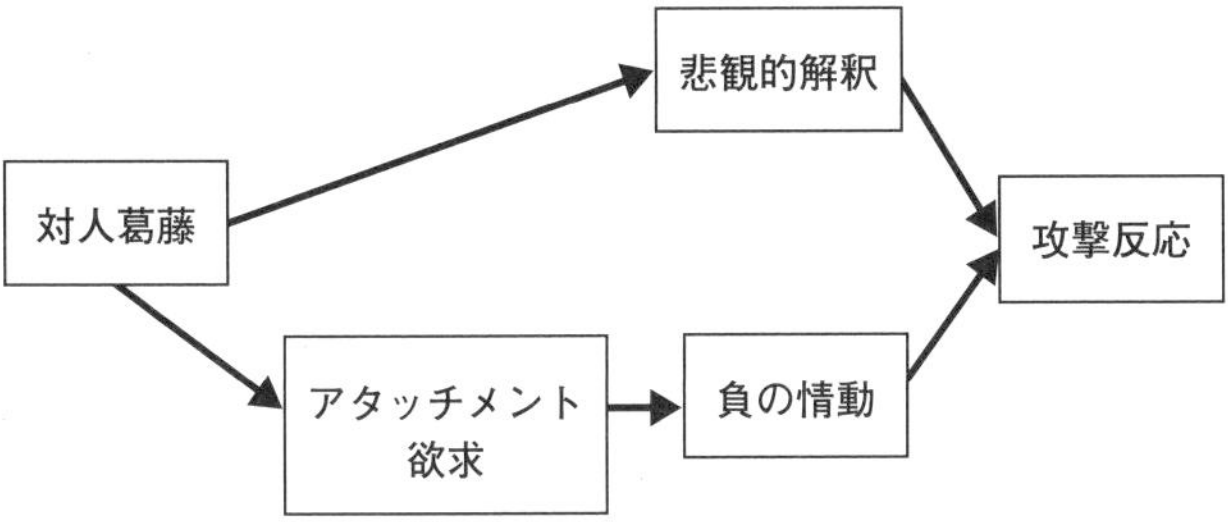

図32　アタッチメント不安型の葛藤対処プロセス（コリンズたち，2005）

データですが、男性にも同じパターンがみられました。

アタッチメントの不安定な人たちが非建設的な対処をとる理由は、彼らの歪んだ内的作業モデルによると考えられています（ミクリンサーとシェイヴァー 二〇一二）。とくにアタッチメント不安型の人は、自己については「人から好かれない、愛されない」といった低い自尊心を持ち、他者については「いつ自分を裏切るか分からない」という不信感を抱いています。こうした歪んだ認知スキーマによって、彼らは葛藤事態を悲観的に解釈します（「やっぱり自分は愛されていない」「やっぱり、この人も自分を裏切るんだ」）。その結果、不快感情を抱いたり、相手に罰を加えようと思って攻撃的反応が増えると考えられます。

こうした考え方をモデル化したものが図32です。

コリンズたち（二〇〇五）は、不安型の人は、一方では、愛情や慰めを求める気持ちが強すぎて（アタッチメント欲求）、それが満たされないことで強い不満や憤りを持ち、他方、歪んだ内的作業モデルによって、パートナーと人間関係について悲観的な見方をしがちです。それらが相まって、彼らはパートナーに対して攻撃的になってしまうと考えられます。

●アタッチメント・プライミング

子どもにとってアタッチメント人物（主として母親）との接触は安全感を強め、脅威やストレスを鎮め、彼らの外部世界に対する関心と探索動機を活性化する安全基地の役割を果たすものです（ボウルビィ 一九八二／一九九一）。これは成人においても同様です。大人であっても脅威やストレス時には人の優しさやサポートを求め、これは社会適応と精神衛生を増進する有益なストレス対処です。不安は人を萎縮させ自己防衛的にしますが、安全感によってストレスが軽減されるなら、人は新しい活動にチャレンジしたり、他者と積極的に関わろうとする意欲が強まり、自己の個人的・社会的機能が拡張すると考えられます。こうしたアタッチメントの効果をミクリンサーは自己拡張（self-broader）と呼んでいます（ミクリンサーとシェイヴァー 二〇一一）。彼は、アタッチメント人物との接触が健全な内的作業モデルを顕在化させ、それが不安低減や積極的動機づけを活性化すると論じています。

【アタッチメント・プライミングの自己拡張効果】

ミクリンサーは、アタッチメント人物と実際に接触するだけでなく、その人物を表象するだけでもストレス軽減効果が生じると主張します。私たちは心の中にアタッチメント人物の表象を持っています。それは、現在の親密なパートナーだけでなく、子ども時代の親だったり、仲の良い兄弟や友人だったり、あるいは恩師だったりします。何らかの刺激を受けてそうした表象が活性化されるなら、アタッチメント人物と実際に接触したときと類似した心的状態が生じ、上で述べたような有益な効果が生み出される可能性があります。

アタッチメント・プライミングの具体的手続き（ミクリンサー自身は「安全感プライミング」と呼んでいます）は、人々にアタッチメント人物を連想させる画像（幼児を抱く母子像の絵、見つめ合う男女のカップルの写真など）やアタッチメント人物の名前を提示するというもので、ミクリンサーはとくにこれを閾下提示、すなわち、参加者が意識的には知覚できないほど短時間（一〇〇分の二秒ほど）で提示する方法を好んで使っています。ミクリンサーたち（二〇〇一）は、閾下プライミングによってアタッチメント刺激と接した参加者は、それに気づいていないにも関わらず気分が改善したことを報告し、アタッチメント・プライミングが快感情を誘導することを確認しています。

アタッチメントが安全感を強めて建設的行動を促すなら、それは他者に対する利他的行動の増加という現象をもたらす可能性があります。ミクリンサーたち（二〇〇五）はアメリカの大学生九〇名とイスラエルの大学生九〇名のアタッチメント・スタイルを測定した後、ある女子学生が不快な実験（殺された人の写真を見る、氷水に手を浸す、生きたタランチュラやヘビに触る、保存されているヒツジの眼球に触るなど）に参加する様子を見せられました。その後、WHOTO尺度（フレーリィとデイヴィス 一九九七）を使ってアタッチメント人物の確認が行われました。これは、接近願望質問（「一緒にいたい人は誰？」など）、安全提供質問（「困ったときに話したい人は誰？」など）、安全基地質問（「あなたと喜びを分かち合ってくれる人は誰？」など）に対して具体名をあげて回答するもので、参加者からは平均三・三六人の名前があげられました（親友四三％、恋人一八％、母親二〇％、父親九％、他の家族一〇％）。このほかに、それ以外の親しい人や単なる知人の名前もあげるように言われました。

アタッチメント・プライミングは語彙決定課題（lexical-decision task）の中で行われました。これは、一秒間提示される文字列が単語かどうかを判断し、できるだけ速くキー

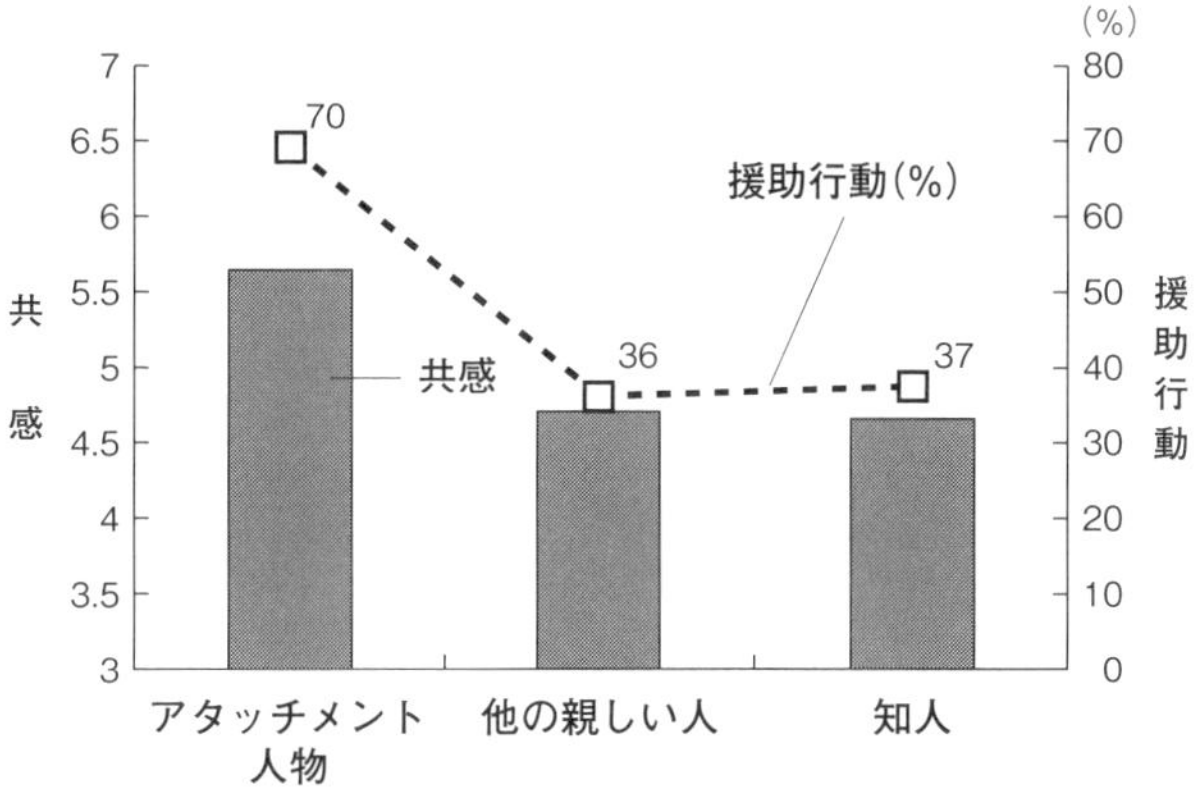

図 33　アタッチメント・プライミングによる共感と援助行動
（ミクリンサーたち, 2005）

押し反応をするというものですが、各試行の直前、アタッチメント人物、他の親しい人、単なる知人のいずれかの名前が閾下で提示されました。実験の最後に、参加者は、不快な実験に参加している女子学生に対する共感と、「替わってあげてもいい」と思うかどうか（援助行動）を聞かれました。結果は図33の通りで、共感、援助行動いずれにおいてもアタッチメント・プライミングの効果がみられました。すなわち、アタッチメント人物の名前を閾下で提示された学生は、困っている女子学生に対する共感が強く、また、援助意思を示す割合も高かったのです。

この図はアメリカ人学生の結果ですが、

イスラエル人学生でも同じ結果が得られています。

このプライミング効果は参加者のアタッチメント・スタイルとは独立でした。つまり、安定型の参加者だけでなく、不安型や回避型の参加者にも同じ効果がみられました。これを見ると、少なくとも社会適応上の問題を持たない大学生の場合、不安定型であってもアタッチメントによる自己拡張機能ははたらいていると考えられます。彼らの場合、アタッチメント人物に対する態度の中で不安や回避が強いのですが、それでも、アタッチメント人物との接触は安全基地機能を果たしているようです。

【アタッチメント・プライミングと集団間葛藤】

理論的には、アタッチメント人物との接触による安全感高揚は、その自己拡張機能によって、社会的葛藤にも建設的影響を与えるはずです。ミクリンサーたちは集団間葛藤についてアタッチメント効果を調べていますが、その結果は、理論的に予測された通りとはいえ、これまでの常識を覆す驚くべきものです（ミクリンサーとシェイヴァー 二〇〇七）。

我が国も近隣諸国との間に紛争を抱えていますが、集団間には個人間とは違って、容易に葛藤を誘発し、これを強める心理がはたらきます。第2章で論じたように、私たちはみな自集団が他集団よりも優れていると思いたいという願望があり、実際、そのように知覚する傾向があります。社会的アイデンティティ理論によると、こうした集団間バイアスは自己防衛機能、すなわち、自尊心を維持・高揚する役割を果たすとされています。

イスラエルは周辺のアラブ諸国と深刻な敵対関係にあるので、イスラエルに住むユダヤ人は一般にアラブ人に対して敵対的態度を持っています。ミクリンサーとシェイヴァー（二〇〇七）の研究は、アタッチメント・プライミングによってこの態度を軟化させようとするものでした。イスラエルに住む一二〇人のユダヤ人学生に、まず、アタッチメント人物、他の親しい人、知人の名前をあげさせ、その数週間後、初対面の学生とペアになって実験を受けさせました。学生の半数には相手の学生の名前をＪｅｗ（典型的なユダヤ人の名前）、他の半数にはＡｒａｂ（典型的なアラブ人の名前）だと告げました。学生たちは言語関連課題をしながら、先に自分があげた人物名を閾下で提示されました。その後、学生たちは食品サンプルの試食実験として、相手学生が食べるクラッカーに付ける辛子の量を決めるよう言われました。なお、事前のアンケートで、相手学生は辛子が大の苦手であると言われていたので、相手に食べさせようとする辛子の量が敵意の強さを表すと解釈されます。

図34にみられるように、ユダヤ人学生は同じ民族の学生よりもアラブ人学生に対して多くの辛子を与えており、ここに彼らの敵意が表現されています。しかし、アタッチメン

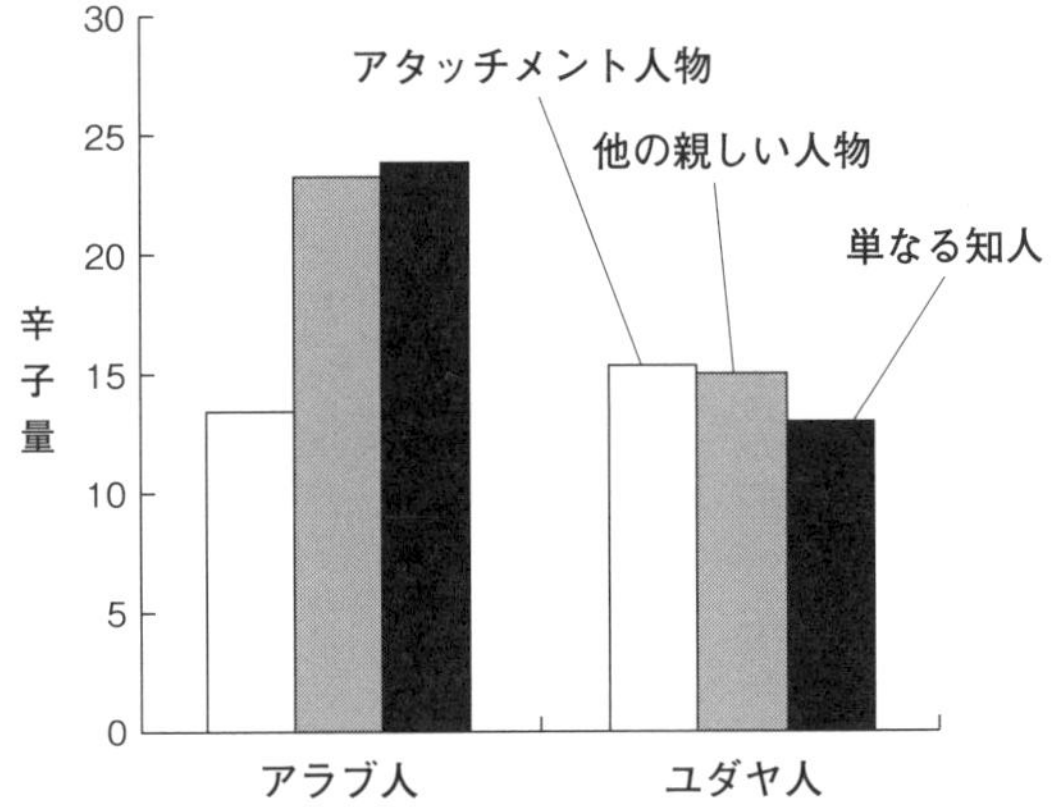

図 34　相手に与えた辛子量に対するアタッチメント・プライミングの効果
（ミクリンサーとシェイヴァー，2007）

ト・プライミングを受けた学生では辛子の量が減少し、同じ民族の学生に与えた量と変わりませんでした。このことは、アタッチメント人物の表象を活性化されたことが、対立している外集団に対する攻撃性を低減させたことを示しています。これはどのような心理機構によるものでしょうか。

敵対する他集団メンバーと接触した学生たちは不安を抱いたものと思われます。これは彼らを萎縮させ自己防衛的にしますが、アタッチメント人物の表象によって安全感が高められた学生たちにおいてはこの自己防衛的な気持ちは弱まり、相手に対する信頼感が回復され、敵意や偏見を減少させたものと思われます。

社会心理学では、内集団の凝集性が高いほうが外集団に対して敵対的になるという考え方が一般的ですが（バルータル 二〇一一／二〇一二）、アタッチメント研究は別の可能性があることを示唆しています。ミクリンサーとシェイヴァーのこの研究は、家族、恋人、友人などの親しい人たちによって現実的にあるいは表象的に支えられ、安全感を体験している人たちはそうでない人たちよりも、他集団に対して寛容になることを示唆しているからです。それゆえ、ミクリンサーたちの研究は、集団間葛藤の解決に対して新しい視点を提供するものだといえます。

7・社会的葛藤解決における個人特性

葛藤解決を妨害する心理的要因として第2章と第3章では認知要因について、第4章では感情要因を、第5章では動機要因を取り上げましたが、それらの中には建設的な葛藤解決を促進するものと妨害するものとがありました。そうした心理的要因は状況によって強められたり弱められたりしますが、その一方で、個人特性と結びついていて、状況を超えて恒常的にはたらいているものもあります。たとえば、相手の挑戦的態度は一般に支配動機を強め、これが対決的行動を促しますが、元々強い支配動機を持っていて、どんな状況でも対決的な姿勢をとる人もいます。これまでの章ですでにいくつかの個人特性には言及してきましたが、本章では、さまざまの個人特性を取り上げ、それらが葛藤解決に与える影響を見てみようと思います。

●ビッグ・ファイブと感情傾向

性格とは、ものの考え方、感じ方、行動の仕方などにおける個人的傾向を指します。それらの中には、衝動買いをするかどうかといった特定の行動に関連した性格特性もありますが、私たちの日常生活の諸側面に広く関わる一般性の強い性格特性もあります。後者の観点から最近よく取り上げられるのはビッグ・ファイブです。それは、私たちの社会生活に広範囲に影響を与える文字通り五個の主要な性格特性です。

【ビッグ・ファイブと社会適応】

ビッグ・ファイブに関しては多くの解説書が出ているので、その内容に関しては、ここでは簡潔に説明するにとどめます。

- 外向性……主として人付き合いに対する姿勢を表す特徴で、外向的な人は社交的、積極的、活動的、精力的で、内向的な人はその反対の傾向を示します。
- 情緒不安定……神経症傾向とも言われる感情面の特徴で、心配性でストレスに弱く、すぐに落ち込んだり不安になる、あるいはすぐかっとなるといった性質です。反対は情緒安定で、ストレスに強く、明るい感情の持ち主で、気分が安定しているといった特徴を示します。

●協調性……人に対する態度の特徴で、親切で思いやりがあり、誠実で控えめなどの性質を表します。反対の性質は攻撃性で、人に対して冷淡、辛辣、強引、敵対的といった態度を示します。

●開放性……思考の特徴を表す特性で、好奇心が強く、創造的・空想的で、柔軟で常識に囚われない考え方をします。反対の性質は頑迷で、常識的思考に囚われ、頑固で融通が利かないといった特徴があります。

●勤勉性……仕事や勉学など課題に取り組む姿勢に関する特徴で、堅実、意欲的、我慢強い、几帳面、計画的などの性質のことです。反対は怠惰で、衝動的、無計画で飽きっぽいという性質を表します。

これら五次元の性格特性を見ると、どれも人々の社会適応に深く関連することが分かりますが、研究でもこのことは確認されています。アメリカの中学生九一名を対象に、教師が彼らの社会適応度を評定し、また、その性格特性をビッグ・ファイブの観点から評定した研究があります（グラジアノとウォード 一九九二）。結果を見ると、開放性を除く他の四次元はいずれも社会適応と有意に関連していました。外向性、協調性、勤勉性は社会適応を増進させ、一方、情緒不安定はこれを阻害していました。

【ビッグ・ファイブと葛藤解決】

主要性格五次元と葛藤解決の関連も検討されてきました（ジェンセン-キャンベルたち 二〇〇三、小松と大渕 二〇〇九）。ウッドたちはアメリカの大学生二八八人に、外向性と協調性を測る尺度（International Personality Item Pool：IPIP、ゴールドバーグ 一九九九）に回答させ、また彼らの葛藤対処方略をローゼンタール-ホータローマ尺度（Rosenthal-Hautaluoma Instrument：RHI）によって測定しました（ウッドとベル 二〇〇八）。ＲＨＩは協力、妥協、回避、競争の四つの葛藤対処方略のうち、どれを好んで用いるかを質問項目によって測定するものです。

これによって測定された葛藤対処スタイルと性格特性の関連を分析したところ、協調性の高い人には協力と妥協の方略が多く、競争方略は少ないことが分かりました。一方、外向性の高い人には競争方略の使用が多く、妥協や回避はあまりみられませんでした。

ＲＨＩは葛藤方略の好みを尋ねるものでしたが、それは実際に葛藤に遭遇した際に、

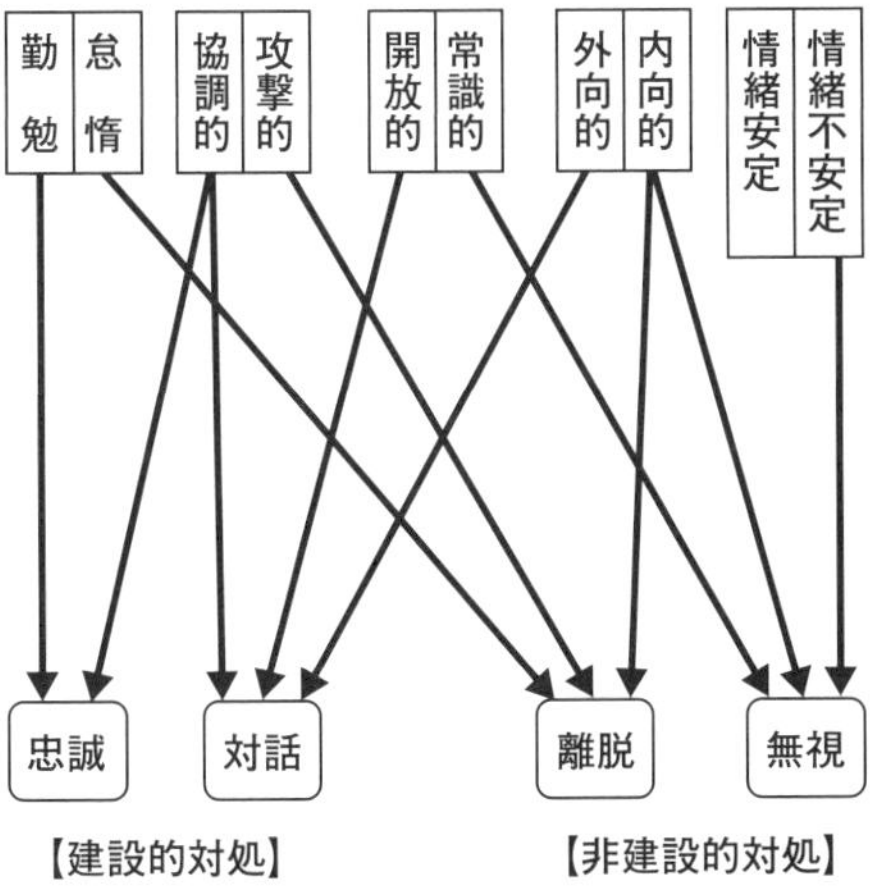

図35　ビッグ・ファイブと葛藤対処方略の関係
（ベリーたち，2000）

人々がどのように対処するかとは必ずしも一致しない可能性があります。そこで、ベリーたちは、実際に人々が経験した対人葛藤に焦点を当て、ビッグ・ファイブ特性との関連を検討しました（ベリーたち 二〇〇〇）。この研究には、アメリカの大学生一三一人が親友を一人伴って参加しました。彼らは、NEO-FFIというビッグ・ファイブ尺度に回答した後、お互いの間に起こった葛藤を四週間にわたって記録しましたが、葛藤を報告したのはこのうち五八人でした。この学生たちに、葛藤時にどのような対処をしたかを報告させ、それをラズバルトの対処方略に従って分類し（第5章参照）、それらとビッグ・ファイブの関係を調べたところ、図35のような結果が得られました。

これを見ると、外向的、開放的、協調的、勤勉な性格の人たちは忠誠や対話など建設的な対処をとる傾向があり、一方、情緒不安定、内向的、常識的、攻撃的、怠惰などの性格の持ち主には非建設的な対処がよくみられました。

この結果は、ビッグ・ファイブが社会適応と関連するという見解とよく合致します。外向性、開放性、協調性、勤勉性、情緒安定性などの性格特性を持つ人たちは、対人葛藤においてもより建設的な対処をしていますが、これは、対立を円満に解消し、人間関係を維持することに貢献する行動であるという点で、彼らの社会適応にも資するものであるといえるからです。

ジェンセン-キャンベルは、ビッグ・ファイブのうち社会適応にもっとも関連の深い性格次元は協調性であると見ています（ジェンセン-キャンベルたち 二〇〇三）。彼女は子どもや青少年を対象にした研究から、対人葛藤においても社会的関係を壊さないよう建設的な対処ができるためには協調性が重要であると結論しています。実際、協調性が低いことは攻撃的だったり支配的だったりするので、それは対人葛藤だけでなく、人間関係のさまざまな場面でトラブルを引き起こします。また、社会不適応の顕著な行動である犯罪や非行も協調性の低い人にみられがちであることから（大渕 二〇〇六）、ジェンセン―キャンベルの主張には一理あると思われます。

【感情特性】

ビッグ・ファイブと同様、個人の精神生活と社会生活の両面において広範囲に影響を与える性格特性として感情傾向があります。人間の感情は刻々と変化します。何かを見たり聞いたり、あるいは何かを考えたり思い出すだけでも感情が変化します。感情は出来事によって敏感に変動しますが、そうした変動も時間とともに鎮静化し、個々人のベースラインに戻ります。

感情のベースラインには個人差があり、基本的に陽気な気分の人もいれば、陰気な気分の人もいます。陽気な人は、毎日の出来事に対して快感情で反応する傾向があり、陰気な人には反対の傾向があります。こうしたベースラインの個人差を感情特性と言います。

陽気と陰気は正反対の性格のように思われますが、心理学ではこれらは別々の性格面とみなされています。端的にいえば、快感情と不快感情の両方が強い人がいる反面、どちらも弱い人もいるために、陽気が弱ければ必ず陰気になるといった表裏関係ではないということになります。そうした理由で、研究者たちは快感情を持ちやすい傾向をPA（Positive Affect）特性、不快感情を持ちやすい傾向をNA（Negative Affect）特性と呼び、これらを別々に測定する心理尺度を作っています。著名な尺度はPANAS（ワトソンたち 一九八八）で、その日本版もよく使われています。

感情特性はビック・ファイブ特性と関連していることが知られています。PA特性の強い人は外向性が強く、一方、NA特性の強い人は情緒不安定の傾向があります（ベリーたち 二〇〇〇）。また、社会的行動の違いも見出されています。PA特性の高い人もNA特性の高い人も、他の人との接触が頻繁で、社会的交流に熱心ですが、PA特性の高い人が性別や親密度の異なるさまざまな人たちと広範囲に接触するのに対して、NA特性の高い人は特定の親しい友人とのみ頻繁に接触するという違いがあります（ベリーとハンセン 一九九六）。一方、両特性とも低い人たちは人付き合いに積極的ではないようです。

彼らの社会生活には質の面でも違いがあります。その一つが対人葛藤です。ベリーたちの研究では（ベリーとウィリンガム 一九九七）、感情特性と男女間の親密な関係について分析が行われました。アメリカの大学生三〇三名は現在および過去の恋人関係について聞かれ、また、感情特性を測定するPANASと葛藤対処スタイルを測定するラズバルトの調整尺度（Accommodation Scale、ラズバルトたち 一九八六）に回答しました。

表5　感情特性と葛藤対処スタイルの相関

（ベリーとウィリンガム，1997）

葛藤対処スタイル	PA 特性	NA 特性
離脱	−.19**	.30**
対話	.29**	−.23**
無視	−.33**	.39**
忠誠	.05	−.06

** $p < .05$。

感情特性と葛藤対処スタイルの間には表5に示す相関関係がみられました。PA特性の高い学生は対話という建設的対処をとることが多く、離脱や無視などの非建設的対処はあまりしませんでしたが、NA特性の高い学生にはちょうど反対のパターンがみられました。つまり、NA特性の高い学生たちは、恋人との対人葛藤において、相手に不快感を与え、人間関係に有害な結果をもたらすような反応をとる傾向がみられました。また、NA特性の高い学生は、恋人関係において多くの葛藤を知覚する傾向もみられました。

PA特性の高い人は外向性が高いことからもうかがえるように、物事を楽観的にとらえ、自分が好意的に受け入れられるという期待を持つことから、葛藤時においても積極的かつ建設的な対応ができるものと思われます。一方、NA傾向の強い人は情緒不安定であり、些細なことで葛藤に陥り、また、それによって強い衝撃を受けます。彼らは悲観的な考えに囚われて建設的な行動を起こせなかったり、怒りや不安から反発的な行動をとったりするものと思われます。

このベリーたちの研究は、PA特性の強い人にはたいてい恋人がいるのに、NA特性の強い人はそうではないことも示しています。NA特性の強い人が葛藤時において離脱や無視などの非建設的な反応をしがちであることは、彼らにおいて親密な関係の維持が困難であることがうかがわれます。それゆえ、こうした感情特性は、葛藤処理を含め、親密な人間関係の営みに大きな影響を与えるものと思われます。

●建設的葛藤解決を阻害する個人特性

第5章において、葛藤解決の心理社会的プロセスを論じた際、葛藤解決に影響をする心理要因として動機を取り上げました。葛藤時にどのような動機が喚起されるかによって個人が目指すものが異なり、それによって選択される方略が異なります。その章では、さまざまの動機の影響を分析しましたが、対決方略を促すもっとも強い動機は支配動機で、一方、協調方略を促すもっとも強い動機は関係維持動機、つまり親和・受容動機でした。

これらの動機は状況要因によっても強められますが、個人特性として支配動機や受容動機を持ちやすい人たちもいます。本節では、葛藤激化を促す個人特性として、まず支配動機に焦点を当てたいと思います。

【支配動機】

支配動機（power motive）はパワー動機とも呼ばれます。「人を思い通りに動かしたい」「人に影響を与えたい」「人の優位に立ちたい」といった願望で、これが強いと社会的葛藤において自己主張や攻撃など対決的反応が増えます。これと正反対の動機は親和動機（affiliation motive）あるいは受容動機（acceptance motive）で、「人から好かれたい」「人と仲良くしたい」「人から受け入れられたい」などの願望です。親和動機の強い人は、葛藤において協力や譲歩など協調的対応をとる傾向があります。

これら二種類の動機は、社会的葛藤に限らず人々の人付き合いに広範囲に影響を与えます。人を傷つけないように言葉に気をつけたり、他の人たちが快適に過ごせるよう気を配ったりするのは親和動機のはたらきです。この動機が強い人は、温和で他の人たちと親しく交わることを好み、困っている人がいると放っておけません。彼らは誰からも愛される善良な人であることが多いのですが、その人の良さのために利用されたり、搾取されることもあります。

他方、支配動機の強い人は人から好かれるよりも支配することを好みます。人を思い通りに動かすことに快感を感じ、人から一目置かれるとか、敬意を払われることを望みます。つまり、権力志向です。彼らは、人付き合いでは主導権を取ろうとしますが、社会的なスキルが伴う場合には、望み通りリーダーとしての地位を獲得します。一方、スキルが低い場合には、威張っているだけとみられ、敬遠されたり嫌われることになりがちです。支配動機と親和動機の両方が強い人もいますが、たいていはどちらか一方に偏りがちです。つまり、支配することを望む人と愛されることを望む人に分かれるようです（ターヒューン 一九六八）。

動機研究は心理学の初期の時代に盛んに行われました。もっとも著名なものはマクレランドの研究で、彼は、多くの国の子ども向けの読み物を内容分析して、各文化においてどのような動機が強いかを推定しようと試みました（マクレランド 一九六一／二〇一〇）。その結果、支配動機が強く親和動機が弱い文化を持つ国は好戦的で全体主義的な政治体制をとる傾向があることが分かりました。彼自身は達成動機に主たる関心があり、これが強い文化の国は経済発展の水準が高いことを見出しました。この研究には批判もありますが、今日心理変数に注目して社会の政治体制や経済発展などを説明しようとしたものであり、今日から見ても興味深いところがあります。

社会的葛藤における支配動機

個人の動機からこうした大社会的現象を説明することには少し無理があるような気もしますが、動機の概念は人間関係に生じるミクロな現象の理解にはかなり有効です。人間関係の理論の多くに、親和、支配、達成などの動機関連の要素が含まれています。古い例ですが、シュッツ（一九五八）の三つの対人動機（包含、愛情、統制）、カーター（一九五四）の集団内行動（促進、社交性、個人的優越）、ロールとマクネール（一九六二）の対人行動の二次元（親密さと支配）などには、いずれもこれらの動機が含まれています。

ターヒューン（一九六八）は一七三名のアメリカの大学生にTAT（主題統覚検査）を受けさせました。これは絵を見て物語を作らせ、その内容を分析して動機の強さを測定する心理検査です。この検査に基づいて学生たちを達成動機の強い者、親和動機の強い者、支配動機の強い者の三グループに分けました。その後、学生たちは同じ動機グループの者どうしで囚人のジレンマ・ゲームを行いました。このゲームは協力と競争のどちらかの反応を選ぶというもので、両者が協力反応を選べば両者が得をし、両者が競争反応を選べば両者が損をし、しかし、協力反応と競争反応に分かれるなら競争反応を選んだほうが得を

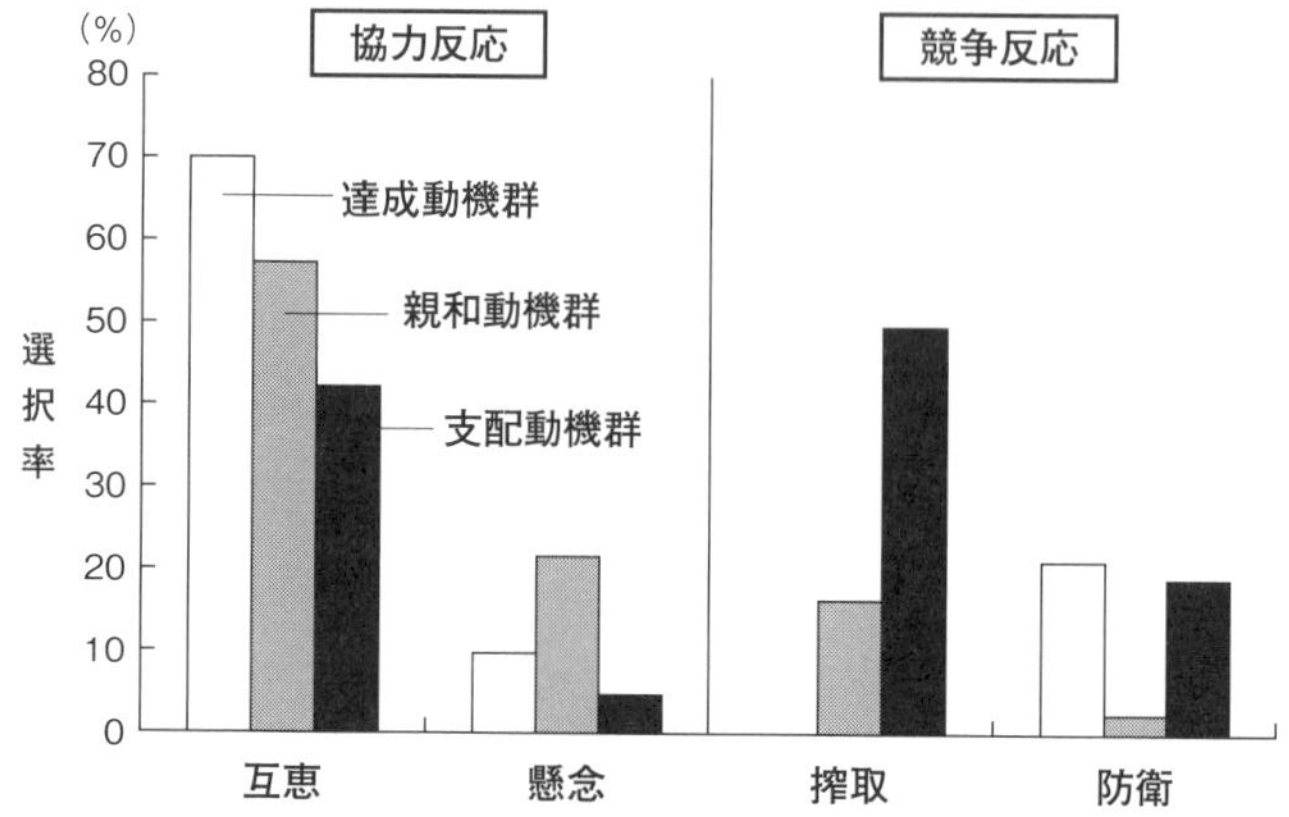

図 36　動機の強さと反応選択と反応予測（ターヒューン（1968）より作図）

するというルールです。

図36はターヒューンの実験結果の一部ですが、図の左側は協力反応をした人の割合、右側は競争反応をした人の割合を示しています。三つの動機グループの中で支配動機の強い学生たちは、協力反応がもっとも少なく、逆に、競争反応をもっとも多く示しました。さらに、彼らには搾取的な行動が顕著にみられましたが、それは次のような意味です。

この実験では、学生たちに協力か競争の反応を選ばせる際、相手がどのような選択をするかも予測させました。この図の互恵とは、相手も協力反応を選ぶだろうと予想して自分も協力反応を選んだ人たちです。懸念とは、相手は競争反応を選ぶかもしれないと心配しながらも、自分は協力反応を選んだという人たちです。防衛とは、相手が競争反応をするかもしれないと思い、これに備えるために自分も競争反応を選択した人たちで、最後に、搾取とは、相手は協力反応を選ぶだろうとの予測のもとに自分は競争反応を選んだ人たちです。つまり、搾取とは初めから、相手を裏切ってやろう、それによって自分だけが得をしてやろうと目論んだ行動です。

支配動機の強い人たちに搾取タイプの行動がもっとも多かったことは、彼らが相手に犠牲を強いることを知りながら自己利益を追求する傾向があることを示しています。この研究結果は、実際の葛藤においても、支配動機の強い人たちが相手の立場を考慮したり感情に配慮することなく、むしろ相手の弱点を突きながら、自己利益を追求しようとする対決的行動を戦略的に展開する可能性があることを示唆しています。

アメリカで行われたロックマンたちの研究（一九九三）では、教師による評定に基づいて一五歳の少年を攻撃的グループ（三一名）と非攻撃的グループ（六一名）に分け、彼らが友達との葛藤においてどのような動機を抱き、どのような解決行動を選択するかを調べました。子どもたちには、まず、「学校のホールで他の生徒にぶつかられて本を床に落とした」という社会的葛藤エピソードを与え、その場合、支配、親和、報復、回避の四目標

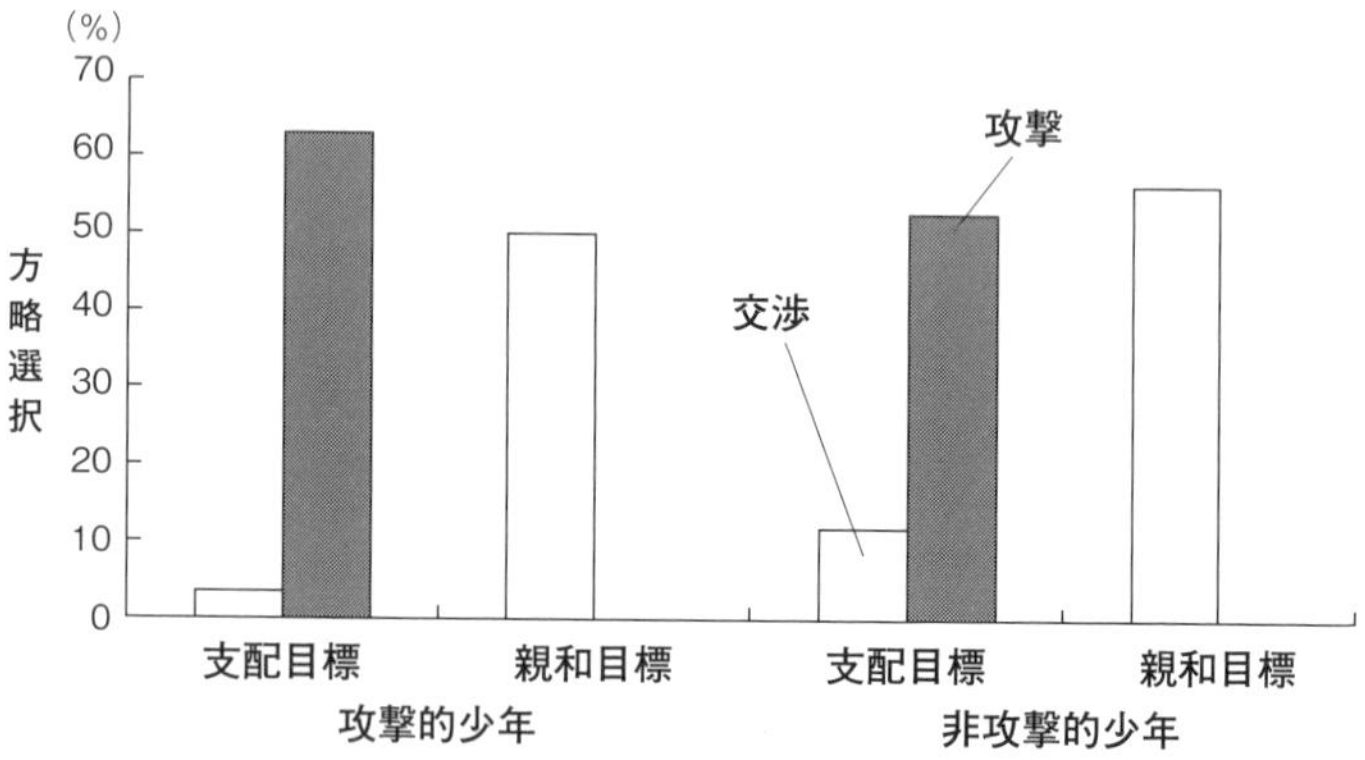

図 37　目標と問題解決方略（ロックマンたち（1993）より作図）

のうちどれをもっとも重視するか答えさせました。その後、「その目標を達成するためにどんなことをするか」と聞き、少年たちの回答を主張、攻撃、交渉、その他に分類しました。

ここでは結果の中から、支配と親和の目標、それに交渉と攻撃の方略に的を絞って、それらの間の関係を見てみます。図**37**に明瞭に示されているように、支配目標が攻撃的方略を、一方、親和目標は交渉方略を促していますが、このパターンは攻撃的な少年も非攻撃的な少年もまったく同じでした。もちろん全体としては、攻撃的少年のほうが支配目標をより重視し、攻撃的方略を選択することが多かったのですが、ロックマンたちの研究は、攻撃的少年であっても親和目標が喚起されたときには協調的方略を選択すること、一方、非攻撃的少年であっても、支配目標を抱いたときには対決的方略を用いることを示している点で、興味深いところがあります。

これら二つの研究は、一方は実験、他方は調査ですが、いずれも、社会的葛藤場面で、状況的あるいは個人特性によって支配動機が強まると対決的姿勢が促されることを示しています。また、支配動機は親和動機とちょうど反対の動機づけであることも示唆されています。

国際紛争に見る支配動機

文化的に支配動機が強い国は好戦的であるというマクレランドの古い知見を紹介しましたが、戦争と支配動機に関する研究はその後も続いています。ウィンター（二〇〇七）は、政治指導者の発言を分析するという手法を使ってこの課題にアプローチし続けています。

戦争と平和は複雑な現象で、地理的関係、政治・外交、人口変動、経済的対立、軍拡競争、同盟構造、指導者の情報分析と判断、歴史的要因など実に多くの要因によって規定されています。その中で、少数ですが、心理的要因を強調する研究者もいます。歴史家のジョール（一九六八）は、政治的・経済的事実は人々の暗黙の仮定やメンタリティの観点から解釈される必要があると述べています。また、政治学者のジャーヴィス（一九七六）は、危機に遭遇した意思決定者たちは感情が高ぶり、とくに情報も時間も少ないときには心理的要因が彼らの情報処理、判断、意思決定に影響を与えると主張しました。このように、他の社会科学者たちの中にも、動機づけや知覚のような心理過程が葛藤を暴力や戦争にまでエスカレートさせる潜在的要因であることに気づいていた人たちがいました。

集団間紛争がいつでも戦争に発展するわけではなく、平和的に解決されるケースも少なくありません。よく引用される例は、米ソの対立が第三次世界大戦の寸前にまで激化したとされるキューバ危機です。一九五九年、共産主義革命によってキューバの指導者となったカストロ首相は、アメリカの軍事侵攻に備えるためソ連に支援を求め、これに応じてキューバ国内に核ミサイルが配備されました。キューバをめぐる米ソの対立は激化し、核戦争のボタンに指がかかる事態となりましたが、一九六二年、ソ連のフルシチョフ首相はアメリカがキューバに軍事侵攻しないと確約することを条件に核ミサイルを撤去するという妥協案を米国のケネディ大統領に提案し、危機は回避されました。比較的平和裏のうちに解決されたその他の深刻な紛争としては、一九八九年に始まる東ヨーロッパの民主化（ベルリンの壁の崩壊、チェコスロバキアのビロード革命など）、南アフリカのアパルトヘイト撤廃などがあげられます。

ウィンターは、紛争や危機が戦争に向かうか平和的に解決されるかを決定する一つの重要な要因は意思決定者あるいは政治的指導者の心理的特性であると主張してきました。彼は、二〇〇七年の研究において、さまざまなタイプの集団間紛争の中から八事例を取り上げ、紛争に関わる文書を内容分析して、政治指導者たちの支配動機の強さを測定しました。取り上げられた紛争事例とは、テキサスの所属をめぐって一八四六年に起こったアメリカ・メキシコ戦争、一八六一年〜六五年の米国南北戦争、第一次世界大戦の契機となったバルカン戦争、第二次世界大戦の勃発を防げなかったミュンヘン会談、ベトナム戦争に至るインドシナ紛争、一九五六年のポーランド民主化闘争とハンガリー動乱に対するソ連の軍事介入、一九六一年のイラクのクウェート併合計画と一九九〇年のクウェート侵攻です。分析の結果、ウィンターは、政治指導者たちの発言の中に強い支配動機が認められるケースにおいては、紛争が戦争に発展することが多かったと結論しています。

ウィンターの研究は国際政治を扱ったものですが、もっと小さな集団、たとえば、会社、学校、地域コミュニティ内におけるグループ間の対立においても指導者の支配動機の影響がみられるものと思われます。

支配動機の状況的活性化

上で紹介したロックマンたちの研究は、支配動機が個人特性であるとともに、状況によっても変動するものであることを示唆していました。確かに、相手の態度いかんでは、もともと支配動機の弱い人であっても、それが一時的に強まることはあり、これは平和的な葛藤解決という観点からは危険な兆候と思われます。ここでは、支配動機が状況的に活性化されるという問題を直接に検討した研究を見てみようと思います。

社会的葛藤時にどのような建設的方略をとるにしても、譲歩という心構えは必要です。絶対にこれは譲れないという気持ちでいると、どんな建設的な解決策も受け入れが困難です。また、譲歩は双方向的でなければなりません。自分だけが譲歩するというのでは不公平感が生じて、これも抵抗感を強めます。威嚇などを使うと相手から一時的には譲歩を引き出すことができますが、それは、問題を先送りするだけで、多くの場合、本質的な解決にはなりません。相手側に不満が残ると、些細なきっかけで新たな葛藤が発生するからです。

建設的な葛藤解決に必須な譲歩に関しても、当事者たちの支配動機の強さが影響を与えます。ランガーとウィンター（二〇〇一）は、一一八名のアメリカの大学生たちに、キューバ危機の際、フルシチョフ首相がケネディ大統領に宛てた手紙を渡しました。それは「両国間の緊張が最大限にまで達し、われわれは危機的状況に置かれている」という内容のものでした。学生たちはさらに「ホワイトハウス」というヘッダーのついた便箋を渡され、ケネディ大統領の立場に立ってフルシチョフ首相宛てに返書を書くよう指示されました。

学生たちに渡されたフルシチョフ首相の手紙ですが、内容が支配的なものかどうか、また、譲歩を含んでいるかどうかで異なる四バージョンがありました。それらは実際の手紙を基に作られましたが、支配性の強いバージョンでは、支配的態度を表す文章（「やむなくわれわれは、自らの利益を守るため国際法に照らして必要な防衛的手段をとるであろう」など）を残し、親和的態度を示す文章（「互いに感情に流されず、危機を解決するために努力することを望んでいる」など）を削除しました。一方、支配性の弱いバージョンでは支配的文章を削除し、親和的文章を残しました。提案の有無に関しては、明確な譲歩を示す文章（「われわれの側では、キューバに向けた船舶には武器は一切積まないようにするが、合衆国にはキューバを武力によって侵攻しないことを宣言してもらいたい」）を残すか削るかで手紙を作り替えました。

この研究では学生たちの返書が内容分析され、そこに含まれる支配動機と譲歩の強さが測定されました。図38にみられるように、フルシチョフ首相の手紙に支配動機が強かった

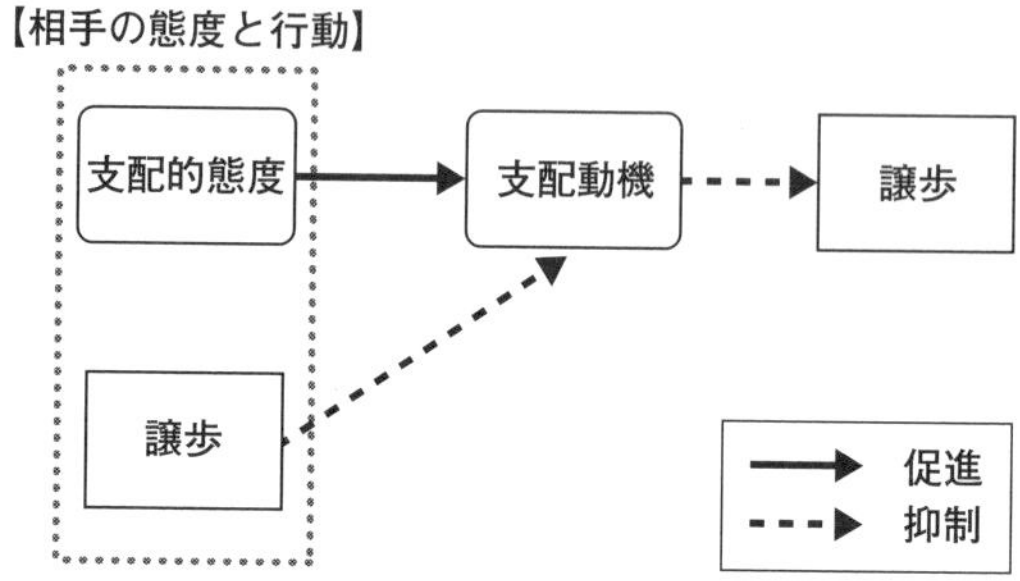

図 38　交渉における相手の態度・行動と支配動機の効果
（ランガーとウィンター（2001）より作図）

場合は、学生たちもこれに対抗するように支配動機を強め、それは譲歩を拒否するという対決的反応を促しました。一方、フルシチョフ首相の手紙が明確な譲歩を含んでいる場合には、学生たちの支配動機は弱められ、それは譲歩という協調的反応を促すことになりました。

この実験は、支配動機が強いと譲歩を拒否して対決的な姿勢が強まることを示していますが、それは相手の態度や行動によって強まったり弱まったりするものでもあることを示しています。それゆえ、支配動機が元々は強くない人であっても、葛藤相手の態度によってはそれが強められ、対決的行動に向かう可能性があることが示唆されています。

【自己愛】

葛藤解決に寛容性が必要であることは何度か強調しました。これを妨げる要因はいくつかありますが、一つは、譲歩した場合に生じる損害が大きいと感じることです。その被害がとても容認できるものではないと感じるなら寛容な気持ちにはなれないでしょう。もう一つは、相手を赦すと、他の人たちから自分が「弱虫」「負け犬」などと侮蔑的にみられるのではないかという恐れ、言い換えると、面子やプライドが保てないと感じることです。損得に関する実利的関心とは別に、自尊心や評判といった象徴的・社会的関心もまた寛容性を妨げる要因となります。

自尊心やプライドの高い人を自己愛者、あるいはナルシシストと言います。専門家は自己愛者を、誇大的自尊心を持つ人と定義します（キャンベルたち 二〇〇二）。こうした人は、高い自己評価を持って自画自賛し、自分は優れた存在であって、周りの人から特別扱いされるべきだと信じています。

実力があって、高い自尊心に見合うだけの十分な業績をあげている人なら、他の人たちは当人が望むような扱いをしてくれるでしょうが、実力が伴わない場合、他の人たちは、当人が望むようには一目置いたり、賞賛してはくれません。その結果、自己愛者は周りの人たちに不満を抱くことになりがちです。つまり、自己愛者は対人葛藤に遭遇するリスクが大きいと考えられます（キュッペンスたち 二〇〇三）。

　自己愛者であろうとなかろうと自尊心を傷つけられるというのはもっとも深刻なダメージで、簡単には癒されないものです。自尊心にこだわる自己愛者にとってはとくにそれは深刻でしょう。自己愛者が寛容になれず、対決的になりやすいのは自尊心へのこだわりがあるからです。このことを示す研究がエクスラインたちによって行われています。

　彼らの論文（エクスラインたち 二〇〇四）では六個の研究が報告されていますが、参加者はすべてアメリカの大学生たちです。研究一では、彼らは自分が被害を受けた経験を想起するよう求められ、また、その際、相手をどれくらい赦したか回答しました。彼らの自己愛度をラスキンとホール（一九七九）の尺度を使って測定したところ、自己愛と寛容性指標の間には負の相関（$r=-.35$）がみられ、自己愛の強い学生ほど相手を赦さなかったことが示されています。また、研究五では、学生たちは囚人のジレンマ・ゲームで相手から搾取され、また、研究六では、デートの相手から嫌なことをされた経験について報告しましたが、いずれの研究においても、自己愛の強い人ほど寛容性が低い、つまり相手を赦さないという結果でした。

　この結果についてエクスラインたちは次のように解釈しています。第一に、自己愛の強い人は葛藤に敏感であることがあげられます。これは、彼らが他の人たちから実力不相応の特別扱いを期待するが、満足できる扱いを受けることは少ないためです。彼らは他の人たちから「不当な扱いを受けた」と被害を過大に受け止め、これに強い怒りを感じ、対決的な姿勢を強めます。第二に、彼らはプライド、自尊心に価値を置くので、葛藤によって傷つけられたそれを回復するには、相手側からの十分な修復行動が必要であると感じます。修復行動とは謝罪や賠償ですが、自己愛者は、それなくして無条件に相手を赦すことはありえないと感じるのでしょう。このように、自己愛は建設的で友好的な葛藤解決を妨げる個人要因です。

●建設的葛藤解決を促進する個人要因

建設的葛藤解決を促進する個人要因と阻害する個人要因は表裏の関係にあるので、阻害因が弱いことが促進因を強めることになります。その意味で、両者を分ける必然性は必ずしもないのですが、ある要因が強いことが阻害になるのか促進になるのかというのは、そのはたらきを理解する上で重要な観点なので、本章では両者を分けて論ずることにしました。しかし、両者が表裏の関係にあることは念頭に置いていただきたいと思います。

【情動知能】

知能というのは頭の良さと言われていますが、どちらかというと学校で良い成績をあげるのに適した能力とみなされていて、実社会での業績とは無関係ではないかと疑念を持っている人も多いようです。知能の測定方法にもよりますが、実証研究によると、知能と社会的成功（社会的地位、職業達成など）とは弱い相関があるとされています（ナイサーたち 一九九六、ニスベットたち 二〇一二）。知的能力が高いことは確かに成功の条件ですが、意欲や動機づけ、情緒的安定などが伴わないと社会生活での成果には結びつかないとされています。

もっと実生活に関連した能力として情動知能（Emotional Intelligence：EI）というものが取り上げられることとあります。これはサロヴェイたちが提案した概念で、社会生活を適応的に送るために感情情報を適切に処理し利用する能力とされています。具体的には、自分の感情を正しく知覚し、感情を有効的に活用し、不快感情からは素早く回復し、また自分や他者の感情をコントロールする能力のことです（サロヴェイとメイヤー 一九八九、メイヤーたち 二〇〇八）。

情動知能の測定

自分の感情を正しく知覚し、これを適切に表現することは適応的な社会生活を送る上で不可欠です。また、他者の感情を的確にとらえ、それをコントロールすることは人付き合いをスムーズにするために重要なスキルです。「人の感情をコントロールする」というと、人の心を操るようで不誠実な印象を持たれるかもしれませんが、そうではありません。それは、人に嫌な思いをさせないとか、感情を傷つけるような言動を控えるとか、その場の雰囲気を和ませるような工夫をするとか、落ち込んでいる人がいたら力づけるなどで、人付き合いの上手な人なら誰でも普段からやっていることです。自他の感情に関する情報を的確にキャッチし、これを活用して人付き合いを適切に運営する能力、これが情動知能です。

こうした能力を測定する心理テストは数多くあり、サロヴェイ自身が開発したＭＭＳ（Trait Meta-Mood Scale、サロヴェイたち 一九九五）やＭＳＣＥＩＴ（the Mayer-Salovey-Caruso Emotional Intelligence Test、メイヤーたち 二〇〇三）のほかに、ＥＳＣＱ（Emotional Skills and Competence Questionnaire、タクジク 二〇〇二）、情動指数尺度（Emotional Quotient Inventory、バルーオン 一九九七）などがあり、日本でもこれらを基に情動知能を測る尺度が作られています。

情動知能の考え方は一般向けの自己啓発書を通して世間に広まったために、研究者の中にはその有用性に疑問を持つ人もいます。しかし、情動知能の高い人が、実際、不快感情の緩和などストレス対処能力が高いこと、対人感受性と順社会的傾向（親切で困っている人を助ける）が高いこと、円満な人間関係に恵まれていることなどが確認され、情動知能は葛藤研究者の間でも注目されるようになりました（マコーケルとリーズ 二〇一〇）。実証研究の例としては、欧米、アジア、アフリカの七カ国で行われたレーヒムたち（二〇〇二）の調査研究があります。参加者はMBAの学生たち一四〇〇名あまりで、彼らの情動知能と葛藤解決方略の選好が質問紙によって測定されました。その結果、情動知能の高い参加者ほど合理的で建設的な対処（問題解決方略）を選択したことが見出されています。

情動知能と葛藤反応

情動知能の葛藤反応に対する影響をさらに詳細に検討したものにフィットネスとカーティス（二〇〇五）の研究があります。彼らはMMS尺度を使って情動知能を測定していますが、これは感情への注意、感情の明瞭さ、不快感情からの回復の三つの能力を測定することになっています。それぞれの意味と項目例を表6に示します。

フィットネスたちはMMSを一一〇名のアメリカの大学生に施行し、さらに、彼らに最近の対人葛藤経験を想起させました。葛藤に対して学生たちがどのように対応したかをラ

表6　情動知能の3要素と対人葛藤対処との相関
（フィットネスとカーティス，2005）

	意　味	項目例	建設的対応との相関	非建設的対応との相関
感情への注意	自分の内的感情や感情状態に注意を向ける。	「感情は人生の方向性を示してくれるものである。」	.02	.03
感情の明瞭さ	自分の感情を理解し，違いを見分ける。	「いつも自分の感情について明瞭である。」	.05	−.16*
不快感情からの回復	気分をコントロールし，不快な感情経験から回復する。	「辛くなったときには，楽しかったことを思い出すようにしている。」	.05	−.21**

** $p < .01$; * $p < .05$。

ズバルトのモデルに従って建設的対応（対話、忠誠）と非建設的対応（離脱、無視）に分け、情動知能との相関を調べました。表6の右半分に示しているように、情動知能は建設的対応とは無関係でしたが、非建設的対応とは負の相関がみられました。このことは、情動知能の高い人が対人葛藤において離脱や無視などの非建設的な対応をしないことを意味しています。

情動知能が高い人は、自分の感情を正しく理解し、また、その対人的影響をコントロールすることができる人たちです。彼らが非建設的な対応を控えることができるということは、逆に言うと、自分の感情を正確にとらえられない人たち、あるいはその感情に流されやすい人たちが葛藤状況において不適切な反応をしがちであることを示唆しています。適切な葛藤対処は社会適応の一局面なので、そうしたことからも、情動知能が社会生活の機能性を支えるものであることがうかがわれます。

ところで、情動知能説では、適応的対処のためにコントロールされるべきとされる感情は、主として、怒り、恐怖、抑うつなど不快な感情です。言い方を変えると、感情コントロールとは、いかに不快な感情を軽減するか、その思考や行動への影響を最小に留めるかということです。それは、逆から見れば、いかに快感情を維持するかということです。それゆえ、情動知能理論は快感情の有益さを強調するものともいえます。情動知能の観点からそのメカニズムを掘り下げた研究は見当たらないのですが、快感情の有益なはたらきは、第4章において認知内容への影響として述べたように、それが内的ネットワークを通して楽観的な認知や友好的な志向性を強めることから生じるものと思われます。

【社会的知能と意図帰属】

情動知能と類似のものに社会的知能あるいは社会的知性（social intelligence, social

表7　社会的知能の測定項目（カウキアイネンたち，1999）

1.	人の嘘がすぐに分かる。
2.	他の人たちとうまく付き合っていける。
3.	初めての人，初めての場にも対応できる。
4.	自分の意思を通すことができる。
5.	人の感情を推測することができる。
6.	他の人の弱点に気がつく。
7.	人を笑わせることができる。
8.	ほとんどの場合，人を説得することができる。
9.	必要な場合には，人よりも有利な立場をとることができる。
10.	人が自分の側につくよう，はたらきかけることができる。

competence）と呼ばれるものもあります。これについてもさまざまな研究者が独自の定義をしていますが、端的にいえば、社会的関係を良好に維持しながら、複雑な社会的問題を解決する能力を表すものです（ソーンダイク　一九二〇）。

社会的知能の測定

カウキアイネンたち（一九九九）が社会的知能を測る項目として表7に示す一〇個をあげていますが、これを見ると、社会的知能とは単に「思いやりがある」とか「協調性が高い」というだけでなく、上手に自分の意思を実現したり、説得して他の人を従わせるなど、社会的力量を表すものでもあることが分かります。それゆえ、社会的知能はリーダーシップに必要なものであるとして、主として、一般向けの自己啓発書の中で論じられてきましたが、反面、学術的検討はおろそかにされてきた嫌いがあります。このためか社会的葛藤に関しては、ほとんど研究例がありません。

しかし、その中核部分を見ると、攻撃性の研究と密接な関連があります。それは他者の意図を正しく理解する能力です。対立状態になったときに、相手がどんな意図や狙いを持っていると知覚するかによって事態への対応が違ってきます。相手が悪意を持っていると知覚すると、自分を守らなければならないという防衛的な気持ちが強まり、対決的行動が動機づけられます。実際、攻撃的な人は、葛藤状況で相手の悪意を過剰に知覚する傾向があることが内外の多くの研究で確認されています（大渕 二〇一一）。

悪意知覚と攻撃反応

こうした知覚はしばしば誤認であることが多いのですが、相手が悪意を持っていると思い込んだ人は、相手の行動を何でも悪く解釈するので、妥協や協力など建設的な対応が難しくなります。葛藤解決を阻害するこうした独断的認知を抑え、相手の意図や動機を正しく理解するために情報を集め、自分の認知と感情を健全にコントロールすることが社会的知能の一つのはたらきです。

人の悪意を知覚する個人的傾向を調べる心理テストもあります。バス－ダーキイ攻撃性

表8　バス-ダーキイ攻撃性尺度の敵対的態度尺度の項目例
（大渕たち，1993）

恨　み	・私は何度もチャンスを逃したように思う。 ・思い出すたびに，今でも腹の立つことがある。 ・人生は不公平だと時々思う。
猜疑心	・陰で私のことをあれこれいう人がいる。 ・親切すぎる人には警戒する。 ・私を嫌っている人は結構いると思う。

尺度（バスとダーキイ　一九五七）は「行動反応傾向」と「敵対的態度」という二つの下位尺度から構成されていますが、後者が悪意知覚傾向を測定するものです。これは表8に項目例を示しているように、猜疑心、恨みという二つの要素を含んでいます。

私たち（大渕　一九九三）はこの下位尺度を使って日本人大学生を敵対的態度の強いグループと弱いグループに分けました。彼らには他の学生とゲームをさせましたが、それは勝ったときは相手に対して電気ショックを与えることができるというルールのものでした。電気ショックの強さは自分で選べることができましたが、これが攻撃反応の指標です。

このゲームでは、勝率も対戦者が選ぶショックの強さもすべて同一になるように操作されていました。つまり、学生たちはみな同じ行動パターンを示す対戦者と対戦し、また同じ回数ショックを与える機会が与えられましたが、それにもかかわらず、敵対的態度の強い学生は弱い学生よりも顕著に強い攻撃反応を示しました。これは、こうした学生たちは、対戦相手が強い敵意を持っていると感じるため、これに対抗しようとして攻撃性を強めたものと解釈されます。

悪意の知覚や敵意の帰属と呼ばれるこうした傾向は社会的知能の弱体化を示す一つのサインです。社会的葛藤は社会生活に必然的につきまとうものです。対立状況であっても不必要に警戒心や防衛心を持つことなく人と接し、相手の意図や動機を正確に理解することができなければ、良好な社会的関係を維持することはできません。それゆえ、この面から見ると、社会的知能は社会適応にとって必須な能力といえます。

社会的知能はさまざまな領域で関心を持たれていますが、その一つは子どもの社会性の発達分野です。子どもたちが他者の気持ちをどのように理解していくのか、これは心の理論の発達と言われていますが、そこで論じられる心理機能は、ここで取り上げた他者の意図認知であり、それゆえ、社会的知能と重なるところが少なくありません。

【葛藤解決スキル】

社会的知能と関連するもう一つの特性は社会的スキル（social skill）です。相川（二〇〇〇）によると社会的スキルの定義もさまざまで、「他者との間で適切な関係を形成し維持するための技能」といった狭い意味から、「日常生活の中で出会う様々な問題や課題に、自分で、創造的でしかも効果のある対処ができる能力」と、ほとんど社会的知能と同じような定義もあります。いずれにしろ社会的スキルは社会的知能の具体的な表れとみなすことができます。これを測定する心理テストは日本だけでも複数提案されていますが、そのどれにも葛藤対処スキルが含まれています。適切な葛藤解決が社会適応の重要な一側面である以上、それは当然のことと思われます。

こうしたことから、社会的スキルの高い人は建設的な葛藤対処が上手であろうという予測を立てることができます。ここでは、リハビリテーションを学ぶ学生たちを対象にした私たちの研究結果を紹介します。

私たちは作業療法を学ぶ日本人学生一一二名に対して、社会的スキルを測定するために菊池（一九八八）のKISS-18を施行しました。また、対人葛藤においてどのような対処をとる傾向があるかを調べるために、同じ学生たちに対して、私たちが開発した対人葛藤スタイル尺度（大渕 二〇〇五）に回答させました。この尺度は対決的対処、協調的対処、それに回避的対処を測定することができるものです。その結果、社会的スキルの合計得点と回避的対処の間に負の相関（$r = -.27,\ p < .01$）がみられました。

回避とは対立が表面化することを避け、問題を先送りする消極的方略です。回避には第

5章で述べたように、長期的観点から見れば葛藤解決にとって有益なはたらきをすることもありますが、積極的に問題解決に取り組むことをしないという意味では、建設的対処とはいえません。問題を長引かせ、不満を蓄積させ、これも人間関係を悪化させる恐れもあります。社会的スキルの高い人がこうした非建設的方略をとらないことは、それが社会的問題解決能力を表す社会的知能の一部であることを示しています。

【受容動機と関係志向】

支配動機の影響を分析したターヒューン（一九六八）やロックマンたち（一九九三）の研究では、受容動機が対比的に検討され、それは葛藤解決において協調的対処を促すことが示されてきました。確かに、受容や親和の動機を持つ人の葛藤反応は非対決的ではあるかもしれませんが、それが常に建設的といえるかどうかに関しては疑問もあります。最近、こうした順社会的動機にも負の側面があることが指摘されています。それは、受容や親和の動機の強すぎる人が社会的葛藤を脅威に感じ、強いストレス症状を示すという問題です。

ヘルゲソンたちは、受容や親和の強すぎる対人特性を「過度の一体感（unmitigated communion：UC）」と呼びましたが、それは自分自身の利害を度外視してまで相手を大切にしようとする性格特性のことです（ヘルゲソンとフリッツ 一九九八）。こうした特性を持つ人には、人間関係の維持を優先するあまり、自分の利害や都合を主張することができないという特徴があります。

彼らは、一般に、強い印象動機を持っています。自己評価は他者からどう思われているかに基づいて形成され、それは他者の見方によって左右されます。つまり、彼らの自己価値感覚は人間関係に全面的に依存しています。このように、受容動機や親和動機が過剰になると、自己を全面的に人間関係に依存させるという弊害が生じます。

フリッツとヘルゲソン（一九九八）がUCを測定する尺度を作っていますが、それは「私は、いつでも自分よりも他の人の欲求を優先する」「私は、しばしば、他の人が抱える問題で悩むことがある」といった項目によって構成されています。ヘルゲソンたち（レイノルズたち 二〇〇六）は、一二三三名のアメリカの大学生にUC尺度を施行し、得点上位三分の一と下位三分の一からランダムに、それぞれ二一名と二〇名を選抜しました。彼らに、七日間にわたって毎夕面接して対人葛藤経験を聞き、同時に抑うつ症状を測定しました。

強い対人葛藤を経験した当日には、UCの高い学生も低い学生も精神面や身体面において抑うつ症状を示しましたが、UCの低い学生の場合には、翌日にはその症状は緩和されていました。しかし、UCの高い学生では翌日も緩和されず、症状が持続していました。

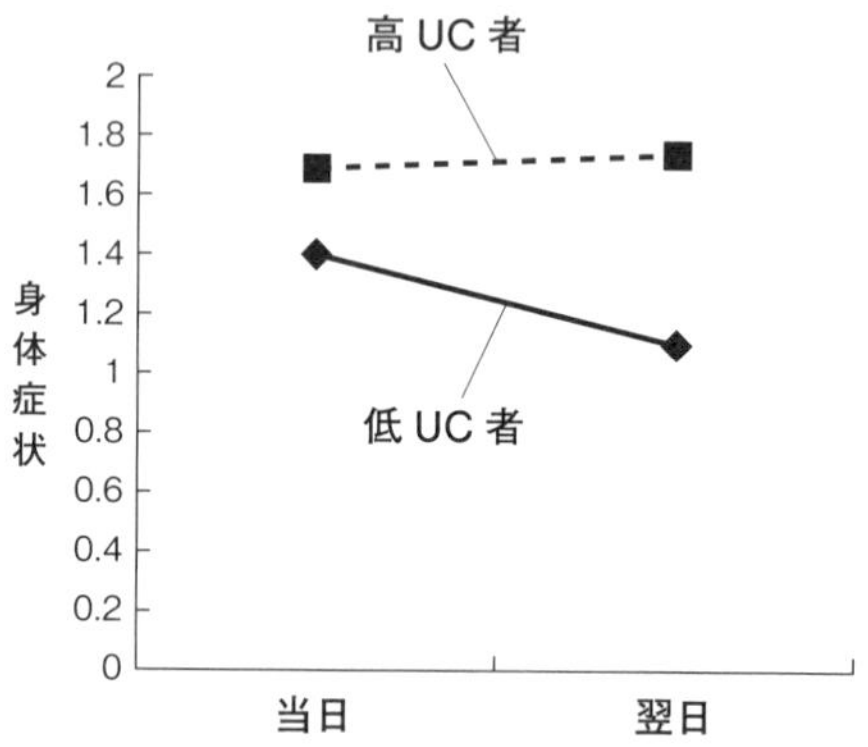

図 39　葛藤後の身体症状の変化（レイノルズたち，2006）

図39は身体症状の結果ですが、精神症状にも同様の現象がみられました。

このことは、UCの高い学生たちは対人葛藤から強い衝撃を受け、それが持続することを示しています。彼らは人間関係の維持に強く動機づけられているので、対人葛藤はそれを脅かすものとして強いストレスを感じ、その悪影響が長く続いたものと思われます。

UCは人間関係への過剰な依存ですが、その背後には自己に対する自信のなさがあります。彼らは自分が人から嫌われるのではないかと怯え、人目を気にして自己抑制を強めます。それゆえ、UCは対人不安、内気、情緒不安定などの特性と関連しているとともに（ヘンゲルソンと

フリッツ 一九九八）、抑うつ傾向を伴います（レイノルズたち 二〇〇六）。しかし、この概念の提唱者であるヘンゲルソンは、UCにはこうした人格的脆弱性もあるが、自分を犠牲にして人を助けたり、利害を無視して人に尽くすなど、強い順社会的傾向を持つ特性であることを強調しています。単に対人不安が強いだけの人は社会的接触を回避しますが、UCの高い人はむしろ社交的で、人との接触を好む傾向があります。その意味で、UCは気弱だが、人の良い善良な人物像を想像させます。

【対人信頼】

社会的葛藤解決だけでなく社会生活全般において対人信頼はきわめて重要な役割を果たす心理要因です。信頼とは「被害を受けるリスクを覚悟の上で、人に何かを委ねること」ですが、それには能力に関する信頼と倫理性に関する信頼の二種類があります（キムたち 二〇〇四）。職場ではこの二種類の信頼がみられます。組織は、十分に処理できる能力があるという信頼のもとで社員に職務を割り当てます。また、悪用するような人間ではないという倫理性の信頼に基づいて彼らに重要な技術と知識の習得機会を提供します。こうした信頼が持てないと組織は常に社員の行動をチェックしなければならず、組織の効率と生産性は著しく阻害されるでしょう。

私生活においては、どちらかというと倫理性に関する信頼が重視されます。家族、夫婦、親友など、親密な関係にある他者に対して、私たちは他人に伝えられては困るような個人情報を伝え内的心情を吐露しますが、それは、相手が自分にとって不利益なことはしないであろうという信頼の上に行われる行為です。こうした信頼がないと、社会生活のあらゆる分野で活動が停滞し、また、人間関係はぎくしゃくします。

社会的葛藤の建設的解決においても信頼は不可欠な要素です。葛藤は対立場面なので、相手がどんなひどい手を使うか分からないと疑心暗鬼に囚われてしまうと、妥協したり協力しようという気持ちにはなれません。たとえ相手が建設的な提案をしても、隠された狙いがあるのではないかと疑い（倫理性への不信）、それを真摯に受け止めることはないでしょう。

対人信頼と葛藤反応

信頼には個人差があることが知られています。山岸（一九八六）は五項目から成る簡便な対人信頼尺度を提案しています。これは「たいていの人は、自分に得になるなら嘘をつく」とか「善良な人は、人から搾取される」といった項目から成るもので、これらを肯定する人は他者に対する信頼が低い、つまり不信感が強いと判断されます。前節で取り上げた悪意の知覚傾向と一部重なりますが、悪意の知覚が自分個人に向けられた社会的刺激の解釈バイアスであるのに対して、対人信頼感は世間の人々一般に対する偏った態度・見方を表すものです。

概念的にこうした違いがあるとはいえ、悪意の知覚同様、対人不信の強い人は他の人の言うことを額面通りには受け取らず、何か隠された狙いがあるのではないかと邪推するので、葛藤反応が対決的になる点は同じです。対人信頼の強い人では、その逆のパターンが予想されます。実際、対人信頼の強い人は弱い人よりも、葛藤場面においても積極的に情報交換をしようとする、協力の意向を持つ、あるいは、建設的解決に積極的に取り組むといったことなどが実証的に確認されています（ヴァン・クリーフたち二〇〇六）。ここでは、葛藤場面での感情反応に対する対人信頼の影響を検討したヴァン・クリーフたち（二〇〇六）の研究を見てみることにします。

信頼は葛藤場面で相手が発する社会的刺激に対する信憑性知覚に影響を与え、これを通して対処を方向づけます。第4章でも紹介したヴァン・クリーフたちの研究では相手の感情が操作されました。オランダの大学生たちはパソコンを通して携帯電話の売買交渉を行いましたが、相手は交渉の途中で罪悪感か失望の感情を示しました。これらの感情を相手が示したときの学生たちの要求水準が図40に示されています。

一般に交渉者たちは、当初は「だめもと」で高い要求を行い、交渉の中で次第に要求水

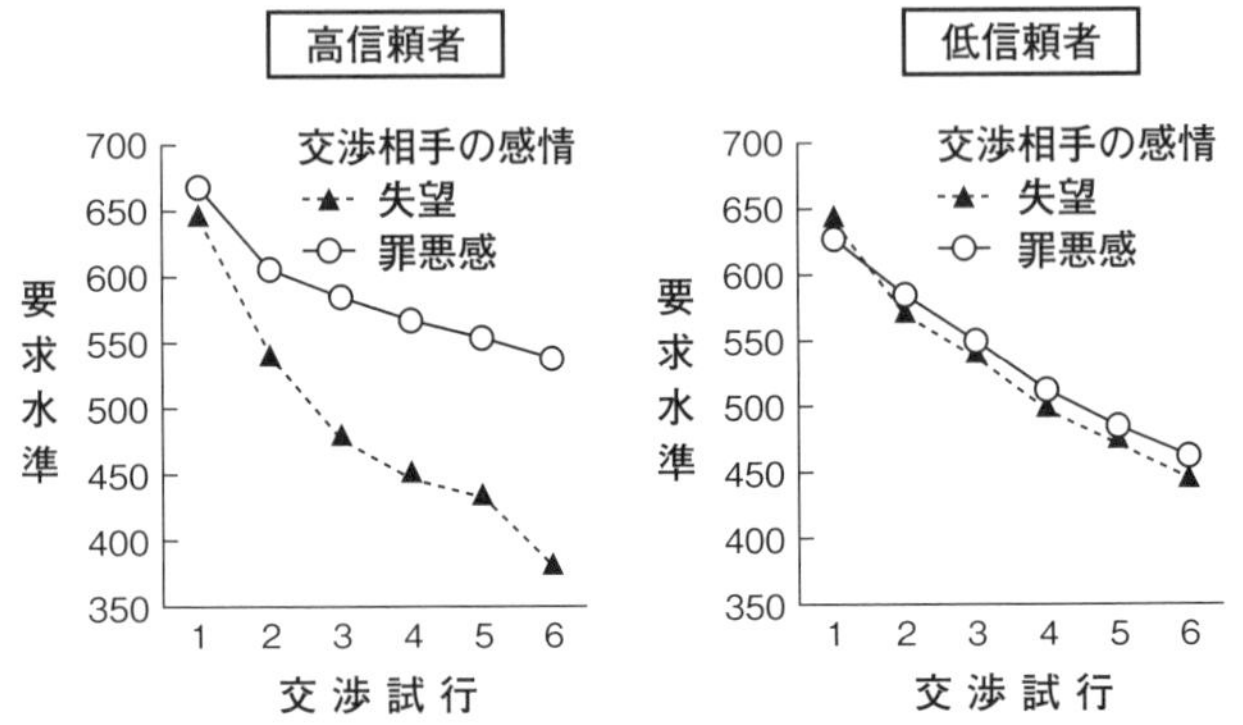

図 40　対人信頼の強弱と相手と示した感情の違いによる要求水準の変化
（ヴァン・クリーフたち，2006）

準を下げるという行動パターンをとりますが、この実験の学生たちも同じパターンを示しました。しかし、対人信頼が強いとされた学生たちは、相手の示した感情によって対応が分かれました。相手が罪悪感を示したときには高い要求水準を維持し、失望を示したときには、早めに要求水準を下げました。これは、感情から推測される相手の気持ち（「もっと譲るべきだった」とか「なんてひどいことをする人だ」など）に応じて対応を変化させたものですが、一方、対人信頼の弱い参加者にはこうした対応の違いはみられませんでした。それは、対人信頼の弱い人の場合、彼らは相手の感情を額面通りには受け取らず、これを軽視したせいと思われます。彼らは人の感情表出を見ても、そこにその人の本当の気持ちが表れていると単純には思わないので、葛藤時の対応において人の感情に影響されることが少ないものと思われます。

この研究結果は、対人信頼の強い人が相手の言動に対応して行動を敏感に変化させることを示しており、相手が解決の方向に向かった姿勢を示せば、それを受け止めて、自分も協調的な対応をとることを示しています。しかし、対人信頼の弱い人はそうした敏感な対応をとることができないので、適切な葛藤解決が阻害されやすいと思われます。

【寛容性】

寛容性の心理とそれが葛藤解決にもたらす影響については第5章で詳しく述べました。ここでは寛容性の個人差について述べたいと思います。葛藤場面において人を赦すという行為をとる人とそうしない人がいます。こうした寛容特性の個人差を測定する多くの心理テストが作られてきました（トンプソンとスナイダー 二〇〇三）。たとえば、ハートランド寛容性尺度（Heartland Forgiveness Scale（ＨＦＳ）、トンプソンたち 二〇〇五）、多元的寛容性尺度（Multidimensional Forgiveness Inventory（ＭＦＩ）、タングニーたち 一九九九）、寛容性尺度（Forgiveness Scale、マウガーたち 一九九二）、それに、特性寛容性尺度（Trait Forgiveness Scale（ＴＦＳ）、ベリーとワーシントン 二〇〇一）といったものがありますが、これらを用いて葛藤反応との関連を検討した研究は、おおむね、予測された通りの結果を得ています。

夫婦や恋人など、主として親密な人間関係で生じる葛藤に焦点を当てた寛容性研究がフィンチャムたちによって行われていますが、それらの結果は、寛容特性の強い人が葛藤時においても対決的行動を抑えて相手と建設的なコミュニケーションを図り、その結果、円満な葛藤解決に至ることが多いことを示しています（フィンチャムたち 二〇〇四）。

葛藤反応に対するこうした個人要因と状況要因の関連性を調べたコウトソスたち（二〇〇八）の研究も興味深いものです。彼らはオーストラリアとニュージーランドにおいてスノーボール手法を用いて、一九歳から七四歳に及ぶ一二八人の参加者を集めました。ハートランド寛容性尺度で彼らの寛容特性を測定した上で、最近、人から傷つけられた出来事を想起するよう求め、その際、加害者を赦そうとしたかどうか聞きました。赦そうとしたかどうかは、違反関連対人動機尺度（ＴＲＩＭ、マッカローたち 一九九八）を使って調べられましたが、それは、加害者に対する報復動機と回避動機の強さを評定させるものでした。両方の動機が弱いときに加害者を赦すという寛容な対応が行われると仮定されています。その結果を図41に示します。

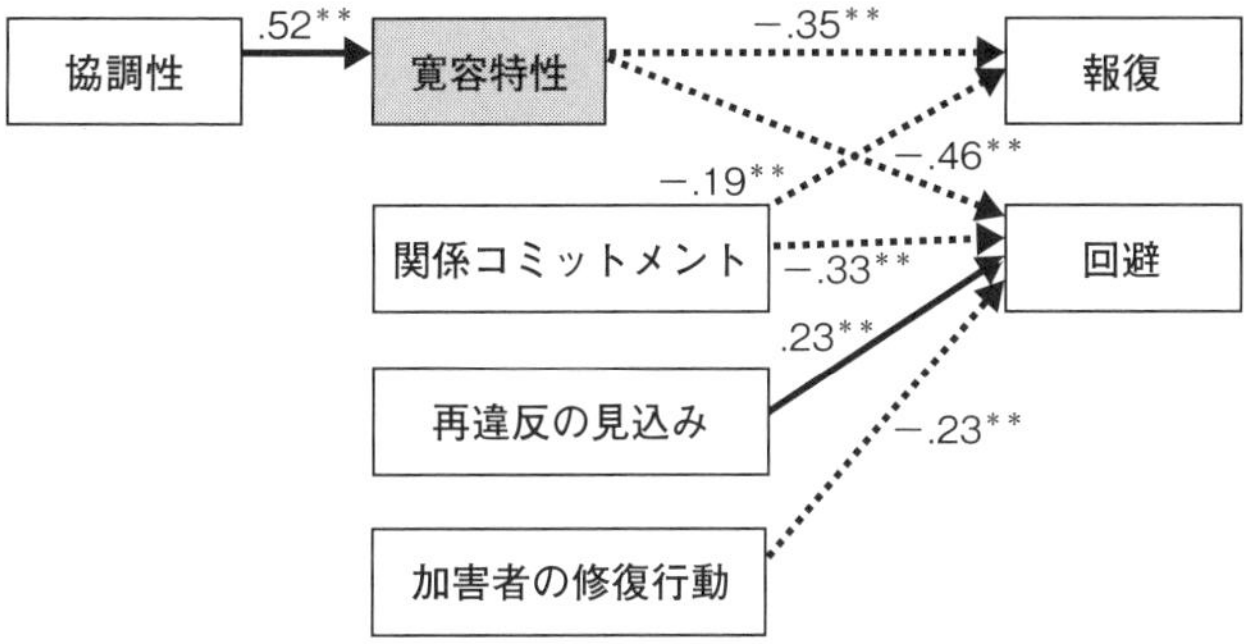

図 41　寛容行動の要因に関するパス分析（コウトソスたち，2008）
$^{**}p < .05$。

これを見ると、寛容特性の強い人たちは葛藤状況において報復動機も回避動機もともに弱いものでしたが、このことは彼らが加害者に対して寛容な態度で接しようとしたことを示しています。また、寛容特性はビッグ・ファイブの中の協調性という性格次元と強く関連することも示されています。

寛容行動は性格特性に加えて状況要因の影響も受けます。当事者が相手との人間関係を大切にしたいと思ったとき、つまり、強い関係コミットメントを持っているとき、また、相手は同じ違反を繰り返さないだろうと判断したとき、さらに、加害者側が謝罪するなど修復行動を示したときにも、寛容行動が促進されました。葛藤の建設的解決に有益な寛容性は、このようにさまざまの要因によって左右されますが、当事者の個人的特性もまたその一因であることが、こうした研究によって示されています。

しかし、寛容特性を持つ人がなぜ相手を赦そうとするのかについて明確なことは分かっていません。ただ、寛容特性が協調性や情緒安定性と関連が深いことから、ベリーたち（二〇〇五）は、これらの性格に含まれる快感情特性が重要なのではないかとみています。葛藤は不安、恐れ、怒りなどの不快感情を生み出しますが、これは防衛心や攻撃心を喚起して対決的姿勢を強めます。この不快感情を抑制し、その影響力を弱めることができて初めて寛容な気持ちが生まれます。協調的で情緒安定の人たちは快感情傾向があることから、葛藤から発生する不快感情も弱いのではないかと推察されます。彼らは相手に対する信頼、事態の推移に対する楽観的期待などを持つ傾向がありますが、これは快感情特性によって誘導されるものではないかとベリーたちは推論しています。

ty of positive implicit self-esteem. *Psychological Science*, **18**, 498–500.
Yamagishi, T. (1986). The provision of a sanctioning system as a public good. *Journal of Personality and Social Psychology*, **50**, 110–116.
Zafran, A., & Bar-Tal, D. (2002, July). *The dominance of fear over hope in situations of intractable conflict: The Israeli case*. Paper presented at the annual meeting of the International Society of Political Psychology, Berlin.

disappointment, worry, guilt, and regret. *Journal of Personality and Social Psychology*, **91**, 124–142.

Wall jr, V. D., & Nolan, L. L. (1986). Perceptions of inequality, satisfaction, and conflict in task-oriented groups. *Human Relations*, **39**, 1033–1051.

Wallace, H. M., Exline, J. J., & Baumeister, R. F. (2008). Interpersonal consequences of forgiveness：Does forgiveness deter or encourage repeat offenses? *Journal of Experimental Social Psychology*, **44**, 453–460.

Watson, D., Clark, L. A., & Tellegen, A. (1988). Development and validation of brief measures of positive and negative affect：The PANAS scales. *Journal of Personality and Social Psychology*, **54**, 1063–1070.

Waugh, C. E., & Fredrickson, B. L. (2006). Nice to know you：Positive emotions, self-other overlap, and complex understanding in the formation of new relationships. *Journal of Positive Psychology*, **1**, 93–106.

Webster, D. M., & Kruglanski, A. W. (1994). Individual differences in need for cognitive closure. *Journal of Personality and Social Psychology*, **67**, 1049–1062.

Wilkowski, B. M., & Robinson, M. D. (2007). Keeping your cool：Trait anger, hostile thoughts, and the recruitment of limited capacity control. *Personality and Social Psychology Bulletin*, **33**, 1201–1213.

Wilkowski, B. M., & Robinson, M. D. (2010). The anatomy of anger：An integrative cognitive model of trait anger and reactive aggression. *Journal of Personality*, **78**, 9–38.

Winter, D. G. (2007). The role of motivation, responsibility, and integrative complexity in crisis escalation：Comparative studies of war and peace crises. *Journal of Personality and Social Psychology*, **92**, 920–937.

Wolf, V. (2004). The relationship between the escapism phenomenon and adherence to the ethos of conflict（ヘブライ語）. Tel Aviv 大学修士論文（未公刊）Bar-Tal et al. (2009) に引用

Wood, V. F., & Bell, P. A. (2008). Predicting interpersonal conflict resolution styles from personality characteristics. *Personality and Individual Differences*, **45**, 126–131.

Yamaguchi, S., Greenwald, A. G., Banaji, M. R., Murakami, F., Chen, D., Shiomura, K., Kobayashi, C., Cai, H., & Krendl, A. (2007). Apparent universali-

Thompson, L. Y., Snyder, C. R., & Hoffman, L. (2005). *Heartland Forgiveness Scale*. Faculty publications, Department of Psychology, University of Nebraska-Lincoln, Paper 452.

Thompson, L. Y., & Synder, C. R. (2003). Measuring forgiveness. In S. J. Lopez, & C. R. Snyder (Eds.), *Positive psychological assessment : A handbook of models and measures*. Washington, DC : American Psychological Association. pp. 301–312.

Thorndike, E. (1920). Intelligence and its use. *Harper's Magazine*, **140**, 227–235.

Tjosvold, D. (1997). Conflict within interdependence : Its value for productivity and individuality. In C. D. Dreu, & E. Van de Vliert (Eds.), *Using conflict in organizations*. London : Sage. pp. 23–37.

Tjosvold, D., & Chia, L. C. (1989). Conflict between managers and workers : The role of cooperation and competition. *Journal of Social Psychology*, **129**, 235–247.

豊田弘司・森田泰介・金敷大之・清水益治 (2005). 日本版 ESCQ (Emotional Skills & Competence Questionnaire) の開発　奈良教育大学紀要 (人文・社会科学), **54**, 43–47.

Trope, Y., Liberman, N., & Wakslak, C. (2007). Construal levels and psychological distance : Effects on representation, prediction, evaluation, and behavior. *Journal of Consumer Psychology*, **17**, 83–95.

Tyler, T. R., Boeckman, R. J., Smith, H. J., & Huo, Y. J. (1997). *Social justice in a diverse society*. Boulder, Colorado : Westview Press.
(タイラー, T. R.・ボエックマン, R. J.・スミス, H. J.・ホー, Y. J. 大渕憲一・菅原郁夫 (監訳) (2000). 多元社会における正義と公正　ブレーン出版)

上原俊介・舟木慎吾・大渕憲一 (2011). 関係規範の違反に対する怒り感情——人間関係タイプ, 欲求の関係特異性, 及び欲求伝達の影響——　実験社会心理学研究, **51**, 32–42.

Utz, S. (2004). Self-activation is a two-edged sword : The effects of I primes on cooperation. *Journal of Experimental Social Psychology*, **40** (6), 769–776.

Van Kleef, G. A., De Dreu, C. K. W., & Manstead, A. S. R. (2006). Supplication and appeasement in conflict and negotiation : The interpersonal effects of

高橋則夫（2003）．修復的司法の探求　成文堂

Takšić, V.（2002）. *The importance of emotional intelligence（competence）in positive psyochology*. Paper presented at The first International positive psychology summit. Washington, D. C., October 4–6.（豊田弘司他（2005）に引用）

Tam, T., Hewstone, M., Cairns, E., Tausch, N., Maio, G., & Kenworthy, J.（2007）. The impact of intergroup emotions on forgiveness in Northern Ireland. *Group Processes and Intergroup Relations*, **10**, 119–136.

Tangney, J., Fee, R., Reinsmith, C., Boone, A. L., & Lee, N.（1999, August）. *Assessing individual differences in the propensity to forgive*. Paper presented at the annual meeting of the American Psychological Association, Boston, MA.

Tan, H. B., & Forgas, J. P.（2010）. When happiness makes us selfish, but sadness makes us fair：Affective influences on interpersonal strategies in the dictator game. *Journal of Experimental Social Psychology*, **46**, 571–576.

淡野将太（2010）．置き換えられた攻撃研究の変遷　教育心理学研究，**58**, 108–120.

Terhune, K. H.（1968）. Motives, situation, and interpersonal conflict within prisoner's dilemma. *Journal of Personality and Social Psychology*, **8**, 1–24.

Thomas, K. W.（1992）. Conflict and negotiation processes in organizations. In M. D. Dunnette（Ed.）, *Handbook of industrial and organizational psychology*. Chicago：Rnad McNally. pp. 651–717.

Thompson, L., & Hastie, R.（1990）. Social perception in negotiation. *Organizational Behavior and Human Decision Processes*, **47**, 98–123.

Thompson, L., & Hrebec, D.（1996）. Lose-lose agreements in interdependent decision making. *Psychological Bulletin*, **120**, 396–409.

Thompson, L., & Loewenstein, G.（1992）. Egocentric interpretations of fairness and interpersonal conflict. *Organizational Behavior and Human Decision Processes*, **51**, 176–197.

Thompson, L., Nadler, J., & Lount, Jr., R. B.（2006）. Judemental biases in conflict resolution and how to overcome them. In M. Deutsch, P. T. Coleman, & E. C. Marcus（Eds.）, *The handbook of conflict resolution：Theory and practice*. 2nd ed. San Francisco, CA：Jossey-Bas. pp. 243–267.

ens, V. (2001). Extending the cross-cultural validity of the theory of basic human values with a different method of measurement. *Journal of Cross-Cultural Psychology*, **32**, 519–542.

Schwarz, N., Song, H., & Xu, J. (2008). When thinking is difficult : Metacognitive experiences as information. In M. Wänke (Ed.), *Social psychology of consumer behavior*. New York, NY : Psychology Press. pp. 201–223.

Silverstein, B., & Flamenbaum, C. (1989). Biases in the perception and cognition of the action of enemies. *Journal of Social Issues*, **45**, 51–72.

Sinaceur, M., & Tiedens, L. Z. (2006). Get mad and get more than even : When and why anger expression is effective in negotiations. *Journal of Experimental Social Psychology*, **42**, 314–322.

Smith, P. B., & Bond, M. H. (1998). *Social psychology across cultures*. 2nd ed. London : Prentice Hall Europe.
(スミス, P. B.・ボンド, M. H.　笹尾敏明・磯崎三喜年（訳）(2003). グローバル化時代の社会心理学　北大路書房)

Smith, I. W., Glazer, K., Ruiz, J. M., & Gallo, L. C. (2004). Hostility, anger, aggressiveness, and coronary heart disease : An interpersonal perspective on personality, emotion, and health. *Journal of Personality*, **72**, 1217–1270.

Staal, M. A. (2004). *Stress, cognition, and human performance : A literature review and conceptual framework*. Moffett Field, CA : National Aeronautics and Space Administration.

Stillinger, C., Epelbaum, M., Keltner, D., & Ross, L. (1990). *The reactive devaluation barrier to conflict resolution*. Unpublished manuscript, Stanford University, Stanford, CA.

Stokes, A. F., & Kite, K. (2001). On grasping a nettle and becoming emotional. In P. A. Hancock, & P. A. Desmond (Eds.), *Stress, workload, and fatigue*. Mahwah, NJ : Erlbaum. pp. 162–181.

Takada, N., & Ohbuchi, K. (2006). Forgiveness and justice : Victim psychology in conflict resolution. In Ohbuchi, K (Ed.), *Social Justice in Japan : Concepts, theories, and paradigms*. Melbourne, Australia, Trans Pacific Press. pp. 107–126.

高田奈緒美・大渕憲一 (2009). 対人葛藤における寛容性の研究——寛容動機と人間関係——　社会心理学研究, **24** (3), 208–218.

祐司・串崎真志（監訳）（2008）．成人のアタッチメント——理論・研究・臨床——　北大路書房）
Risen, J. L., & Gilovich, T.（2007）. Target and observer differences in the acceptance of questionable apologies. *Journal of Personality and Social Psychology*, **92**, 418–433.
Robinson, R. J., Keltner, D., Ward, A., & Ross, L.（1995）. Actual versus assumed differences in construal："Naïve realism" in intergroup perception and conflict. *Journal of Personality and Social Psychology*, **68**, 404–417.
Ross, L., & Ward, A.（1995）. Psychological barriers to dispute resolution. *Advances in Experimental Social Psychology*, **27**, 255–304.
Rubin, J. Z., Pruitt, D. G., & Kim, S. H.（1994）. *Social conflict：Escalation, stalemate, and settelement*. 2nd ed. New York：McGraw-Hill.
Rusbult, C. E., Johnson, D. J., & Morrow, G. D.（1986）. Determinants and consequences of exit, voice, loyalty, and neglect：Responses to dissatisfaction in adult romantic involvements. *Human Relations*, **39**, 45–63.
Rusbult, C. E., Zembrodt, I. M., & Gunn, L. K.（1982）. Exit, voice, loyalty, and neglect：Responses to dissatisfaction in romantic involvement. *Journal of Personality and Social Psychology*, **43**, 1230–1242.
Rusbult, C. E., Verette, J., Whitney, G. A., Slovik, L. F., & Lipkus, I.（1991）. Accommodation process in close relationships：Theory and preliminary empirical evidence. *Journal of Personality and Social Psychology*, **60**, 53–78.
Salovey, P., Mayer, J. D., Goldman, S. L., & Turvey, C.（1995）. Emotional attention, clarity, and repair：Exploring emotional intelligence using the Trait-Mood Scale. In J. W. Pennebaker（Ed.）, *Emotion, disclosure, and health*. Washington, D. C.：American Psychological Association. pp. 125–154.
Salovey, P., & Mayer, J. D.（1989）. Emotional intelligence. *Imagination, Cognition and Personality*, **9**, 185–211.
Sande, G. N., Goethals, G. R., Ferrari, L., & Worth, L. T.（1989）. Value-guided attributions：Maintaining the moral self-image and the diabolical enemy image. *Journal of Social Issues*, **45**, 91–118.
Schutz, W. C.（1958）. *FIRO：A three-dimensional theory of interpersonal behavior*. Oxford, England：Rinehart.
Schwartz, S. H., Melech, G. A., Lehmann, A., Burgess, S., Harris, M., & Ow-

gasoline：How competition turns perspective takers unethical. *Psychological Science*, **16**, 1–9.

Putnam, L. L.（1994）. Productive conflict：Negotiation as implicit coordination. *International Journal of Conflict Management*, **5**, 207–304.

Rahim, M. A., Magner, N. R., & Shapiro, D. L.（2000）. Do justice perceptions influence styles of handling conflict with supervisors? What justice perceptions, precisely. *International Journal of Conflict Management*, **11**（1）, 9–31.

Rahim, M. A., Psenicka, C., Polychroniou, P., Zhao, J-H., Yu, C-S., Chan, K. A., Susana, K. W. Y., Alves, M. G., Lee, C-W., Ralunan, S., Ferdausy, S., & van Wyk, R.（2002）. A model of emotional intelligence and conflict management strategies：A study in seven countries. *International Journal of Organizational Analysis*, **10**, 302–326.

Raskin, R. N., & Hall, C. S.（1979）. A narcissistic personality inventory. *Psychological Reports*, **45**, 590.

Risen, J. L., & Gilovich, T.（2007）. Target and observer differences in the acceptance of questionable apologies. *Journal of Personality and Social Psychology*, **92**, 418–433.

Rouhana, N.（2011）. Key issues in reconciliation：Challenging traditional assumptions on conflict resolution and power dynamics. In D. Bar-Tal（Ed.）, *Intergroup conflicts and their resolution：A social psychological perspective.* New York：Psychology Press. pp. 291–314.
（ロウハナ，N. 大渕憲一（訳）（2012）．和解をめぐる主要論点――紛争解決とパワー力動に関する伝統的仮定への挑戦――　バルータル，D.（編）熊谷智博・大渕憲一（監訳）紛争と平和構築の社会心理学――集団間の葛藤とその解決――　北大路書房　pp. 308–334.）

Reynolds, K. A., Helgeson, V. S., Seltman, H., Janicki, D., Page-Gould, E., & Wardle, M.（2006）. Impact of interpersonal conflict on individuals high in unmitigated communion. *Journal of Personality and Social Psychology*, **36**, 1596–1616.

Rholes, W. S., & Simpson, J. A.（2004）. *Adult attachment：Theory, research, and clinical implications.* New York：Guilford Press.
（ロールズ，W. S.・シンプソン，J. A.（編）遠藤利彦・谷口弘一・金政

Ohbuchi, K., & Takada, N.（2009）. Forgiveness for conflict resolution in Asia：Its compatibility with justice and social control. In C. J. Montiel & N. M. Noor（Eds.）, *Peace psychology in Asia*. New York：Springer. pp. 221–236.

Ohbuchi, K., & Takahashi, Y.（1994）. Cultural styles of conflict management in Japanese and Americans：Passivity, covertness, and effectiveness of strategies. *Journal of Applied Social Psychology*, **24**, 1345–1366.

Ohbuchi, K., & Tedeschi, J.（1997）. Multiple goals and tactical behaviors in social conflicts. *Journal of Applied Social Psychology*, **27**, 2177–2199.

Okimoto, T. G., & Wenzel, M.（2011）. The other side of perspective taking. *Social Psychological and Personality Science*, **2**, 373–378.

Pedersen, W. C., Gonzales, C., & Miller, N.（2000）. The moderating effect of trivial triggering provocation on displaced aggression. *Journal of Personality and Social Psychology*, **78**, 913–927.

Petromonaco, P. R., Greenwood, D., & Barrett, L. F.（2004）. Conflict in adult close relationships：An attachment perspective. In W. S. Rholes, & J. A. Simpson（Eds.）, *Adult attachment：Theory, research, and clinical implications*（pp. 55–85）. New York：Guilford Press. pp. 267–299.
（ペトロモナコ，P. R.・グリーンウッド，D.・バレット，L. F.　石井佑可子（訳）（2008）．成人の親密な関係における葛藤——アタッチメントの視点から——　ロールズ，W. S.・シンプソン，J. A.（編）遠藤利彦・谷口弘一・金政祐司・串崎真志（監訳）成人のアタッチメント——理論・研究・臨床——　北大路書房　pp. 238–267.）

Petronio, S.（2010）. Communication privacy management theory：What do we know about family privacy regulation? *Journal of Family Theory and Review*, **2**, 175–196.

Petronio, S., & Reierson, J.（2009）. Regulating the privacy of confidentiality. In T. A. Afifi, & W. A. Afifi（Eds.）, *Uncertainty, information management, and disclosure decisions：Theories and applications*. New York：Routledge. pp. 365–383.

Piaget, J.（1932）. *The moral judgment of the child*. Glence, IL：Free Press.
（ピアジェ，J.　大伴　茂（訳）（1957）．臨床児童心理学 3　児童道徳判断の発達　同文書院）

Pierce, J. R., Kilduff, G. J., Galinsky, A. D., & Sivanathan, N.（2013）. Glue to

大渕憲一（2008）．組織内葛藤　大渕憲一（編）葛藤と紛争の社会心理学――対立する人の心と行動――　北大路書房　pp. 84–94.
大渕憲一（2010）．謝罪の研究――釈明の心理とはたらき――　東北大学出版会
大渕憲一（2011）．新版　人を傷つける心――攻撃性の社会心理学――　サイエンス社
大渕憲一（2014）．人間関係の親密さと葛藤解決――アタッチメントの効果――　安川文朗・石原明子（編）現代社会と紛争解決学――学際的理論と応用――　ナカニシヤ出版　pp. 88–109.
Ohbuchi, K., & Atsumi, E.（2010）. Avoidance brings Japanese employees what they care about in conflict management：Its functionality and "good member" image. *Negotiation and Conflict Management Research*, **3**, 117–129.
大渕憲一・福島　治（1997）．葛藤解決における多目標――その規定因と方略選択に対する効果――　心理学研究，**68**, 155–162.
Ohbuchi, K., Fukushima, O., & Fukuno, M.（1995）. Reciprociry and cognitive bias in reactions to interpersonal conflicts. *Tohoku Psychologica Folia*, **54**, 53–60.
大渕憲一・北村俊則・織田信男・市原眞記（1993）．攻撃性自己評定項目集　未刊行資料
大渕憲一・小嶋かおり（1998）．対人葛藤の原因と対人関係――比較文化的分析――　文化，**61**, 66–80.
大渕憲一・小倉左知男（1984）．怒りの経験――Averillの質問紙による成人と大学生の調査概況――　犯罪心理学研究，**22**, 15–35.
Ohbuchi, K., & Saito, T.（2007）. Cognitive causes of conflict avoidance among Japanese：An approach from pluralistic ignorance. In J. H. Liu, C. Ward, A. B. I. Bernardo, M. Karasawa, & R. Fischer（Eds.）, *Progress in Asian social psychology*. Vol. 6. Seoul：Kyoyook kwahak-Sa Publishing, pp. 83–97.
大渕憲一・潮村公弘（1993）．日本人滞米者の市民生活における異文化葛藤――対人葛藤の内容分析――　文化，**57**, 119–145.
Ohbuchi, K., & Suzuki, M.（2003）. Three dimensions of conflict issues and their effects on resolution strategies in organizational settings. *International Journal of Conflict Management*, **14**, 61–73.

Munro, G. D., Ditto, P. H., Lockhart, L. K., Fagerlin, A., Gready, M., & Peterson, E. (2002). Biased assimilation of sociopolitical arguments：Evaluating the 1996 U. S. Presidential debate. *Basic and Applied Social Psychology*, **24**, 15–26.

Murray, S. L., Holmes, J. G., & Collins, N. L. (2006). Optimizing assurance：The risk regulation system in relationships. *Psychological Bulletin*, **132**, 641–666.

Nadler, J. (2004). Rapport in legal negotiation：How small talk can facilitate e-mail dealmaking. *Harvard Negotiation Law Review*, **9**, 223–240.

Neisser, U., Boodoo, G., Bouchard, Jr., T., Boykin, A. W., Ceci, S. J., Halpen, D. F., Loehlin, J. C., Perloff, R., Sternberg, R. J., & Urbina, S. (1996). Intelligence：Knows and unkonwns. *American Psychologist*, **51**, 77–101.

Nisbett, R. E., Aronson, J., Blair, C., Dickens, W., Flynn, J., Halpen, D. F., & Turkheimer, E. (2012). Intelligence：New findings and theoretical developments. *American Psychologist*, **67**, 1–30.

Nowak, A., Bui-Wrzosinska, L., Coleman, P. T., Vallacher, R. R., Bartkowski, W., & Jochemczyk, L. (2010). Seeking sustainable solutions：Using an attractor simulation platform for teaching multi-stakeholder negotiation in complex cases. *Negotiation Journal*, **26**, 49–68.

Oetzel, J. G., & Ting-Toomey, S. (2006). *The SAGE handbook of conflict communication：Integration theory, research, and practive.* Thousand Oaks, CA：Sage Publication.

王　瑩（2013）．謝罪に対する認知と反応に関する日中比較研究　平成 24 年度東北大学大学院文学研究科修士論文

大渕憲一（1997）．葛藤対処の文化的スタイル　大渕憲一（編）応用心理学講座 3　紛争解決の社会心理学　ナカニシヤ出版　pp. 343–367.

大渕憲一（2005）．対人葛藤における消極的解決方略――新しい対人葛藤スタイル尺度の開発に向けて――　東北大学文学研究科年報，**55**, 78–92.

大渕憲一（2006）．犯罪心理学――犯罪の原因をどこに求めるのか――　培風館

Ohbuchi, K. (2007). The social bonds of justice：Theory and research. In K. Ohbuchi (Ed.), *Social justice in Japan：Concepts, theories and paradigms.* Melbourone：Trans Pacific Press. pp. 3–33.

inney, K. E. (1992). The measurement of forgiveness : Preliminary research. *Journal of Psychology and Christianity*, **11**, 170–180.

Mayer, J. D., Salovey, P., & Caruso, D. R. (2008). Emotional intelligence : New ability or eclectic traits? *American Psychologists*, **63**, 503–517.

Mayer, J. D., Salovey, P., Caruso, D. R., & Sitarenios, G. (2003). Measuring emotional intelligence with the MSCEIT V2.0. *Emotion*, **3**, 97–105.

McClelland, D. C. (1961/2010). *The achieving society*. Martino Fine Books.

McCorkel, S., & Reese, M. J. (2010). *Personal conflict management : Theory and practic*e. Boston : Allyn and Bacon.

McCullough, M. E., Rachal, K. C., Sandage, S. J., Worthington, E. L., Jr., Wade Brown, S., & Hight, T. L. (1998). Interpersonal forgiving in close relationships II : Theoretical elaboration and measurement. *Journal of Personality and Social Psychology*, **75**, 1586–1603.

Mikulincer, M., Gillath, O., Halevy, V., Avihou, N., Avidan, S., & Eshkoli, N. (2001). Attachment theory and reactions to others' needs : Evidence that activation of the sense of attachment security promotes empathic responses. *Journal of Personality and Social Psychology*, **81**, 1205–1224.

Mikulincer, M., & Shaver, P. (2007). Boosting attachment security to promote mental health, prosocial values, and inter-group tolerance. *Psychology Inquiry*, **18**, 139–156.

Mikulincer, M., & Shaver, P. (2011). Attachment, anger, and aggression. In P. R. Shaver, & M. Mikulincer (Eds.), *Human aggression and violence : Causes, manifestations, and consequences*. Washington, DC : American Psychological Association. pp. 241–258.

Mikulincer, M., Shaver, P. R., Gillath, O., & Nitzberg, R. A. (2005). Attachment, caregiving, and altruism : Boosting attachment security increases compassion and helping. *Journal of Personality and Social Psychology*, **89**, 817–839.

Miller, N., Pederson, W. C., Earleywine, M., & Pollock, V. E. (2003). A theoretical model of triggered displaced aggression. *Personality and Social Psychology Review*, **7**, 75–97.

Müller, M. M., Kals, E., & Mäs, J. (2008). Fairness, self-interest, and cooperation in a real-life conflict. *Journal of Applied Social Psychology*, **38**, 684–704.

and compromise：Archival and laboratory studies. *Journal of Personality and Social Psychology*, **81**, 711–727.

Laursen, B., Hartup, W. W., & Koplas, A. L. (1996). Toward understanding peer conflict. *Merrill-Palmer Quarterly*, **42**, 76–102.

Leung, K., Koch, P. T., & Lu, L. (2002). A dualistic model of harmony and its implications for conflict management in Asia. *Asia Pacific Journal of Management*, **19**, 201–220.

LeDoux, J. E. (2000). Emotion in circuts in the brain. *Annual Review of Neuroscience*, **23**, 155–184.

Lind, E. A., & Tyler, T. R. (1988). *The social psychology of procedural justice*. New York：Plenum Press.
(リンド，E. A.・タイラー，E. R.　菅原郁夫・大渕憲一（訳）(1995). フェアネスと手続きの社会心理学――裁判，政治，組織への応用―― ブレーン出版)

Lochman, J. E., Wayland, K. K., & White, K. J. (1993). Social goals：Relationship to adolescent adjustment and to social problem solving. *Journal of Abnormal Child Psychology*, **21**, 135–151.

Lord, C. G., Ross, L., & Lepper, M. R. (1979). Biased assimilation and attitude polarization：The effects of prior theories on subsequently considered evidence. *Journal of Personality and Social Psychology*, **37**, 2098–2109.

Lorr, M., & McNair, D. M. (1963). An interpersonal behavior circle. *Journal of Abnormal and Social Psychology*, **67**, 68–75.

Luchies, L. B., Wieselquist, J., Rusbult, C. E., Kumashiro, M., Eastwick, P. W., Coolsen, M. K., & Finkel, E. J. (2013). Trust and biased memory of transgressions in romantic relationships. *Journal of Personality and Social Psychology*, **104**, 673–694.

Maoz, I., Ward, A., Katz, M., & Ross, L. (2002). Reactive devaluation of an Israeli and a Palestinian peace proposal. *Journal of Conflict Resolution*, **46**, 515–546.

Marcus-Newhall, A., Pederson, C. W., Carlson, M., & Miller, N. (2000). Displaced aggression is alive and well：A meta-analytic review. *Journal of Personality and Social Psychology*, **78**, 670–689.

Mauger, P. A., Perry, J. E., Freeman, T., Grove, D. C., McBride, A. G., & McK-

sion Processes, **95**, 83–96.

Kennedy, K. A., & Pronin, E.（2008）. When disagreement gets ugly：Perceptions of bias and the escalation of conflict. *Personality and Social Psychology Bulletin*, **34**, 833–848.

菊池章夫（1988）．思いやりを科学する――向社会的行動の心理とスキル――　川島書店

Kim, P. H., Ferrin, D. L., Coorper, C. D., & Dirks, K. T.（2004）. Removing the shadow of suspicion：The effects of apology versus denial for repairing competence-versus integrity-based trust violations. *Journal of Applied Psychology*, **89**, 104–118.

Kobak, R. R., & Duemmler, S.（1994）. Attachment and conversation：Toward a discourse analysis of adolescent and adult security. In K. Bartholomew & D. Perlman（Eds.）, *Attachment processes in adulthood*. London：Jessica Kingsley. pp. 121–149.

Komatsu, S., & Ohbuchi, K.（2009）. A personality approach to Japanese preference of avoidance in conflict：Neuroticism and its interaction with the situation. *Tohoku Psychologica Folia*, **68**, 7–16.

Koutsos, P., Wertheim, E. H., & Kornblum, J.（2008）. Paths to interpersonal forgiveness：The roles of personality, disposition to forgive and contextual factors in predicting forgiveness following a specific offence. *Personality and Individual Differences*, **44**, 337–348.

Kruglanski, A., W., Thompson, E. P., Higgins, E. T., Atash, M. N., Pierro, A., Shah, J. Y., & Spiegel, S.（2000）. To "do the right thing" or to "just do it"：Locomotion and assessment as distinct self-regulatory imperatives. *Journal of Personality and Social Psychology*, **79**, 793–815.

Kuppens, P., van Mechelen, I., Smits, D. J. M., & de Boeck, P.（2003）. The appraisal basis of anger：Specificity, necessity and sufficiency of components. *Emotion*, **3**, 254–269.

久保田まり（2008）．アタッチメントの形成と発達――ボウルビィのアタッチメント理論を中心に――　庄司順一・奥山眞紀子・久保田まり（編）アタッチメント――子どもの虐待・トラウマ・対象喪失・社会的養護をめぐって――　明石書店　pp. 42–64.

Langer, C. A., & Winter, D. G.（2001）. The motivational basis of concessions

発達心理学——思いやりと正義とのかかわりで——　川島書店)
法務総合研究所（2007）．平成 19 年版犯罪白書　佐伯出版
Hunter, J. A., Stringer, M., & Watson, R. P.（1991）. Intergroup violence and intergroup attributions. *British Journal of Social Psychology,* **30**, 261–266.
Jarymowicz, M., & Bar-Tal, D.（2006）. The dominance of fear over hope in the life of individuals and collectives. *European Journal of Social Psychology,* **36**, 367–392.
Jehn, K. A.（1995）. A multimethod examination of the benefits and detriments of intragroup conflict. *Administrative Science Quarterly,* **40**, 256–282.
Jehn, K. A.（1997）. A qualitative analysis of conflict types and dimensions in organizational groups. *Administrative Science Quarterly,* **42**, 530–557.
Jervis, R.（1976）. *Perception and misperception in international relations.* Princeton, NJ：Princeton University Press.
Jensen-Campbell, L. A., Gleason, K. A., Adams, R., & Malcolm, K. T.（2003）. Interpersonal conflict, agreeableness, and personality development. *Journal of Personality,* **71**, 1059–1085.
Joll, J.（1968）. *1914：The unspoken assumptions.* London：Weidenfeld & Nicolson.
Kahneman, D., & Tversky, A.（1979）. Prospect theory：An analysis of decision under risk. *Econometrica,* **47**, 263–291.
貝塚茂樹（2003）．論語 II　中央公論社　p. 92.
亀田達也・村田光二（2000）．複雑さに挑む社会心理学——適応エージェントとしての人間——　有斐閣
Karremans, J. C., & Van Lange, P. A. M.（2005）. Does activating justice help or hurt in promoting forgiveness? *Journal of Experimental Social Psychology,* **41**, 290–297.
Kaukiainen, A., Björkqvist, K., Lagerspetz, K., Österman, K., Salmivalli, C., Rothberg, S., & Ahlbom, A.（1999）. The relationships between social intelligence, empathy, and three types of aggression. *Aggressive Behavior,* **25**, 81–89.
Kay, A. C., Wheeler, S. C., Bargh, J. A., & Ross, L.（2004）. Material priming：The influence of mundane physical objects on situational construal and competitive behavioral choice. *Organizational Behavior and Human Deci-*

pp. 7–28.

Graziano, W. G., & Ward, D.（1992）. Probing the Big Five in adolescence：Personality and adjustment during a developmental transition. *Journal of Personality*, **60**, 425–439.

Greifeneder, R., Bless, H., & Pham, M. T.（2011）. When do people rely on affective and cognitive feelings in judgment? A review. *Personality and Social Psychology Review*, **15**, 107–141.

Halperin, E., Sharvoit, K., & Gross, J. J.（2011）. Emotion and emotion regulation in intergroup conflict：An appraisal-based framework. In D. Bar-Tal（Ed.）, *Intergroup conflicts and their resolution：A social psychological perspective*. New York：Psychology Press. pp. 83–104.

（ハルペリン，E. 他（2012）. 集団間紛争における感情と感情制御――評価基盤フレームワーク紛争解決における社会心理学的障壁―― バル―タル，D.（編著）熊谷智博・大渕憲一（監訳） 紛争と平和構築の社会心理学――集団間の葛藤とその解決―― 北大路書房 pp. 87–109.）

Halperin, E., Russell, A.. G., Dweck, C. S., & Gross, J. J.（2011）. Anger, hatred, and the quest for peace：Anger can be constructive in the absence of hatred. *Journal of Conflict Resolution*, **55**, 274–291.

Hastrof, A., & Cantril, H.（1954）. They saw a game：A case study. *Journal of Abnormal and Social Psychology*, **49**, 129–134.

HDE（2009）.「勤務中におけるプライベートメール」に関する実態調査〈https://www.hde.co.jp/reports/20090127/〉（2014 年 4 月 2 日アクセス）

Helgeson, V. S., & Fritz, H. L.（1998）. A theory of unmitigated communion. *Personality and Social Psychology Review*, **2**, 173–183.

Heradstveit, D.（1979）. *The Arab-Israeli conflict：Psychological obstacles to peace*. Oslo：Universitetsforlaget.

Heider, F.（1958）. *The psychology of interpersonal relations*. New York：Wiley.

（ハイダー，F. 大橋正夫（訳）（1978）. 対人関係の心理学 誠信書房）

飛田 操（1996）. 対人関係の崩壊と葛藤 大坊郁夫・奥田秀宇（編）親密な対人関係の科学 誠信書房 pp. 150–179.

Hoffman, M. L.（2000）. *Empathy and moral development*. Cambridge, UK：Cambridge University Press.

（ホフマン，M. L. 菊池章夫・二宮克己（訳）（2001）. 共感と道徳性の

ality and Social Psychology, **92**, 191–207.

福野光輝・大渕憲一（1998）．交渉における認知のゆがみ　大渕憲一（編）現代応用心理学講座 3　紛争の社会心理学　ナカニシヤ出版　pp. 119–141.

Fukuno, M., & Ohbuchi, K.（2003）. Procedural fairness in ultimatum bargaining：Effects of interactional fairness and formal procedure on respondents' reactions to unequal offers. *Japanese Psychological Research*, **45**, 152–161.

Galinsky, A. D., Maddux, W. W., Gilin, D., & White, J. B.（2008）. Why it pays to get inside the head of your opponent：The differential effects of perspective taking and empathy in negotiations. *Psychological Science*, **19**, 378–384.

Gelfand, M. J., & Brett, J. M.（2004）. *The handbook of negotiation and culture*. Stanford, CA：Stanford University Press.

Gelfand, M. J., Higgins, M., Nishii, L. H., Raver, J. L., Dominquez, A., Murakami, F., Yamaguchi, S., & Toyama, M.（2002）. Culture and egocentric perceptions of fairness in conflict and negotiation. *Journal of Applied Psychology*, **87**, 833–845.

言論 NPO（2013）．第 9 回日中共同世論調査結果〈http://www.genron-npo.net/pdf/2013forum.pdf〉（2013 年 11 月 13 日アクセス）

Gilbert, D. T., & Jones, E. E.（1986）. Perceiver-induced constrain：Interpretations of self-generated reality. *Journal of Personality and Social Psychology*, **50**, 269–280.

Golec, A., & Federico, C. M.（2004）. Understanding responses to political conflict：Interactive effects of the need for closure and salient schemas. *Journal of Personality and Social Psychology*, **87**, 750–762.

Golec de Zavala, A., Federico, C. M., Cislak, A., & Sigger, J.（2008）. Need for closure and competition in intergroup conflicts：Experimental evidence for the mitigating effect of accessible conflict-schemas. *European Journal of Social Psychology*, **38**, 84–105.

Goldberg, L. R.（1999）. A broad-bandwidth, public domain, personality inventory measuring the lower-level facets of several five-factor models. In I. Deary, I. Mervielde, F. Ostendorg, & F. De Fruyt（Eds.）, *Personality psychology in Europe*. Tilburg, The Netherlands：Tilburg University Press.

Forgas, J. P., & East, R. (2008). On being happy and gullible : Mood effects on skepticism and the detection of deception. *Journal of Experimental Social Psychology*, **44**, 1362–1367.

Forgas, J. P., Kruglanski, A. W., & Williams, K. D. (2011). *The psychology of social conflict and aggression*. New York : Psychology Press.

Forgas, J. P., Wyland, C. L., & Laham, S. M. (2006). Hearts and minds : A introduction to the role of affect in social cognition and behavior. In J. P. Forgas (Ed.), *Affect in social thinking and behavior*. New York : Psychology Press. pp. 3–18.

Forsythe, R., Horowitz, J. L., Savin, N. E., & Sefton, M. (1994). Fairness in simple bargaining experiments. *Games and Economic Behavior*, **6** (3), 347–369.

Fraley, R. C., & Davis, K. E. (1997). Attachment formation and transfer in young adults' close friendships and romantic relationships. *Personal Relationships*, **4**, 131–144.

Friedman, R., Chi, S., & Liu, L. A. (2006). An expectancy model of Chinese-American differences in conflict avoiding. *Journal of International Business*, **37**, 76–91.

Fredrickson, B. L. (2001). The role of positive emotions in positive psychology : The broaden-and-build theory of positive emotions. *American Psychologists*, **56**, 218–226.

Fredrickson, B. L. (2009). *Positivity : Top-notch research reveals the 3 to 1 ratio that will change your life*. New York : Random House.
（フレドリクソン，B.　植木理恵・高橋由紀子（訳）（2010）．ポジティブな人だけがうまくいく 3：1 の法則　日本実業出版社）

Fredrickson, B. L. (2013). Updated thinking on positivity rations. *American Psychologists*, **68**, 814–822.

Fritz, H. L., & Helgeson, V. S. (1998). Distinctions of unmitigated communion from communion : Self-neglect and overinvolvement with others. *Journal of Personality and Social Psychology*, **75**, 121–140.

Fu, J. H-Y., Morris, M. W., Lee, S-L., Chao, M., Chiu, C-Y., & Hong, Y-Y. (2007). Epistemic motives and cultural conformity : Need for closure, culture, and context as determinants of conflict judgments. *Journal of Person-*

posure：The impact of depleted self-regulation resources on confirmatory information processing. *Journal of Personality and Social Psychology*, **94**, 382–395.

Fiske, A. P.（1992）. The four elementary forms of sociality：Framework for a unified theory of social relations. *Psychological Review*, **99**, 689–723.

Fitness, J., & Curtis, M.（2005）. Emotional intelligence and the Trait Meta-Mood Scale：Relationships with empathy, attributional complexity, self-control, and response to interpersonal conflict. *E-Journal of Applied Psychology：Social Section*, **1**, 50–62.

Forgas, J. P.（1992）. Affect in social judgments and decisions：A mutiprocess model. In M. Zanna（Ed.）, *Advances in experimental social psychology*. Vol. 25. San Diego, CA：Academic Press. pp. 227–275.

Forgas, J. P.（1994）. Sad and guilty? Affective influences on the explanation of conflict in close relationships. *Journal of Personality and Social Psychology*, **66**, 56–68.

Forgas, J. P.（1995）. Mood and judgment：The affect infusion model（AIM）. *Psychological Bulletin*, **117**, 39–66.

Forgas, J. P.（1998a）. On feeling good and getting your way：Mood effects on negotiator cognition and bargaining strategies. *Journal of Personality and Social Psychology*, **74**, 565–577.

Forgas, J. P.（1998b）. Asking nicely? The effects of mood on responding to more or less polite requests. *Personality and Social Psychology Bulletin*, **24**, 173–185.

Forgas, J. P.（1999）. On feeling good and being rude：Affective influences on language use and request formulations. *Journal of Personality and Social Psychology*, **76**, 928–939.

Forgas, J. P.（2006）. Affective influences on interpersonal behavior：Towards understanding the role of affect in everyday interactions. In J. P. Forgas（Eds.）, *Affect in social thinking and behavior*. New York：Psychology Press. pp. 269–290.

Forgas, J. P.（2007）. When sad is better than happy：Negative affect can improve the quality and effectiveness of persuasive messages and social influence strategies. *Journal of Experimental Social Psychology*, **43**, 513–528.

pp. 983–1023.

De Dreu, C. K. W., Koole, S. L., & Steinel, W. (2000). Unfixing the fixed pie : A motivated information-processing approach to integrative negotiation. *Journal of Personality and Social Psychology*, **79**, 975–987.

De Dreu, C. K. W., & van Knippernberg, D. (2005). The possessive self as a barrier to conflict resolution : Effects of mere ownership, process accountability, and self-concept clarity on competitive cognitions and behavior. *Journal of Personality and Social Psychology*, **89**, 345–357.

Dodge, K. A. (1980). Social cognition and children's aggressive behavior. *Child Development*, **51**, 162–292.

Dodge, K. A. (2011). Social information processing patterns as mediators of the interaction between genetic factors and life experiences in the development of aggressive behavior. In P. R. Shaver, & M. Mikulincer (Eds.), *Human aggression and violence : Causes, manifestations, and consequences.* Washington, DC : American Psychological Association. pp. 165–185.

Dodge, K. A., Coie, J. D., & Lynam, D. (2006). Aggression and antisocial behavior in youth. In N. Eisenberg, W. Damon, & R. M. Lerner (Eds.), *Handbook of child psychology*. Vol. 3. *Social, emotional, and personality development*. 6th ed. New York : Wiley. pp. 719–788.

エン・ジャパン株式会社 (2013). 退職理由、タテマエは「家庭の事情」。ホンネは「人間関係」〈http://corp.en-japan.com/newsrelease〉(2013年11月13日アクセス)

Erdley, C. A., & Dweck, C. S. (1993). Children's implicit personality theories as predictors of their social judgements. *Child Development*, **64**, 863–878.

Exline, J. J., Baumeister, R. F., Bushman, B. J., Campbell, W. K., & Finkel, E. J. (2004). Too proud to let go : Narcissistic entitlement as a barrier to forgiveness. *Journal of Personality and Social Psychology*, **87**, 894–912.

Exline, J. J., Worthington, Jr., E. L., Hill, P., & McCullough, M. E. (2003). Forgiveness and justice : A research agenda for social and personality psychology. *Personality and Social Psychology Review*, **7**, 337–348.

Fincham, F. D., Beach, S. R. H., & Davila, J. (2004). Forgiveness and conflict resolution in marriage. *Journal of Family Psychology*, **18**, 72–81.

Fisher, P., Greitemeyer, T., & Frey, D. (2008). Self-regulation and selective ex-love for others? A story of narcissistic game playing. *Journal of Personality and Social Psychology*, **83**, 340–354.

Carter, L. F. (1954). Evaluating the performance of individual as members of small groups. *Personality Psychology*, **17**, 477–484.

Clark, M., & Mills, J. (1993). The difference between communal and exchange relationships : What it is and is not. *Personality and Social Psychology Bulletin*, **19**, 684–691.

Collins, N. L., Ford, M. B., Guichard, A. C., & Allard, L. M. (2005). Working models of attachment and attribution processes in intimate relationships. *Personality and Social Psychology Bulletin*, **32**, 201–219.

Creasey, G. (2002). Associations between working models of attachment and conflict management behavior in romantic couples. *Journal of Counseling Psychology*, **49**, 363–375.

Crisp, R. J., & Hewstone, M. (2014). *Multiple social categorization : Processes, models and applications*. New York : Psychology Press.

Davis, M. (1983). The effects of dispositional empathy on emotional reactions and helping : A multidimensional approach. *Journal of Personality*, **51**, 167–184.

de Castro, B. O., Merk, W., Koops, W., Veerman, J. W., & Bosch, J. D. (2005). Emotions in social information processing and their relations with reactive and proactive aggression in referred aggressive boys. *Journal of Clinical Child and Adolescent Psychology*, **34**, 105–116.

De Cremer, D., & Tyler, T. R. (2005). Managing group behavior : The interplay between procedural justice, sense of self, and cooperation. In M. P. Zanna (Ed.), *Advances in experimental social psychology*. Vol. 37. San Diego : Elsevier Academic Press. pp. 151–218.

De Dreu, C. K. W. (1997). Productive conflict : The importance of conflict management and conflict issue. In C. K. W. De Dreu, & E. Van de Vliert (Eds.), *Using conflict in organizations*. London : Sage Publications. pp. 9–22.

De Dreu, C. K. W. (2010). Social conflict : The emergence and consequences of struggle and negotiation. In S. T. Fiske, D. T., Gilbert., & G. Lindzey (Eds.), *Handbook of social psychology*. 5th ed. Vol. 2. Hoboke, NJ : Wiley.

Berry, J. W., Worthington, Jr., E. L., O'Connor, L. E., Parrott III, L., & Wade, N. G. (2005). Forgiveness, vengeful rumination, and affective traits. *Journal of Personality*, **73**, 183–226.

Bettencourt, B. A., Talley, A., Bnjamin, A. J., & Valentine, J. (2006). Personality and aggressive behavior under provoking and neural conditions : A meta-analytic review. *Psychological Bulletin*, **132**, 751–777.

Bless, H., & Fiedler, K. (2006). Mood and the regulation of information processing and behavior. In J. P. Forgas (Ed.), *Affect in social thinking and behavior*. New York : Psychology Press. pp. 65–84.

Bornstein, G., & Erev, I. (1994). The enhancing effect of intergroup competition on group performance. *International Journal of Conflict Management*, **5**, 271–583.

Bowlby, J. (1982). *Attachment and loss*. Vol. 1. *Attachment*. 2nd ed. London : Tavistock Institute of Human Relations.

(ボウルビィ, J.　黒田実郎他訳 (1991). 母子関係の理論　第1巻——愛着行動——　岩崎学術出版社)

Bower, G. H. (1981). Mood and memory. *American Psychologists*, **36**, 12–148.

Brew, F. P., & Cairns, D. R. (2004). Styles of managing interpersonal workplace conflict in relation to status and face concern : A study with Anglos and Chinese. *International Journal of Conflict Management*, **158**, 27–56.

Burnham, T., McCabe, K., & Smith, V. L. (2000). Friend-or-foe intentionality priming in an extensive form trust game. *Journal of Economic Behavior and Organization*, **43**, 57–73.

Buss, A. H. (1986). *Social behavior and personality*. Hillsdale, NJ : Lawrence Erlbaum.

(バス, A. H.　大渕憲一 (監訳) (1991). 対人行動とパーソナリティ　北大路書房)

Buss, A. H., & Durkee, A. (1957). An inventory for assessing different kinds of hostility. *Journal of Consulting Psychology*, **21**, 343–349.

Campbell, L., Simpson, J. A., Boldry, J., & Kashy, D. A. (2005). Perceptions of conflict and support in romantic relationships : The role of attachment anxiety. *Journal of Personality and Social Psychology*, **88**, 510–531.

Campbell, W. K., Foster, C. A., & Finkel, E. J. (2002). Does self-love lead to

cial psychological perspective. New York : Psychology Press. pp. 217–240.（バルータル, D.・ハルペリン, E.（2012）. 紛争解決における社会心理学的障壁　バルータル, D.（編著）熊谷智博・大渕憲一（監訳）紛争と平和構築の社会心理学――集団間の葛藤とその解決――　北大路書房　pp. 230–253.）

Bar-Tal, D., Kruglanski, A. W., & Klar, Y.（1989）. Conflict termination : An epistemological analysis of international cases. *Political Psychology*, **10**, 233–255.

Bar-Tal, D., & Sharvit, K.（2004）. Psychological foundations of Israeli Jews' reactions to Al Aqsa intifada : The role of the threatening transitional context. Paper presented at the conference "*Why neighbours kill : Explaining the breakdown of ethnic relations*," University of Western Ontario, Canada, June 3–6.

Baumeister, R. F., Schmeichel, B. J., & Vohs, K. D.（2007）. Self-regulation and the executive function : The self as controlling agent. In A. W. Kruglanski, & E. T. Higgins（Eds.）, *Social psychology : Handbook of basic principles*. 2nd ed. New York, NY : Guilford Press. pp. 516–539.

Bazerman, M. H.（1983）. Negotiator judgment : A critical look at the rationality assumption. *American Behavioral Scientist*, **27**, 211–228.

Bell, C., & Song, F.（2005）. Emotions in the conflict process : An application of the cognitive appraisal model of emotions to conflict management. *International Journal of Conflict Management*, **16**, 30–54.

Berry, D. S., & Hansen, J. S.（1996）. Positive affect, negative affect, and social interaction. *Journal of Personality and Social Psychology*, **71**, 796–809.

Berry, D. S., & Willingham, J. K.（1997）. Affective traits, responses to conflict, and satisfaction in romantic relationships. *Journal of Research in Personality*, **31**, 564–576.

Berry, D. S., Willingham, J. K., & Thayer, C. A.（2000）. Affect and personality as predictors of conflict and closeness in young adults' friendships. *Journal of Research in Personality*, **34**, 84–107.

Berry, J. W., & Worthington, Jr., E. L.（2001）. Forgiveness, relationship quality, stress while imaging relationship events, and physical and mental health. *Journal of Couseling Psychology*, **48**, 447–455.

引用文献

相川　充（2000）．人づきあいの技術——社会的スキルの心理学——　サイエンス社

Ainsworth, M. D. S., Waters, B. M., & Wall, S.（1978）. *Patterns of attachment : A psychological study of strange situation*. Hillsdale, NJ : Erlbaum.

Allred, K. G.（2006）. Anger and retaliation in conflict : The role of attribution. In M. Deutsch, P. T. Coleman, & E. C. Marcus（Eds.）, *The handbook of conflict resolution : Theory and practice*. 2nd ed. New York : Wiley & Sons.（オルレッド，K. G.（2009）．紛争における怒りと報復　レビン小林，H.（編訳）（2009）．新版　紛争管理論——さらなる充実と発展を求めて——　日本加除出版　pp. 225–248.）

Babcock, L., & Loewenstein, G.（1997）. Explaining bargaining impasse : The role of self-serving biases. *Journal of Economic Perspectives*, **11**, 109–126.

Baron, R. A.（1990）. Environmentally induced positive affect : Its impact on self-efficacy, task performance, negotiation, and conflict. *Journal of Applied Social Psychology*, **20**, 368–384.

Bar-On, R.（1997）. *EQ-i BarOn Emotional Quotient Inventory : A measure of emotional intelligence : Technical manual*. Toronto, ON : Multi-Health Systems.

Bar-Tal, D.（2011）. Introduction : Conflicts and social psychology. In D. Bar-Tal（Ed.）, *Intergroup conflicts and their resolution : A social psychological perspective*. New York : Psychology Press. pp. 1–38.（バル－タル，D.（2012）．葛藤・紛争と社会心理学　バル－タル，D.（編著）熊谷智博・大渕憲一（監訳）紛争と平和構築の社会心理学——集団間の葛藤とその解決——　北大路書房　pp. 1–40.）

Bar-tal, D., Raviv, Amiram, Raviv, Alona, & Dgani-Hirsh, A.（2009）. The influence of the ethos of conflict on Israeli Jew's interpretation of Jewish-Palestinian encounters. *Journal of Conflict Resolution*, **53**, 94–118.

Bar-Tal, D., & Halperin, E.（2011）. Social-psychological barriers to conflict resolution. In D. Bar-Tal（Ed.）, *Intergroup conflicts and their resolution : A so-*

著者略歴

大渕《おおぶち》　憲一《けんいち》

1950年　秋田県に生まれる

1973年　東北大学文学部卒業

1977年　東北大学大学院文学研究科博士課程後期中退

現　在　東北大学大学院文学研究科教授（心理学講座）

博士（文学）

主要編著書

『攻撃と暴力――なぜ人は傷つけるのか』（丸善，2000）

『犯罪心理学――犯罪の原因をどこに求めるのか』（培風館，2006）

『葛藤と紛争の社会心理学――対立を生きる人間のこころと行動』（編）（北大路書房，2008）

『謝罪の研究――釈明の心理とはたらき』（東北大学出版会，2010）

『新版　人を傷つける心――攻撃性の社会心理学』（サイエンス社，2011）

研究領域

人間の攻撃性と対人葛藤

セレクション社会心理学―28

紛争と葛藤の心理学
――人はなぜ争い、どう和解するのか――

2015年1月25日© 初版発行

著者 大渕憲一　　発行者 木下敏孝
印刷者 山岡景仁
製本者 小高祥弘

発行所 株式会社 サイエンス社
〒151-0051 東京都渋谷区千駄ヶ谷1丁目3番25号
営業 ☎(03)5474-8500(代) 振替 00170-7-2387
編集 ☎(03)5474-8700(代)
FAX ☎(03)5474-8900

印刷 三美印刷 製本 小高製本工業
《検印省略》

ISBN978-4-7819-1349-0

PRINTED IN JAPAN

サイエンス社のホームページのご案内
http://www.saiensu.co.jp
ご意見・ご要望は
jinbun@saiensu.co.jp まで.